우린 다르게 살기로 했다

우린 다르게 살기로 했다

혼자는 외롭고 함께는 괴로운 사람들을 위한 마을공동체 탐사기

| 조현 지음 |

왜 지금 마을과 공동체를 이야기하는가

인간을 한마디로 규정하자면 '모순된 존재'라 하겠다. 정반대의 것을 갈구하는 인간의 정신 상태가 그렇다. 인간은 고립을 견딜 수 없는 존재다. 심심하고 외로운 걸 무엇보다 못 참는다. 어떤 사람들은 반려동물을 홀로 두거나 심지어는 좁은 원룸에 두고 나가곤 하는데, 만약 인간을 그런 식으로 가두고 아무런 자극도 없이 온종일 내버려둔다면 어떻게 될까.

　　온종일 SNS에 매달린 이들이 많다. 그러고도 틈만 나면 동창회와 취미 동아리를 갖고, 교회와 성당, 절에 나가 관계 맺기를 시도한다. 관계가 늘어도 더 외로워질 때가 많다. 이해타산을 위한 모임에선 힘자랑의 줄 세우기를 피하기 어렵다. 배고픈 것도 참기 어렵지만 배 아픈 것은 더욱더 참지 못하는 한국인이 충족감을 느끼기 어려운 이유다. 그런데도 늘 누군가와 만남을 고대하며 약속을 정하고, 합치고, 뭉치려고 애쓴다. 그나마 삶에서 희열을 주는 게 합일이기 때문이다. 육체적으로 온전히 하나가 되어 오르가슴에 이르는 섹스도 그렇지만 힘든 일을 당했을 때 자기 일처럼 걱정하고, 타인에게 속내를 털어놓을 때 온전히 공감해주고 진심으로 위로해줄 때도, 낙조와 같은 풍경을 같은 감동으로 바라볼 때도, 소리 내어 함께 기도할 때도, 월드컵 경기를 보며 응원할 때도, 게임이나 노래, 연주처럼 자신이 좋아하는 일에 몰입할 때도 합일이 주는 환희가 있다.

인간은 원하던 걸 손에 쥐었다고 만족하는 법이 없다. 애타게 갈구하던 것을 일단 손에 쥐면 언제 그랬느냐는 듯이 벗어나려고 몸부림친다. 그토록 누군가를 그리워해놓고 상대방이 내 사람이 되면 지겨워 미치겠다고 돌변한다. 쟁취를 위해 투쟁하던 것을 새까맣게 잊고 자유를 위한 투쟁을 시작한다. 취직이 하늘의 별따기라는데, 정작 그 하늘의 별을 따고 나면 이 직장이 이렇게 사람을 힘들게 할지 몰랐다며, 먹고사니즘에서 벗어날 날만을 꿈꾼다. 목구멍이 포도청이라 그만두지도 못하는 신세를 한탄하며 로또나 한 방 맞아 해외여행이나 다니며 살고 싶다는 공상 속을 유영한다. 가끔 직장 일에 바쁜 지인들이 "아무도 없는 곳에서 단 며칠만이라도 쉬고 싶다"면서 종교전문기자인 내게 조용한 산사나 수도원을 추천해달라고 부탁한다. 그러나 몇 번의 경험으로 안다. 정작 별 자극이 없는 상태를 한

나절도 견뎌내지 못하고 좌불안석한다는 것을. 세속에선 사람 때문에 괴롭고 산속엔 아무도 없어서 괴로워하는 변덕쟁이 인간을 누가 만족시킬 수 있겠는가. 소속되고 합일되어 안정감을 주는 공동체야말로 행복의 원천이라며 좋다가, 그것이 개인의 자유와 개성을 압살하고 피곤하게 하는 주범이라며 반공동체적으로 돌변하는 모순 덩어리를 말이다. 몸은 하나인데 얼굴은 둘이어서 서로 다른 방향으로 가겠다고 몸부림치는 샴쌍둥이가 모순된 인간의 자화상이다.

욕심을 다 채울 유토피아는 세상에 없다

그 모든 것의 뿌리엔 동물과는 비교할 수 없는 인간의 큰 욕심이 있다. 특히 한국인의 유별난 욕심은 엄청난 상승 동력이 되기도 했지만, 이젠 브레이크가 파열돼 멈추지도 못한 채 죽어간다. 자살률, 세계 최고다. 다들 죽지 못해 산다고 한다. 최근 평등의식이 급격히 높아졌지만 그 또한 모순이다. 금수저의 갑질에 분노하면서도 빈곤층과 같은 대우를 받거나 임대주택 청년들과 한 동네에서 사는 것이나 난민을 받아들이는 것도 거부한다. 자신이 약자일 때는 정의의 투사이지만, 개인으로 돌아와서는 자신도 모르게 차별하고 박해에 가담해버리는 반공동체적 삶을 살기도 한다.

밀레니엄을 앞두고 대안문명 시리즈로 1999년 영국 다벨 브루더호프공동체를 소개했다. 그 이후 다벨 브루더호프에 한국인이 문전성시를 이뤘다. 공동체는 농사도 짓고 소와 양을 키우고 목공일도 하고, 빨래를 하고 식사하며 함께 살아간다. 박물관이나 관광지가 아니라 일상의 삶터다. 영국의 전형적인 시골인 다벨에는 한국인이 영국인보다 더 많이 몰려들었다. 브루더호프에선 급기야 한 부부를 한국으로 파견하기에 이르렀다. 그들이 서울 대학로의 한 공동체에 1년간 머물 때 "왜 한국인이 그렇게 브루더호프를 찾는지 알아냈느냐"고 물었다. 그들은 "한국인이 너무 피로에 젖어 평화를 갈구하는 것 같다"면서 "브루더호프의 평화로움은 욕망을 버리고 소유조차도 내려놓은 비움에서 비롯된 것인데, 한국인은 욕망을 버릴 생각은 없어 보인다"고 덧붙였다. '1층부터 10층까지 욕망을 켜켜이 쌓고 옥상 위에 천국조차 없고 싶어 하는, 참 못 말리는 사람들이 한국인'이라는 의미로 들렸다.

남을 따라 하다가 생을 다 보내버리려는가

제국이 아프리카와 아시아, 중동을 집어삼켜 지배할 때 쓰는 기본 전략이 '디바이드 앤 룰divide and rule'이다. 즉, 분열하게 해서 힘을 분산시켜 개개인을 노예처럼 부려먹는 것이다. 자본가들이 이 시대 인간을 노예화하는 방식도 마찬가지다. 서울을 보자. 인구는 줄지만 집은 갈수록 부족하다. 사람들이 집을 나가서 흩어지기에 더 많은 집이 필요하고, 집을 지어도 지어도 부족하다. 건축업자는 더 많은 집이 필요한 핵가족과 1인 가구화를 고대한다. 4명이 한 집에 살 때는 텔레비전도, 냉장고도, 세탁기도, 가스레인지도, 청소기도 한 대면

됐지만 혼자씩 살면 모두 네 대씩 필요하다. 기업이 어느 쪽으로 유도할지는 자명하다. 혼자 살면 불안하니, 보험이나 연금을 들게 하기도 용이하다.

홀로 살면 생일날 '딩동'하고 알람을 울려주는 것도 인터넷 쇼핑몰이나 보험회사다. 외로움과 허전함을 소비로 메우게 한다. 기업들은 인간의 무의식적 습관까지 코딩화해 구매케 한다. 카드 내역을 파악해 소비 패턴을 읽어 자기보다 자기를 훨씬 더 잘 아는 기업의 마케팅을 개인이 당해내긴 어렵다. 텔레비전과 영화, 게임, 인터넷의 정보와 재밌거리는 얼마나 무궁무진한가. 이를 즐기는 동안 우리의 데이터는 낱낱이 자본가의 빅데이터에 헌납되고, 이를 바탕으로 광고와 마케팅이 신 같은 위력으로 다시 나를 조종한다. 의식하든 의식하지 못하든 스마트폰을 손에서 놓지 않고, 카드를 사용하는 이상 일거수일투족이 자본에 파악돼 그 노예로 살아가는 걸 피하기 어렵다. 그러면서도 자신이 자유롭게 선택하고 소비하고 즐기고 있다고 착각하면서 살아간다.

자본에 복무하는 매스미디어의 최대 해악은 '그렇게 살지 않으면 안 된다'는 프레임을 정해준다는 데 있다. 그래서 인생을 스타들을 모방하며 보내게 한다. 라캉의 말대로 남의 욕망을 내 욕망으로 착각하게 부추겨 소비하는 노예와 로봇을 만들어버린다. 개인이 원했든 원치 않았던 자본가들의 욕구에 충실하게 반응한 결과 세계 최고 갑부 8명에게 전 세계 하위 50퍼센트인 36억 명이 보유한 만큼의 재산을 안겨주었다. 국제구호기구 옥스팜이 2017년 다보스포럼 개막을 앞두고 발표한 〈99퍼센트를 위한 경제 보고서〉는 여왕벌이 바벨탑을 쌓는 데 죽도록 헌신하는 일벌들의 자화상을 보여준다.

나도 행복하고 지구까지 변화시키는 삶

마을과 공동체가 주는 최대 장점은 노예살이에서 해방되는 것이다. 자본가들의 사냥에서 벗어나게 하는 것이다. 히말라야의 산양들은 설표에게 사냥 당하지 않으려고 천 길 낭떠러지 위만 돌아다니며 생명을 유지한다. 마을이나 공동체는 벼랑 끝은커녕 가장 좋은 환경, 친절한 동지들이 모여 있는, 가장 안전하고 행복한 곳이니 피난처도 그런 피난처가 없다.

마을공동체살이란 부익부 빈익빈과 지구 황폐화를 가속화하는 소비와 환경 파괴에 맞서는 혁명에 가담하는 것이기도 하다. 내가 만난 마을과 공동체 사람들은 이웃과 어울리느라 인터넷이나 게임이나 텔레비전에 빠져 있을 틈이 없었다. 남한테 으스댈 필요도 없고 사치를 부추기는 마케팅에도 동요되지 않으니 돈을 지출하는 일이 거의 없었다.

혼삶이 대세가 되어가는 추세이지만, 홀로 살아가는 게 불리하다는 것은 진화론자 다윈도 일찍이 간파했다. 다윈은 경쟁해서 승리한 자만이 살아남는다는 식의 적자생존을 언급한 바가 없다. 그는 서로 협력하는 것이 진화에 유리하다고 했다. 공동체 사람들은 서로 의지하고 협력해 생존을 도모하는 데서 나아가 '함께 행복'해진다. 마을공동체살이의 이점은 개인뿐만 아니라 세상을 행복하게 하는 데 기여한다는 것이다. '고래가 뱃속에 8킬로그램의 폐비닐봉지를 담고 죽어 있다'는 뉴스에도 대부분의 사람이 '가엾다'는 한마디로 스쳐보내지만, 공동체 사람들은 그날부터 비닐이나 플라스틱을 사용하지 않기로 결단하고 일회용품 안 쓰기를 실행한다.

마을과 공동체는 아주 가까이에 있다

'해외 대안 공동체 탐방 시리즈' 기사를 연재할 때 포털에서 가장 많이 읽히는 기사로 부각될 만큼 관심이 뜨거웠다. 서울시는 분기마다 12명의 강사를 모아 강좌를 진행하는데, 나도 해외 대안 공동체를 주제로 다섯 차례 강의를 했다. 이 강좌는 그 분기 12강좌 중 유일하게 당일 신청이 마감될 만큼 인기였다. 첫날 가보니 수강생의 80프로가량이 60대 이상이었다. 나는 불손을 각오하고, "젊어서는 무엇하고 이제야 관심을 가지냐"고 물었다. 공동체는 국가 기관에서 운영하는 양로원이 아니라 스스로 자립해 살아가는 가족의 확대판이나 다름없다. 그 가족엔 노인이나 아이도 있지만, 전체 가족들을 먹여 살릴 노동력을 지닌 청·장년층이 있어야 하는데, "노인만 있으면 소는 누가 키우느냐"고 묻자 그들도 고개를 끄덕였다. 젊고 혈기 왕성할 때는 관심을 갖지 않다가 끈 떨어진 연이 되어 고독사가 두려워지니 그제야 공동체를 기웃거리는 게 현실이다.

마을과 공동체에서 살아가는 이들이 행복한 이유

집을 어떻게 짓느냐는 건 집짓는 사람 마음이듯 공동체도 그렇다. 공동체가 100개라면 구성이나 운영 방식이 100가지다. 기존 마을을 좀 더 사이좋게 만든 마을공동체, 함께 지은 공유 주택, 뜻 맞는 사람들이 시골로 내려가 만든 공동체 등 각양각색이다. 이 책에서는 쉽게 접근할 수 있는 국내의 마을과 공동체부터 소개했다. 쉽게 접근할 수 있다고 해서 우습게 보아선 안 된다. 진짜는 늘 평범함 속에 있고, 우리 가까이 있는 법이다.

보통 공동체라고 하면 인위적으로 만든 마을을 말한다. 같은 뜻을 가진 사람들이 대안적 삶을 실천하기 위해 만든 마을 말이다. 땅 값이 비싸 마을을 뚝딱 만들어내는 건 쉽지 않아 요즈음은 기존의 마을을 더 사이좋고 재미있는 대안 마을로 변화시키는 '전환 마을'이 늘고 있다. 서울을 비롯한 도시에서 열 집 정도가 함께 집을 지어 사는 공유 주택 또한 늘고 있다. 이 책에선 전환 마을과 공유 주택부터 실험적인 해외 공동체들까지 망라했다.

4부에서 소개한 외국 공동체들은 세계 공동체 역사에서도 주목할 만한 곳들이다. 그에 비하면 한국의 마을공동체들은 시작에 불과하다. 미래를 기약할 수 없는 곳들을 소개한다는 게 의미가 있을까란 걱정도 들었지만 실제 찾아가보고는 생각이 바뀌었다. 우리나라에서도 이미 수십 년의 연륜을 쌓아 안정 궤도에 접어든 전환 마을과 공동체가 꽤 있었다.

인터뷰를 하기도 전이었지만 공동체성이 살아 있는 마을과 공유 주택에 살고 있는 사람들에게서 한눈에 행복을 읽을 수 있었다. 헬지옥이라며 고통스러워하는 보통 한국인의 얼굴이 아니었다.

공동체 탐사는 그들의 행복감이 어디에서 기인했는지 그 궁금증으로 이어졌다. '함께 살면' 아이뿐 아니라 어른에게도 삶의 여유와 재미를 더해준다. 실직이나 힘든 일을 당해도 내 일처럼 함께 해결해주고, 경제적으로도 절감 효과가 대단하다. 내 감으로는 공동체원들은 우리나라 하위 20~30퍼센트 소득계층이 지출하는 규모만으로도 상위 70~80퍼센트 계층의 여유 있는 삶을 누리는 듯 보였다. 공동체가 자본가 입장에선 반경제적으로 보일 수 있겠지만, 개인으로서는 적게 쓰면서도 몇 배의 효과를 누리는 가장 경제적 시스템인 셈이다.

'함께 산다는 것'의 강점은 경제적 효율만이 아니다. 바깥세상에선 느껴본 적이 없는 치유와 살맛을 줘서 상위 90퍼센트 이상 '가장 행복한 사람들'의 행복도를 경험케 한다. 외로우면 아무리 먹어도 허기가 지고, 사랑을 받으면 조금 덜 먹어도 든든하고 힘이 난다는 것을 마을공동체 사람들의 삶이 증명한다.

출세하고 부자 되지 않아도 행복한 이유

몇 년 전 서울 신촌에서 열린 청춘멘토토크쇼에서 한 청년이 질문했다. "초·중·고 때는 좋은 대학에만 가면 고속도로가 펼쳐진다고 해서 죽도록 공부했는데, 대학에 가니 취직하면 장밋빛 인생이 보장된다고 한다. 취직을 해도 내 집 마련하고 노후 준비하느라 평생 언제 허리 펴고 살 수 있겠느냐"는 것이었다.

이게 보통 대한민국 사람들의 질문이다. 가끔 매스컴에서 직장을 때려치우고 세계일주 여행을 떠난 이들을 미화하는 기사나 책을 보고 그런 삶을 동경하면서도 "그럼 그 여행 뒤엔?"이라는 불안감을 어찌할 수 없다.

우리는 늘 '미래는 준비하는 자의 것'이라고 배웠다. 실제로 현실이 그렇다. 자신이 즐겁게 몰입하고, 의미 있는 일을 찾아 그 성취를 위해 열정을 불태우는 이들은 행운아다. 안타깝게도 그런 행운아들은 드물다. 오직 생계를 잇기 위해서만 일하는 사람도 많다. 각자가 처한 현실, 즉 재산과 학력 수준, 능력, 체력, 사회성이 다 다르다. 노력하는 만큼 보상을 얻는 이도 있지만 그렇지 못한 사람도 적지 않다. 그들이 어디까지 언제까지 노력을 해야 하나.

마을이나 공동체를 들여다봐야 하는 이유는 그 때문이다. 인간 홀로는 호랑이나 표범에 비해 무력하기 그지없지만, 서로 의지하고 돌보고 협조하고 힘이 되어주고 위로해주고 사랑해주면서 행복해지고 강해질 수도 있기 때문이다. 스웨덴은 국민의 5분의 1 이상이 공유 주택에서 살고 있다. 공유 주택에 함께 거주하는 이들이 잘 조화되면 10개의 보험을 들거나, 북유럽 수준의 복지 시스템을 구축한 것보다 나을 수 있다.

많은 사람이 복지 시스템이 잘 갖추어진 유럽에서 살고 싶어 한다. 나도 유럽에 사는 지인들이 있지만, 내가 아는 한 국내의 마을 공동체살이를 하는 분들의 만족도가 더 컸다. 유럽의 한 지인은 내가 쓴 국내 마을 이야기를 보고는 그곳에 와서 살고 싶다고 이메일을 보내기도 했다. 마을공동체살이를 하는 이들은 자신의 선택에 대부분 안도했다. 더 이상 미래만을 걱정하며 평생 준비만 하는 인생을 살 필요가 없다며, 아이들에게도 미래를 위해 현재를 희생하라고 닦달하지 않았다. 직장을 포기하거나 재산을 헌납하거나 절대 고독의 수행을 하지 않고도 행복을 만들어낸다니 얼마나 다행인가.

이들에겐 휴식과 여백이 있었다. 정신없이 돌아가는 초스피드 사회에서 어떻게 이럴 수 있을까. 앞집에도 옆집에도 뒷집에도 죽도록 뛰는 사람들이 아니라 불안해하지 않고 여유 있는 표정으로 쉬는 사람들이 있는 것만큼 평온한 환경이 또 있을까. 남들 다 달려가는데 나만 쉬면 큰일 날 것 같은 불안과 비교와 부러움과 질시로 괴로운 사람들을 그만큼 편하게 쉬게 해주는 분위기가 있을까.

사람들이 평생을 찾아 헤매고, 자본주의적 성공을 거둔 사람들조차 요원해 보이는 행복이 그렇게 가깝게 있다는 것을 고난의 행군 중인 한국인이 쉽게 믿을 성 싶지는 않다. 그래서 그것이 소수의 독특한 사람들만이 체험하는, 정신적 모르핀 같은 것일 수 있다는 의구심에서 더 많은 이의 인터뷰가 필요했다. 무려 3백여 명을 인터뷰한 것도 그런 의구심 때문이었다.

오랜 탐사와 깊이 있는 인터뷰로 발견한 공동체의 가치

나는 이 책을 쓰려고 세계적인 공동체들을 찾아가 직접 머물며 똑같이 생활해보았다. 외국 언론들도 접근이 어려웠던 태국 아속 공동체의 지도자 포틸락이나 미국 브루더호프의 지도자 크리스토프와 같은 영성가이자 공동체 운동가들을 인터뷰했다. 뿐만 아니라 마을공동체에서 살아가는 수많은 보통 사람과 아이들까지 만나 진솔한 이야기를 나누었고 그들의 삶을 생생하게 담기 위해 노력했다. 지난하고도 상당한 인내를 요하는 그런 시도가 필요했던 것은 우리가 마을공동체를 선택한다면 반드시 경험하게 될 과정이기 때문이다.

또 한 가지, 왜 한국에서 유래 없는 혼인 기피와 저출산 현상이 야기되는지, 왜 혼자는 외롭고 같이하면 괴로운지를 전문가 및 언론에서도 제기한 적 없는 새로운 관점에서 원인을 짚어보았다. 지난 반세기 동안 대가족과 마을공동체가 해체되는 과정에서 빚어진 우리 세대의 트라우마를 직시하면서 치유할 대안이 무엇인지, 과연 나 자신의 삶을 위해 무엇이 바람직할지 좀 더 다른 차원에서 삶을 생각해볼 수 있었다. 이 통찰은 나름의 오랜 고뇌와 연구도 있었지만, 국내외 마을공동체들을 샅샅이 훑으며 보고 들은 수많은 사람의 진솔한 고백으로 자연스럽게 드러난 것이다.

인터뷰와 만남이 더해갈수록 마을공동체 사람들이 보통의 사람들보다 행복하게 사는 비결이 선명해졌다. 그들은 혼자만 잘 살아보겠다는 이기적 욕망의 동굴에서 나와 사람들과 함께했다. 아니다.

역으로 함께 사는 게 행복하기에 더 욕심을 내지 않을 수 있었고, 상처의 동굴에서 쉽게 나올 수 있었다고 말하는 게 더 정확할 것이다. 마을공동체 자체가 주는 치유와 자족의 효과가 그만큼 크다.

세상에서 가장 의지가 되는 이들은 가족임에 두말할 나위가 없다. 공동체는 닫힌 가족주의와는 다르다. 애증이 짙은 또 하나의 동굴인 가족 안에만 갇혀 있지 않기 때문이다. 마을공동체살이를 하는 이들이 바깥 사람들보다 훨씬 더 가족과 많은 시간을 행복하게 보내는 건 맞지만 그들이 더 많은 여유와 재미를 갖게 된 건 가족만이 아니라 이웃 가족들과 함께 협력하고 의지하고 서로 돌보며 친밀해졌기 때문이다. 말이 통하고, 필요할 때 힘이 되는 사람들을 만나고 어울려 살아가는 것은 결혼을 하거나, 아이를 낳거나, 어느 나라에서 사는 것만큼이나 행복을 좌우하는 중요한 요소다. 그런데도 사람들은 이토록 중요한 것을 도외시한 채 정반대의 방향으로 달려가고 있다.

마을과 공동체에서 살아간다는 의미

이 책은 연애나 결혼, 가족에 대한 책이 아니다. 혼자나 둘, 혹은 가족들끼리만의 울타리를 낮추고 이웃과 함께 어울려 사는 이야기다. 행복의 길은 '돌봄'과 '친밀'에 있었다. 서로 돌보고 서로 친해지는 최고, 최적의 조건이 마을과 공동체이기에 이런 삶을 택한 이들을 집중적으로 살펴본 것이다.

마을공동체살이는 장소만을 뜻하지 않는다. 다시 말하지만 더 중요한 것은 가치관의 변화다. 마을공동체살이를 선택한다는 것은 남한테 자신의 잘난 점을 과시하고, 남의 약점을 발견해 짓밟으면서 상대를 이겨 출세하려는 식의 자본주의 방식과는 다르게 살아보는 것이다. 죽도록 달리다 보면 언젠가 행복해지겠지 하며 미래의 보험에 매달리는 게 아니라 지금 여기서 소박하게 이웃과 서로 돌보며 친밀해짐으로써 행복해지는 것이다.

그럼에도 많은 이들이 혼삶은 쉽게 택하지만, 마을 혹은 공동체 사람들과 함께 살아가는 것은 두려워한다. 둘이만 사는 것도, 가족끼리만 사는 것도 피곤한데, 아니 산다는 것 자체가 피곤한데, 그렇게 많은 타인과 부대끼며 살아갈 수 있겠느냐는 것이다. 초고속성장 시대에 부모를 일터에 빼앗긴 단절의 트라우마가 있고, 경쟁의 부추김 속에서 피로에 지쳐 있는데다 직장 상사, 동료나 친구들에게까지 상처 받아 인간피로증후군에 시달리는 한국인이라면 더욱 그렇다.

싱글은 말할 것도 없고 부부라 하더라도 언젠가는 누군가 먼저 세상을 뜨고 혼자 남기 마련이다. 고독사는 이미 급증하고 있다. 하루가 멀다 하고 빈집에서 홀로 발견되는 고독사 뉴스를 접하다 보면 사람들 속에서 살아야 할 것 같은데, 인간 군상들과 날마다 마주 보고 부대끼며 사는 피곤은 감당할 자신이 없다는 게 솔직한 마음이다. 그러나 100세, 120세 시대를 앞두고 '혼삶'의 현실에 대해서도 솔직히 들여다볼 필요가 있다.

우리의 10~20년 뒤 모습을 앞서 보여주는 일본에서 감옥으로

가는 노인이 급증하고 있다. 남성보다는 여성이 장수하기에 할머니가 많다. 일본 법무성 《범죄 백서》에 따르면 전체 여성 수감자 중 65세 이상 고령자 비율이 2001년 10퍼센트에서 2016년에는 34퍼센트로 세 배 이상 늘었다. 90퍼센트 이상이 동네 마트에서 음료수나 과자를 훔치다 걸린 단순절도다. 일본에서는 200엔짜리 물건만 훔쳐도 징역 2년에 처할 수 있는 법을 악용하는 것이다. 외로움과 가난, 가족 불화, 질병으로 힘든 노인이 사람들과 어울릴 수 있고, 삼시세끼도 챙겨주고, 돌봄까지 받을 수 있는 감옥행을 선택하고 있다. 고독한 혼삶보다는 감옥이라도 공동체가 낫다는 것이다.

개인, 지방, 국가 문제의 답이 공동체에 있다

'과연 이렇게 사는 게 맞는 건가.' 많은 한국인은 삶의 회의와 불안에서 벗어나지 못하고 있다. 젊은이뿐 아니라 노인이 되어서까지도 말이다. 이미 마을공동체살이를 하는 사람들은 '우물쭈물 하다가 내 이럴 줄 알았지'라는 버나드 쇼의 묘비명처럼 죽을 때가 되어서야 후회하지 않게 된 걸 다행이라고 여겼다. 특히 반가운 일은 대단한 부자나 정치인이나 수도자가 아닌 보통 사람들이 선구자적 결단을 내려 행복한 삶을 실증적으로 보여주고 있다는 점이다.

마을공동체는 주거, 비혼, 출산, 육아, 교육 등 우리 사회 가장 골치 아픈 문제와 직결돼 있다. 간디는 평생 마을공동체에서만 살았다. 인도의 독립보다 마을공동체를 회복하는 것이 더 중요하다고 생각했기 때문이다. 간디는 '마을공동체가 세상을 구원할 것'이라고 했다. 이 책의 생생한 증언은 국가적 난제 해결에도 큰 영감을 줄 것이다.

누군가는 고독사도 국가가 책임져야 한다고 한다. 국민의 생명과 안전을 위한 복지는 강화될수록 좋지만, 모든 것을 국가가 해결하기도 어렵거니와 그에 따른 엄청난 세금 부담을 감당하기도 어렵다. 일차적으로 공동체가 서로 의지하며 돌보는 사회야말로 가장 건강한 사회다. 행정 비용과 복지 예산 10억으로도 만들기 어려운 '행복한 마을'을 마을 사람들의 자발적인 협력으로 거의 돈을 들이지 않고도 만들어내는 게 마을공동체의 신비다.

두렵고 험난한 세상의 모든 파고를 홀로 넘어야 하는 것만큼 큰 재난은 없다. 개인을 옥죄는 게 자본만은 아니다. 누구나 살면서 몇 번쯤은 사기를 당할 수도 있고, 억울한 일을 당할 수도, 왕따를 당할 수도 있다. 이럴 때 하소연하고, 도움받을 사람 한 명 없는 세상이 지옥이 아니겠는가. 힘든 일이 있을 때 함께 걱정하고 내 일처럼 나서주는 이들이 있다는 것, 즉 힘겨운 세상에서 내 편인 공동체가 있다는 것이 천국이고 극락이 아니겠는가.

진짜 재난은 쓰나미나 지진이 아니라 몸이 아플 때, 혼자 죽어갈 때조차 모든 고통을 온전히 홀로 감당해야 하는 일이다. 목숨을 다하는 순간 누군가 곁에 있고, 함께 아파하는 이가 있다는 것만큼 큰 위로가 있겠는가. 지금까지 살아오면서 숱한 아픔과 상처를 겪었기에 마음이 머나먼 은하계를 외롭게 떠도는 사람들. 이 책은 이들을 위한 것이다. 이 책을 읽고 다시 인간 세계, 그대들을 돌봐주고 사랑해주고 지켜주고, 그대의 사랑을 필요로 하는 공동체로 돌아올 용기를 내기를 빈다.

1부

함께하니
인생이 바뀌었다

1. 함께 어울려 사는 재미

헌 탁구대
하나의 기적

마당은 대저택에만 있는 게 아니다. 진짜 마당은 사람 속에 있다. 경기도 파주시 문발동 28통 공방골목길에 그런 마당이 있다. 3층집 1층 30평 남짓의 실내 공간에 붙인 이름이 '마당'이다. 실내지만 이름이 썩 어울린다. 그곳엔 헌 탁구대 하나가 있다. 이 동네에서 살던 분이 버리고 간 것이다. 이 집을 소유한 성공회 신부가 주워다놓은 탁구대는 마을 사람들에게 인기가 그만이다. 탁구대를 애용하는 어른들이 '우리동네탁구'란 뜻의 '우동탁' 모임을 만들자 아이들은 질세라 '아이들의 탁구'인 '아동탁'을 결성했다. 금요일에 모이는 이들은 '불금탁', 청년들은 '청탁', '부부복식조'인 '부부탁'도 등장했다.

그러자 직장인 남자들도 퇴근 뒤 빼꼼히 마당에 얼굴을 내밀었다. 관전자들 틈에서 추임새를 넣는 마당의 풍경은 어린 시절 고샅에서 술래잡기하며 친구들을 부르던 망각의 시간을 되살려주었다. 탁구 몇 판 치며 땀 흘리고 나서 막걸리 한 잔을 나누면 처음의 어색함도 사라졌다. 핏기 없이 학원이나 오가던 아이들도 탁구대 주위에서 친구들과 노느라 신이 났다. 아이들은 밤이 늦어 집에 돌아가자고 하면 '더 놀겠다'고 떼를 썼다. 아이도, 어른도 이곳에 갱엿을 붙여놓은 것처럼 떠날 생각을 안 했다. 서울에 직장이 있어 늦게 퇴근한 사람들은 아내와 아이들을 찾아와서는 자기들도 '심야탁'을 즐겼다.

오늘도 모일 핑계를 만들자

어울림은 진화했다. 누군가가 막걸리를 마시던 중 '같이 노래를 불러보면 어떠냐'고 제안했다. 모이면 술이나 마시던 동네 아저씨들이 합창이라니. 그 엉뚱한 제안에 다른 사람들도 동조한 것부터가 심상치 않은 일이었다. 이미 마당에서 탁구를 치고, 수다를 떨면서 누군가 기타를 치던 것을 감상할 때 아늑하게 자극된 7080 감성이 발동했다. 처음에는 남자들만 시작했다. 탁구대에 둘러앉아 기타 반주에 맞춰 노래를 부르는 남자들을 본 여자들이 "왜 남자들끼리만 하느냐"며 따졌다. 끼워달라는 것이었다. 그렇게 남녀혼성 4중주합창단 '파노라마'가 탄생했다. 합창이 끝난 뒤 헤어지기 아쉬워지자 누군가 포도주와 안주를 들고 왔다. 그 뒤엔 모두 요리 하나씩을 들고 모였다. 그 요리들을 탁구대 위에 펼쳐놓으면 진수성찬이 됐다. 이제 누

온 마을 사람들에게 인기가 그만인 헌 탁구대.

이 탁구대 하나로 마을 사람들이 모이기 시작했다.

어울림은 진화하여 남녀혼성 4중주 합창 '파노라마' 가 탄생했다.

ⓒ 문발동 사람들

군가 펑계를 만들어 '밴드'에 '모이자'고 선동하면, 금방 요리 하나씩을 들고 와 탁구대 위에 놓고 포트락 파티를 열었다. 비용 대비 효율 면에서 세계 최고인 탁구대다.

이렇게 행복했던 적이 없었다

주부 정민영 씨는 파주에 이사 온 지 10년이 됐는데도 시간이 나면 드라마만 보고 지냈다. 그런데 재작년부터 탁구 치는 맛에 이제는 하루도 빼놓지 않고 마당에 온다. 여기 오는 게 드라마 보는 것보다 재밌단다. 자기 같은 사람만 생기면 방송국 다니는 남편 밥줄이 끊길지도 모르겠다면서도 발길을 멈추지 않는다.

장지영 씨는 인근 아파트에 이사 온 지 2년이 됐다. 처음엔 출퇴근에 지쳐 마을은 잠만 자는 곳이었다. 그러다 아내를 통해 마을 사람들과 어울리기 시작했다. 아파트 단지 놀이터밖에 갈 곳이 없던 일곱 살, 다섯 살 두 아이도 마당에서 동네 언니, 오빠들이 많이 생겼다고 좋아한다. 드라마 작가 김선재 씨는 밤늦게야 일을 끝내지만, 마당은 밤늦게도 즐길 수 있어 자주 찾곤 한다. 그는 마당에서 열리는 동네탁구대회에 출전하기 위해 요즘 들어 더 열성이다.

> "아무 생각 없이 탁구만 치니 이렇게 행복할 수가 없어요. 지금껏 먹고살기 위해 살았는데 놀고먹는 게 이렇게 좋은지 처음 알았네요. 50년 넘게 살면서 이렇게 즐거웠던 적이 없었던 거 같아요. 예

전엔 외로우면 형제들과 어울렸는데, 이웃들과 즐겁게 놀다 보니
언니들한테 연락할 일이 별로 없어 미안할 정도예요."

어울림은 더 많은 어울림을 낳았다. 봄이 되면 집을 짓지 않은
땅을 빌려 함께 텃밭을 일궜다. 텃밭에서 일하다가 밭에 둘러앉아 상
추 튀김도 해 먹고, 콩나물 비빔밥도 해 먹었다. 지나는 이웃도 불러
서 먹었다. 텃밭에서 가꾼 배추로 김장도 했다. 각자 담근 김치를 마
당에 가져오면 아이들이 최고의 김장을 선정했다. 경연이 끝나면 수
육을 삶아서 김장 파티를 열었다. 설날이 되면 함께 모여 떡국을 끓
여 먹었다. 아이들은 집집마다 세배를 다니는데, 세뱃돈은 1인당 1천
원으로 통일했다.

문발동엔 동아리가 500개?

이 마을 한가운데 커피발전소에서는 마을 잡지를 만드는 모임
과 독서 동아리, 일본어 공부 모임이 있고, 마을 인근 공릉천에서 자
전거를 타는 모임도 생겼다. 심학산까지 걷는 모임, 낚시 모임, 주말
이면 10여 킬로를 달리는 마라톤 모임, 함께 시를 읽는 시 모임 등 동
아리 수를 다 헤아릴 수조차 없다. 두세 명만 모여도 모임이 하나씩
만들어졌다. 좀 부풀리기 좋아하는 사람은 "이 동네에만 모임이 5백
개가 있다는 소문도 있다"며 웃었다.

마을 입구에서 만둣집을 하는 이재정 씨는 어울리면서 살맛을

찾았다. 17년간 다닌 건설업체가 구조 조정에 들어가자 사직하고 만 둣집을 차렸던 그도 자영업의 고단함을 겨우겨우 참아내며 살았다. 그러다 이웃들과 어울리면서부터 먹고사니즘에서 벗어나 사는 맛을 찾았다. 남편이 이웃과 즐기는 시간이 늘어나자 부인 전영미 씨는 남 편이 못마땅해 만둣집에 오는 이웃들과도 잘 어울리지 않았다. 그런 데 남편이 참여하는 시 모임에서 전남 완도 청산도에 놀러가는데 따 라갔다가 "그동안 이렇게 재밌게 혼자만 놀았단 말이야"라며 남편을 타박할 만큼 재밌는 어울림을 목도했다. 지금은 마당에서 포트락 파 티를 연다고 하면 부인이 먼저 요리를 해서 달려간다.

특별한 것 없는 사람들의 특별한 만남

이 마을은 특별할 게 없다. 허허벌판에 신도시가 조성돼 10여 년 전부터 한 집 두 집 지어졌으니 전통이랄 것도 없고, 토박이도 없 다. 그런데도 죽이 잘 맞는 이들을 보고 어떤 사람들은 "당신들 어디 다른 데서 집단 이주한 것 아니냐"고 묻기도 한다. 이 마을에 산다는 것 외에 공통점이 별로 없던 사람들이었다. 단독주택이나 다세대주 택에 사는 사람, 전세 사는 사람, 인근 아파트에 거주하는 사람 등 사 는 곳도 다양하고 직업도 가지각색이다. 이 모임에 합류한 이들치고 부유하다고 할 만한 사람은 거의 없다. 단독주택에 사는 사람도 아파 트를 벗어나 아이들을 키우고 싶어서 대출을 받아 집을 지은 이들이 대부분이다. 이들이 마당에서 어울리면서 뜻하지 않게 어떤 전통 마을보다 정감이 넘치고 재미난 마을이 되었다.

마을살이는 포물선처럼 퍼져나가고 있다. 처음엔 마당을 중심으로 주위 사람들만 모이더니 문발동을 넘어 교하 밖 파주 혹은 일산에서도 같이 놀아보려고 오는 사람들이 생겼다.

재밌게 놀다 보니 병이 나아버렸다

한겨레신문 여론데이터센터장 한귀영 씨도 이 인근 아파트에 이사와 이들 속에 합류하기 전까지 놀기보다는 공부만 하던 먹물파였다. 그가 본격적으로 마을 사람들과 어울리기 시작한 것은 몸이 아파서 휴직하면서부터였다. 지금은 그도 파노라마합창단 연습 때마다 기타를 들고 진두지휘하는 남편 조형근 한림대학교 교수와 함께 합창을 하고, 탁구를 치고, 마라톤을 하면서 본격적인 마을살이를 시작했다.

"예전엔 상념이 너무 많았어요. 그래서 주말이면 늘 텔레비전을 봐야 했어요. 머리를 비워야 했으니까요. 지금은 마을 사람들과 할 게 너무 많아서 텔레비전 볼 틈이 없어요. 나도 내가 이렇게 노는 걸 좋아할지 몰랐어요."

그는 휴직 전 부인과질환으로 병원에서 자궁을 도려내라는 권유를 받았다. 그는 수술을 하는 대신 8개월간 이웃과 어울려 웃으며 즐겁게 놀았다. 다만 놀았을 뿐인데 병이 나아버렸다. 그가 '자연인' 처럼 깊은 산속에 들어간 것도 아니다. 어떻게 그런 기적 같은 일이 일어났을까. 그는 "아마 평소 안 쓰던 근육까지 쓰는 동안 그렇게 되지 않았을까"고 생각해본다. 그가 말하는 근육이란 몸의 근육만이 아니라 정신적인 근육을 포함한다. 사회생활은 가면을 쓰고 생활하기 마련인데 마을에선 거의 추리닝 차림의 맨얼굴로 사람들을 마주한다. 그러면서 대외용 맞춤식 안면 근육이 아니라 본연의 근육을 쓰게 된다는 것이다. 무엇이든 편중되면 병을 불러오게 마련이다. 그의 말처럼 직장인은 과도한 정신 노동으로 스트레스를 유발해 마음의 근육마저 굳어버리게 하고 있는지 모른다.

한 센터장이 이 모임에 합류하게 된 건 산이네 집을 방문하면서부터였다. 산이네 집은 마당에 이은 또 하나의 마을 아지트다. 추운 겨울날 화목 난로 곁에 둘러앉아 막걸리를 마시며 밤새 정담을 나누는 모임에 우연히 참석했다가 그 분위기에 취해 합류했다.

아이들 삶이 지루하지 않길 바라며

박상희·박경희 씨 부부는 중학교 1학년 산이, 초등학교 4학년 연이, 유치원생 막내 휜이 3남매를 뒀다. 박상희 씨는 프리랜서로 프로덕션 스튜디오와 목공일을 하고, 부인은 한살림협동조합의 활동가로 일했다. 맞벌이를 하면서 도우미도 쓰지 않고 아이 셋을 키웠다. 박경희 씨는 둘째가 7개월 됐을 때부터 한살림 활동가로 일했는데 마

이곳 아이들의 표정은 밝고 명랑하다.
무엇보다 부모가 자신의 욕망을 아이에게 투사하지 않아서
마음껏 뛰어놀 수 있어서다.

ⓒ 문발동 사람들

을 조합원들과 품앗이로 아이를 돌보면서 같이 키웠다. 일산의 아파트에 살 때였는데, 자신이 사는 공간을 서로 내줘 함께하고, 다른 엄마들과 함께 음식도 만들어 먹고, 책도 같이 읽으면서 함께하는 게 육아의 힘을 얼마나 덜어주는지를 알게 됐다. 부부가 대출을 받아 어렵게 마련한 단독주택 1층을 마을 아지트로 내놓은 이유도 함께하는 게 무엇보다 자신에게 좋다는 것을 일찍부터 깨달았기 때문이다.

마당을 개방한 최석진 신부도 단독주택을 지어 나가기 전까지 박상희 씨 집에 세 들어 살았다. 지금 초등학교 5학년, 3학년인 최 신부의 두 딸 유진이, 희진이가 이 집 아이 셋과 함께 뛰어놀며 어우러질 때부터 마당이 열렸던 셈이다.

이곳 아이들의 표정은 밝고 명랑하다. 무엇보다 부모가 자신의 욕망을 아이에게 투사하지 않아서 마음껏 뛰어놀 수 있어서다. 산이 아빠 얘기다.

"무엇보다 아이들 인생이 지루하지 않았으면 좋겠어요. 지루한 인생은 실패한 인생이니까요. 좀 힘이 들더라도 재미가 있으면 돼요. 주말이면 워낙 모임이 많으니 주말을 손꼽아 기다리는데 아이들도 그렇게 살았으면 좋겠어요. 아이들한테 공부 잘하라는 이야기는 하지 않아요. 아이들을 어떻게 키울 건지 걱정도 하지 않습니다. 엄마, 아빠가 행복하게 사는 것을 보고 아이들도 행복을 체득해 그렇게 살아가게 하는 것이 진짜 교육 아닐까요."

박인애 씨는 세월호 사고를 보며 아이들한테 공부만을 강요하고, 배가 가라앉는데도 '가만히 있어라'고 하던 우리가 세상을 잘못 살았다는 것을 절감하며, '그전처럼 살지 말자'고 다짐했다.

"세월호 이후 반성 많이 했지요. 아이들에게 사랑을 충분히 표현하지 못한 게 가장 후회된다는 세월호 엄마들을 보면서 공부 이야기는 그만두고 아이에게 사랑을 아낌없이 표현했어요. 학원에도 안 보내고 품앗이로 공부도 시키고요. 나는 유진이한테 독서논술을 가르치고 우리 아이는 유진이 엄마한테 영어를 배우고, 유섭이 엄마한테는 미술을 배우지요."

조형근·한귀영 씨 부부도 마을살이를 하다 보니, '공부는 잘하고 봐야 한다'는 생각이 바뀌었다. 아이들 크는 거 보니, 공부 잘한다고 행복한 건 아니었다. 학교에서 공부만이 전부인 양 강요되니 학벌, 스펙 쌓기에만 목을 매는데, 마을에서 어울리다 보면 공부와 별개로 얼마든지 행복하게 사는 걸 목격한다. 공부가 싫으면 도자기 공방을 해도 되고, 장사를 하면서도 얼마든지 행복하게 살아가는 어른들의 다양한 삶의 방법을 체득해서 행복을 영위하는 법을 배운다.

커피발전소나 마당은 다 공방골목에 있다. '짝작'이라는 가게는 이 부근에서 공방을 하는 사람들 12명이 만든 협동조합이다. 조합원들이 도자기나 가죽제품 같은 상품을 진열할 가게가 없어서 짝작을 낸 게 아니다. 다 각자 가게가 있는데도 공동 가게를 낸 것은 순전히 '함께하기 위해서'다. 가게는 좀 더 형편이 나은 사람들이 더 자주 지킨다. 병에 걸려 가게에 나올 수 없는 조합원을 배려하고, 찾아가 손을 잡아주는 건 기본이다. 자주 모여서 나누는 애환이야말로 그들이 만든 예술품보다 더 아름다운 '삶의 예술'이다.

애초 누군가 계획한 것도 아닌데, 한 명 한 명이 마음을 열고 함께하다 보니 이렇게 많은 가족 같은 이웃이 생긴 것에 무엇보다 공방골목 사람들 자신이 더 놀라고 있다. 평생 한 명의 진정한 친구를 갖기가 어렵다는 요즘 세상에 마을에서 놀다 보니 이렇게 많은 친구가 저절로 생겨났다.

해외여행보다
더 재미있는 마을살이

파주 문발동 28통 공방골목 사람들이 놀다 보니 어쩌다 공동체 마을로 변한 곳이라면, 광주시 광산구 '신흥마을'은 그보다는 좀 더 계획적인 공동체다. 공동 육아를 했던 이들이 한 집, 두 집 시골 마을로 들어가 형성된 곳이니 말이다.

　도시인이라면 잔디 마당이 있는 단독주택에서 아이들, 강아지와 함께 뛰어놀며 사는 꿈을 한 번쯤은 꾸기 마련이다. 대다수는 꿈만 꾸고 만다. 하지만 신흥마을 사람들은 꿈을 현실로 만들었다. 광주라는 대도시 직장을 떠나지도 않고서 말이다.

　애초 광산구 본량면에 속한 이 마을은 광주송정역에서 차로 10여 분이면 갈 수 있다. 시내에서 가까우면서도 오지 산골 느낌이

나는 곳에 제 멋대로 색을 칠한 집들이 널찍널찍 자리 잡고 있다. 이 마을 이름이 '새롭게 흥하는(신흥)' 마을인데 이름에 걸맞지 않게 몇 년 전까지만 해도 폐가가 늘며 퇴락하던 촌락이었다. 바위산인 용진산을 등에 업고, 앞엔 너른 들판과 황룡강, 어등산을 마주한 천혜의 풍경을 지녔음에도 광산구 유일의 소외 지대로 남아 본량동초등학교·본량서초등학교, 본량중학교가 차례로 폐교되고, 유일하게 남은 본량초등학교마저 학생 수가 30여 명밖에 안 돼 폐교 위기에 처했다. 이들이 오기 전까지는.

시골 마을에 차례로 들어온 11가구 41명

'본량마을 공동체네트워크(본마공)'는 애초 광주 시내에서 육아협동조합을 결성하여 '햇살가득어린이집'을 운영하던 이들이 주축이 됐다. 조합원들이 광주 시내에 있던 어린이집을 본량 송치마을에 옮겨 시작한 게 2006년이었다. 그때부터 본량과 인연이 시작됐고, 이들이 신흥마을로 한 명 두 명 모여들기 시작한 시점이 2009년 말이었다.

육아협동조합 조합원들이 어린이집을 마친 아이들을 인근 본량초등학교로 보내면서 본량초등학교도 살아났다. 본마공 11가구 41명이 신흥마을에 이주해 오면서 본량초등학교에 아이들이 늘었다. 소문을 듣고 광주 시내에서도 전원풍인 본량초등학교로 아이들을 보내는 이들까지 덩달아 늘었다. 지금은 유치원생까지 합쳐 학생이 90여 명으로 늘었다. 70명이 안 되면 통폐합 대상이 되는데, 본량초등

광주 시가지에서 멀지 않으면서도
산골 느낌이 나는 신흥마을.
잔디 마당이 있는 단독주택에서 아이들,
강아지와 함께 뛰어놀며 살아가는 곳.

학교는 자율학교로 지정되어 스쿨버스까지 갖추고 있다.

지방에 내려가면 대도시 근교조차 학교가 폐교되고 황폐화된 곳이 적지 않다. 얼마든지 대도시로 출퇴근하며 목가적인 삶을 누릴 수 있는데도 말이다. 땅값이 도심과는 비교할 수 없을 정도로 싼 건 말할 나위 없다. 신흥마을 사람들도 광역시에 편입돼 있다고는 하지만 인근 담양군, 화순군, 장성군 등 군 단위 지역 땅과 비교해 별 차이 없이 평당 30~50만 원가량에 구입해 집을 지었다.

신흥마을엔 새로 이사 온 본마공이 11가구에 기존 30가구가 섞여 있다. 이곳 역시 원주민은 대부분이 노인이지만 본마공의 30~40대가 아이들을 데리고 들어오며 노인 마을에서 어린이 마을로 변한 느낌이다.

이 마을 골목에선 이웃과 마주칠 때마다 그냥 지나치는 법이 없다. 한 여자아이는 이웃집 언니가 다가오자 이산가족을 상봉한 것처럼 얼싸안고 얼굴을 부빈다. 엎어지면 코 닿을 곳에 있어도, 보고 있어도 보고 싶다는 듯이 엉긴다. 본마공 사람들도 처음부터 이런 공동체 마을이 될 거라고 생각한 건 아니었다. 김수진·박수미 씨 부부가 두 아이를 데리고 2009년 12월 본량초등학교 뒤 이 마을에 들어올 때까지만 해도 말이다.

수미 씨 집을 와본 햇살가득어린이집 원장 김은정 씨 가족을 시작으로 2015년까지 네 가족이 이주했다. 정착자가 늘면서 이들끼리 공동체에 대한 책도 읽고, 여기 저기 공동체 마을을 찾아다니며 배우기 시작했다. 마을 노인들에게 땅 200평을 빌려 초보자들끼리 농사도 지어봤다. "농약을 쓰지 않고 논농사를 짓다가 모두 몸살에 걸려 공동체가 초장에 와해될 뻔 했다"고도 했다.

소득이 없지는 않았다. 동네 어르신들에게 농사를 배우면서 어르신들과 한결 가까워졌다. 박힌 돌과 굴러온 돌이 함께 해보자는 돌돌문화제도 열고, 마을 정자에서 음악회도 했다. 복날이 되면 닭백숙을 준비해 경로당 어르신들께 대접했다. 많은 공동체가 자기들끼리만 어울리는 데 반해 신흥마을 정착자들은 대부분 30~40대인데도 기존 마을 집들 사이에 정착해 마을 어르신들과 어울렸다. 본량초등학교 학부모회장까지 맡게 된 김지연 씨는 이렇게 말한다.

"이사 온 첫해부터 오래 산 것처럼 편했어요. 앞집 할머니, 할아버지께서 너무 잘해주세요. 들기름, 참기름, 고구마, 감자, 땅콩, 죽순 등 어르신들이 농사 지은 작물과 음식을 철철이 나눠주지요. 며칠 전에는 외출한 사이 동치미도 한 통 가져다 놓으셨더라고요. 제가 작은 텃밭에 심은 배추로 김장도 해주셨어요. 밥이 딱 한 공기 부족할 때는 밥그릇 들고 앞집도 가고 옆집도 가서 얻어와요. 아이들이 학교 마치고 오는 길에 고구마도 얻어오고 무도 가져옵니다. 1년 내내 재미나고 정다운 일이 끊이지 않아요."

돈보다 함께 늙어갈 사람을 택했다

여섯 집이 이사 올 때까지는 한 집 한 집 왔기 때문에 큰 그림 없이 각자 땅을 사서 집을 지었다. 그런데 2016년 다섯 집이 공동으로 마을 한가운데 논 8백여 평을 사서 함께 집을 지었다. 그때 들어온 한국철도공사 직원 최영근 씨는 집을 짓느라 재산을 모두 쏟아부었다. 도시 아파트는 가격이 올라 자산가치가 늘어나는데 시골은 그렇지는 않은 터라 걱정도 됐다. 그러나 돈보다 함께 늙어갈 사람이 더 가치 있다는 생각에 신흥마을에 합류했다. 기업체 노조 전임자로 활동하는 송성주 씨는 "나이 들어서는 이웃 사귀기가 더 어려워 한 살이라도 젊었을 때 좋은 이웃들과 어울리기 위해 들어왔다"고 했다.

광주시청 공무원인 정승균 씨는 아이들을 위해 무엇이 좋을지 고민했다. 큰아이와 함께 햇살가득어린이집을 다닌 아이들이 서로 죽고 못 살 만큼 친한데, 초등학교에 가면서 뿔뿔이 흩어졌다. 아이들은 친구들과 헤어지기 싫어하고, 부모끼리도 육아조합에서 친해질 만큼 친해져 땅콩집을 지어 옆집에서 살아볼까도 생각했지만 도시에선 꿈을 이룰 수 있을 것 같지 않아 포기했다. 큰아이가 초등학교에 들어갈 때 수완지구 아파트에 살았는데 층간 소음 때문에 고생도 했다. 맞벌이를 하다 보니 쉬는 날엔 아이들과 마트나 가는 게 고작이지 콧바람을 쐬어줄 짬을 내는 것마저 녹록지 않았다. 주위 엄마들의 학구열 또한 장난이 아니었다. 이런 사교육 틈바구니에서 아이들을 키워야 하는지 고민스러웠다. 신흥마을에 가면 출퇴근은 불편해지겠지만 아이들을 위한 길을 택하자고 2012년 이사했다. 결과적으로 아이들 못지않게 어른들에게 더 좋은 결정이었다.

치과 의사인 이금호 씨도 아내와 아이들을 위해 왔다. 그의 아내는 늘 골골해 흙냄새를 맡으며 살고 싶어 했다. 그래서 도심 아파트에서 살 때는 주말마다 교외로 나가 바람도 쐬고 펜션을 잡아서 하룻밤이라도 자야 했다. 햇살가득어린이집에서 친구들과 뛰어놀며 감성이 풍부해진 큰아이가 수완지구에 신설된 초등학교에 입학했는데, 입학식날 자꾸 뒤돌아 아빠를 쳐다봤다. '아빠, 나 여기서는 못 견딜 것 같아'라고 얘기하는 것만 같았다. 그는 건강사회치과의사회 광주 대표를 맡고 있고, 아내도 광주여성영화제 집행위원장이란 중책을 맡아 바빴다. 부부는 '우리가 도시에서 힘들게 살면서 어떻게 사람들에게 좋은 기운을 줄 수 있겠는가'라는 생각이 들었다고 한다. 본마공 멤버 중 처음 이 마을에 정착한 박수미 씨가 말했다.

> "지금과 같은 마을공동체가 되리라고는 전혀 예상치 못했어요. 2009년 이곳에 처음 이사 와서는 본량에 오니 좋다고 말은 하고 다녔지만 이렇게 용감하고 마음씨 좋은 사람들이 하나둘씩 모여들지는 몰랐어요. 어느새 대가족이 되었네요. 이제는 어떤 일이 있어도 이사 나가고 싶지 않아요. 이들과 같이 나이 들어갈 생각을 하면 든든하고, 나이 드는 게 두렵지가 않아요."

본마공 아이들이
마을 뒷산에서 눈썰매를 타고 있다.

ⓒ 본마공

애들아, '어른이집'도 만들어줄 거지?

본마공 아이들은 중학교에 진학하기 전까지는 휴대전화를 쓰지 않는다. 그래도 할 게 너무나 많다. 봄이면 뒷산에 지천인 진달래꽃을 꺾으러 가고, 눈이 쌓이면 천연 눈썰매를 탄다. 봄, 여름엔 마당에 텐트를 치고 유성우와 별자리도 관찰한다. 도시에선 학원이나 오가며 누렇게 떠 있을 아이들이 물 만난 고기처럼 살판이 났다.

햇살가득어린이집부터 본량초등학교까지 쭉 함께 해온 선우, 승준, 주영이, 희아, 네 가족은 얼마 전 함께 베트남 다낭 여행을 다녀왔다. 어른들은 아이들에게 "우리가 햇살가득어린이집도 만들고, 본마공도 만들어 너희를 행복하게 해줬으니, 너희는 나중에 우리를 위해 '어른이집'을 만들어줘야 한다"고 너스레를 떤다. 하지만 진짜 수혜자는 어른들이다. 아이들이 자기들끼리 신나서 노니 전에 없던 여유가 생겼다. 본마공 어른들은 공무원, 교사, 의사, 세무사, 강사, 사회활동가 등 직업이 각양각색이고, 거의 맞벌이다. 쉴 틈이 없어 늘 피로에 시달렸고, 주말에도 아이들을 챙겨야 해서 어른들만의 놀이는 생각하기 어려웠다. 그런데 모여 살다 보니, 마을 아이들 모두를 데리고 놀이동산에 갈 때도 어른 한둘이 도맡아 데려가 다른 부모들은 여유가 생겼다. 아이들도 또래끼리 노느라 바빠 부모가 오든 가든 신경 쓸 새가 없다. 아이들은 온 동네가 자기 집 안방인 양 내복을 입고 돌아다니고, 집에서 저녁을 먹고도 친구 집에 가서 또 저녁을 먹기도 한다. 언젠가 이 마을에 놀러온 듯한 한 달된 강아지가 하수구에 빠져 낑낑대는 것을 꺼내줬더니 이 마을을 떠나지 않았다. 그 강아지는 매끼 다른 집에서 식사를 해결한다. 김현철 씨 집 개는 인근 혜영 씨 집에서 새끼를 낳았다. 때마침 그날은 혜영 씨 생일이었는데, 혜영 씨를 위한 미역국은 옆집 개 차지가 되었다. 개도 내 집, 네 집 경계가 없다.

해외여행보다 더 즐거운 마을 소풍

재미는 또 다른 재미를 낳는다. 이 작은 마을에선 가족이 함께하는 운동회, 음악회, 본마공 총회, 마을 체험 활동, 마을 공동 청소 등 함께하는 일이 끝없이 이어진다. 산행 모임, 화전 놀이, 고기 굽는 날, 고사리 뜯으러 가기, 텃밭 모임, 책 낭송 모임, 기타 동아리, 골프 동아리 등 소소한 모임까지 촘촘해 시골살이가 어찌 도시살이보다 더 바쁘냐며 웃기도 한다.

모임 때만 만나는 게 아니다. 누가 해외여행 갔다가 술을 사왔다고 해도, 누가 외출했다가 굴을 사왔다고 밴드에 올려도 곧바로 집에 있는 맥주나 포도주, 안주와 과일 몇 가지씩 챙겨 모여 즉석 파티를 연다. 아이들이 민족무예 경당을 배우는 일요일 저녁 시간이 되면, 어른들은 '기회는 이때다'며 파티를 연다. 여름밤에만 진영이 집 하얀 벽면에 빔 프로젝트를 쏘아 잔디밭에서 영화를 보며 한 잔을 즐긴다. 퇴근해 마을에 들어서면 어느 집에 불이 켜졌는지부터 눈이 간다. 빨리 만나서 이야기하고 싶고, 놀고 싶어서다.

교사인 이몽석 씨는 처음 이곳에 왔을 때는 저녁 술자리와 회식이 불편해 아파트 생활이 그립기도 했다. 잔디 깎기와 텃밭 가꾸기 같은 노동도 고단했다. 노동을 싫어하는 자신은 마을살이가 어울리지 않는다는 생각이 들었다. 그런데 한 번, 두 번 어울려 놀아 보니 그 재미가 보통이 아니었다. 요즘은 함께 어울려서 하는 잔디 깎기와 화단 정리, 텃밭 농사를 하는 날을 기다리기도 한다. 즐거움을 주려고 서로 노력하다 보니 재미가 배가된다. 광주시청 공무원 부부인 이겨레 씨는 인생 최고의 결정을 이 마을에 들어온 것으로 꼽을 정도다.

"이 마을에 들어온 뒤부터는 마음이 편해요. 동네에 들어오면 동네 밖에 나가고 싶은 생각이 없어요. 예전엔 노후 걱정도 많았는데 지금은 그런 게 없어요. 얼마 전 가족끼리 해외여행을 간 적이 있어요. 그런데 마을 사람들끼리 노는 사진이 밴드에 올라왔더라고요. 본량초등학교에 흐드러지게 핀 벚꽃 아래에 돗자리를 깔고 식사를 하는 사진이었어요. 그걸 보는 순간 여행이고 뭐고 빨리 마을로 돌아오고만 싶더라고요. 그 뒤로는 늘 마을 사람들이 지금쯤 뭘 하며 재밌게 놀고 있을까란 생각만 들어 마음은 벌써 마을에 와 있었어요."

같이 살면서도
프라이버시를 보장하는 공유 주택

코하우징은 한 건물에 모여 사는 것이다. 1970년 덴마크에서 생기기 시작한 공유 주택인 '코하우징 co-housing'은 여러 명이 한 집에 입주해 거실과 부엌 등을 공유하는 셰어하우스 share house 와 달리 부지 매입이나 설계 때부터 함께한다. 셰어하우스가 거의 임대인 데 반해 코하우징은 공동 부엌이나 커뮤니티 룸처럼 공유 공간 외에는 각자 소유 등기가 된 개인 집으로 이뤄진다. 외관상 10가구 안팎인 대부분의 빌라와 크게 다르지 않다. 그러나 이들은 입주 전부터 모여 서로 돕고 의지하고 친밀하게 지내면서 행복한 삶을 만들어보자고 약속했다는 점에서 차이가 있다. 한 건물에 살면서도 서로 상관하지 않고 살아가는 빌라나 다세대주택과는 다르다.

우린 다르게 살기로 했다

서울 마포구 성산동 성미산 소행주 1호는 우리나라 코하우징의 선구자다. 소행주는 '소통이 있어 행복한 주택'의 줄임말로, 2011년 1호를 시작으로 현재 10호가 지어졌다. 소행주 1호엔 9가구 34명이 함께 산다. 지상 6층짜리 건물에서 1층은 주차장, 2층은 공동 부엌을 겸한 커뮤니티 룸, 3~6층은 주택이다. 엘리베이터와 계단, 복도, 주차장, 옥상이 공용 공간이고, 커뮤니티 룸이 공유 공간이다. 소행주 1호는 각 층 복도 바닥재를 나무로 해 모든 세대가 공유하고, 층별 엘리베이터 입구에 있는 신발장도 함께 쓴다. 2층엔 마을 기업과 방과후교실도 있다.

한 집에 모여 텔레비전을 보는 9가구 사람들

소행주 1호에는 텔레비전이 있는 집이 별로 없다. 텔레비전을 보지 않는 건 그만큼 무료하지 않기 때문이다. 텔레비전이 몇 집밖에 없다 보니, 국가대표 축구 경기처럼 특별한 이벤트가 있을 때는 사람들이 텔레비전이 있는 집에 모인다. 텔레비전이 드물던 1970년대 시골 마을 사람들이 마당에 멍석을 깔고 프로권투나 프로레슬링, 축구, 드라마를 보며 함께 웃고 울던 모습을 여기서도 볼 수 있다.

소행주 1호를 처음 방문한 날도 온 마을 사람들이 한 집 거실에 빼곡히 앉아 방금 일본 출장에서 돌아온 '평범이'가 사온 일본 과자를 먹으며 주말 드라마를 보고 있었다. 그 주말 드라마에 탤런트인 이 집 딸이 출연한다. 그래서 드라마를 할 때마다 아홉 가족이 모여

소행주에선 전체 여행 외에도 남자는 남자들끼리,
여자는 여자들끼리 여행을 다닌다.
뿐만 아니라 '어른들끼리'
'아이들끼리'도 여행을 한다.

ⓒ 소행주 1호

함께 시청한다. 드라마에 몰입해 누군가 "저 사람, 너무하네"라고 한마디라도 하면, 너도 나도 한마디씩 하며 웃는 것이 영락없는 옛 시골 모습이다. 20여 명이 좁은 거실에서 서로 엉덩이를 맞대고 앉아 드라마에 콩 놔라 팥 놔라 하니 가족보다 더 가족 같다.

엄마끼리, 아빠끼리 여행 가는 재미

드라마가 끝난 뒤엔 밤 9시 늦은 시간에 한 달에 한 번 있는 입주자회의가 2층 커뮤니티 룸에서 열렸다. '느리'가 곰배령에 갔다가 사온 표고버섯을 기름소금과 함께 안주로 올려놓았다. 누군가 냉장고에 사다 넣어둔 맥주를 꺼내 한 잔씩 나누면서 회의를 했다. 이름 대신 닉네임을 부르는 게 더 정겹다. 우리나라는 존칭어 때문에 호칭이 주는 위화감이 크다. 이곳에선 어른, 아이 할 것 없이 '님'자를 붙이지 않고 닉네임으로 부른다. 누구나 친구처럼 말이다.

회의에서 건물 대청소 날을 정했다. 평범이는 그날 선약이 있어 대청소에 참여할 수 없단다. 그래서 청소 후 옥상 파티에 삼겹살을 쏘기로 했다. 누군가 어른들끼리만 1박 2일 여행을 가자고 하자, 누구 하나 토를 달지 않는다. 스케줄 잡기가 녹록지 않다. 곧 아빠들끼리만 떠나는 2박 3일 아빠 여행을 비롯해 추석과 구정 후엔 엄마들끼리만 떠나는 엄마 여행이 있고, 여름 휴가철엔 소행주 모든 식구가 떠나는 전체 여행이 있다. 이렇게 여행이 많은데도 '어른들끼리 여행'도 가자는 것이다. 사시사철 여행이 끊이지 않는다.

이번 아빠 여행은 포항을 출발해 동해안을 타고 올라오는 코스다. 아빠들끼리는 베트남도 두 번, 타이완에도 다녀왔다. 남자들은 남자들끼리, 여자들은 여자들끼리만 다니는 여행이 얼마나 재밌는지 안 가보면 모른다고 한다. 여행의 즐거움은 여행지도 여행지지만 누구와 가느냐로 결정된다. 모처럼 시간과 돈을 내 패키지여행을 떠나면 처음 보는 이들을 탐색하고 눈치 보고 배려하다 귀한 시간을 다 보내기도 한다. 그런데 늘 함께하는 이들, 허물없는 이웃들과 함께하니 모르는 이들과 하는 여행과는 비교할 수 없이 재미지다.

입시생이 있어도 여행을 갈 수 있는 집

이곳에서도 엄마들끼리만 여행을 간다고 하자 처음엔 아빠들이 "아이들을 어떻게 하라고?"라며 불만스러워했다. 그런데 엄마가 없을 때 아빠들과 아이들끼리만 공동 부엌에 모여 밥도 해 먹고 옥상에서 바비큐파티를 열며 놀아보니 전엔 모르던 재미가 있었다. 그래서 이젠 엄마 여행을 떠난다고 하면 아빠와 아이들은 "어서 다녀오라"고 등을 떠민다. 여자들도 가사 부담 없이 며칠 동안 원 없이 수다를 떨 수 있으니 스트레스가 다 풀리는 여행이다.

보통 가정에선 아이들이 대학 입시가 가까워지는 고등학생 때는 여행할 엄두를 못 낸다. 아이도 민감해져서 부모도 힘든데 여행도 못 가니 스트레스가 더욱 쌓인다. 그건 바깥 얘기다. 이곳에선 고등학생이 있어도 부모들끼리만 여행을 떠난다. 믿고 맡길 이웃이 있어서다. 아이들도 모처럼 부모 잔소리에서 해방돼 엄마, 아빠와는 다른 방식으로 따뜻하게 챙겨주는 이웃 어른들의 보살핌에서 카타르시스를 느낀다. 저녁마다 공동 밥상에서 함께 식사하고, 입학식이나 졸업식 때도 부모처럼 축하해주는 든든한 이웃이니 부모가 며칠 없어도 불안하지 않다.

아이들만 남겨놓고 어른들이 모두 여행을 떠날 수 있는 건 입주할 때 초등학생, 중학생이었던 아이들이 20대가 되어서 동생들을 돌보기 때문이다. 이번 아빠 여행엔 아들 그룹에서 가장 나이가 많은 박짱네 장남 민수도 함께 간다. 민수는 자기와 나이가 열댓 살밖에 차이 나지 않는 이웃집 아저씨 '피터'를 형처럼 따랐다. 보통 동네 같으면 아빠들끼리 여행에 아이가 따라갈 리가 없지만 이곳은 다르다. 그만큼 세대 간에도 허물이 없다. 민수가 진로를 고민할 때도 함께 고민해준 게 아빠들이었다. 민수는 최근 창업을 했는데, 아빠들은 그때도 십시일반 주머니를 털어 축하금을 전해줬다. 그런 아빠들과 소통하는 게 민수도 즐겁다. 꼬마들도 마찬가지다. 늘 이웃집 형, 누나들과 소통하고 있어 부모들이 여행을 간다고 해도 걱정하지 않고, 자기들끼리만의 시간을 고대한다.

혼자 있고 싶을 때는 혼자 있게

이곳에 산다고 모든 것을 함께해야 하는 건 아니다. 가령 오늘 저녁에 한잔하자는 공지가 있어도, 피곤해서 혼자 있고 싶다면 이를 존중한다. 코하우징은 개인 프라이버시와 각자의 삶이 철저히 보장된다는 점에서 공동체와는 다르다. 같이하는 삶, 홀로 있는 삶을 모두 존중한다.

충북 괴산이 고향인 박짱 박홍섭 씨는 초등학교 3학년 때부터 부모와 떨어져 살았다. 부모가 상경해 장사를 하다가 잘 안 되자 2남 1녀는 서울에 남겨두고 귀향했다. 누나와 형은 한창 젊을 때여서 놀다가 늦게 들어오기 일쑤였다. 그는 불 꺼진 집에 혼자 있는 것이 겁도 나고 싫어 늘 학교에서 공을 차든지 놀고 지쳐 나가떨어질 때쯤에서야 집에 들어왔다. 집에 들어와서도 뭘 해야 할지 몰라 쓸쓸했다. 사람이 그리웠지만 혼자 놀아 버릇하다 보니 사람이 복작대는 것을 귀찮아하는 성격이 되었다. 그런데 소행주는 함께하고 싶을 때는 함께하고, 그렇지 않을 때에는 편히 집에서 쉬도록 개인적인 삶이 존중되니 딱 좋았다. 이웃들과 행복하게 지내면서 어린 시절에 켜켜이 쌓였던 외로움과 그리움으로 인한 상처도 씻겨 내려간 것 같다.

사는 맛이란 게 이런 거였구나

피터 윤상석 씨는 열한 살짜리 딸이 있다. 입주 당시 아내가 산후우울증으로 몹시 힘들었다. 이곳에 들어와 이웃들과 내 집처럼 드나들며 소통하자 금세 우울증에서 벗어났다. 아내만큼 신이 난 것은 딸이었다. 이곳에 들어오지 않았다면 형제자매 없이 외롭게 컸을 딸은 이웃이지만 한 식구나 다름없는 언니, 오빠, 동생들이 생겨 외로움을 모른다. 윤씨 자신도 아내가 이곳에 가자고 할 때 공동체가 뭔지, 공동 주거가 뭔지도 몰랐지만, 살맛이란 게 이런 거라는 것을 이곳에 들어와서 비로소 알았다. 그는 춘천에서 자랐는데, 어린 시절 골목길에서 늘 이웃들과 인사하면서 뛰어놀던 고향을 이곳에 와서 되찾았다고 했다.

"너무 행복해요. 연령대가 다양한데도 소통이 잘 되니 밖에서 술 먹는 횟수가 현저히 줄었어요. 외로움이 사라졌고, 집에 오는 게 즐거워졌어요. 술을 자주 마시는 것도 아니에요. 그런데도 여행 가서 원 없이 이야기를 나누니 격의가 없어요. 앙금이 있으면 늘 바로 바로 모여서 한잔하며 풀어 싸운 기억이 없네요. 갈등이 깊어지기 전에 아빠들이든 엄마들이든 출동해서 풀어요. 형이나 누나도 명절이나 생신 때나 한 번씩 보는 게 전부이지만, 이곳에선 늘 볼 수 있고 의지가 되는 이웃들이 곁에 있지요. 그래서 훨씬 가깝게 느껴집니다."

이곳에서는 구정 때 공동 밥상에 모여 어른들이 나란히 앉으면 모든 아이들이 함께 세배를 한다. 정월대보름에도 윷놀이를 하고, 연말 크리스마스, 송년회 파티도 함께한다. 그러니 자연스레 자기 아이뿐 아니라 소행주 아이들이 모두 내 아이 같은 생각이 든다.

형제자매보다 이웃이 더 정겹고 의지가 된다

형제자매보다 가깝다는 건 빈말이 아니다. 박흥섭 씨도 이를 경험했다. 그는 코하우징 건축업을 한다. 시작할 당시에는 전혀 자본이 없었고, 은행에서도 대출이 여의치 않아 속앓이를 했다. 부모 형제들 사정도 뻔한데 손을 내밀 수는 없었다. 그런데 소행주 식구들과 고민을 나누다 보니, 경제 형편이 넉넉하지도 않은 그들이 자기들 통장을 털어서 빌려주었다. 여러 명이 합치니 억대 목돈이 되어 그 돈으로 일을 시작할 수 있었다.

이런 모습을 보고 살아가는 아이들은 벌써부터 자기도 커서 소행주에서 살겠다고 한다. 통상 아이들은 빨리 독립해서 원룸에서 홀로 살고 싶은 해방의 욕구가 강한 데 비해 이곳 아이들은 반대다. 중학생 한울이는 이렇게 말했다.

"아파트에 살 때는 엘리베이터에 타서도 이웃과 어색하게 인사만 했어요. 소행주에서는 부모님이 집을 비워도 언제든 다른 집으로 놀러갈 수 있어요. 나중에 결혼하고 아이 낳고도 여기서 살고 싶어요. 아이에게도 이웃과 친구들이 더 많이 생기니 좋겠지요."

함께 어울려 살면서 노후 불안이 없어졌다

박짱네 아들 민수도 소행주에 사는 것을 행운이라고 생각한다.

"여기 와서 가족이 많아졌어요. 친구들도 다 부러워해요. 어른들과 늘 함께 지내다 보니 친구들보다 어른들이 편해요. 또 육아의 힘겨움도 덜고 서로에게 힘이 되는 것도 지켜봤어요. 나도 결혼하면 이렇게 살고 싶어요."

이곳에서는 세상 사람들이 하나같이 이야기하는 노후 불안 같은 게 거의 없다. 이들과 함께 어울려 살면 외롭지 않고, 큰돈 없이도 잘 살아낼 것 같은 자신감이 든다는 것이다. 박짱과 밤비 등 공동 육아 때부터 함께했던 이들은 강원도 평창에 터를 마련해 20여 가구가 집을 지어 세컨드하우스로 이용한다. 나머지 식구들도 소행주엔 자녀들이 살게 하고, 은퇴할 시점에 시골로 함께 내려가 살자고 한다. 이들은 나이가 들어도 미래에 대한 불안으로 아까운 시간을 죽일 새가 없다. 제2의 공동체살이 꿈에 부풀어 있기에도 바쁜데 쓸데없이 불안해할 새가 어디 있느냐는 것이다.

2. 엄마를 해방시킨 품앗이 육아

아이 보느니
힘든 직장인이 낫다

유아 복지가 전과는 비교할 수 없이 좋아졌다고 하지만 정작 아이가 있는 집은 갈수록 육아가 버겁다. 세상이 발전하고 편리해졌다는데 육아 피로감은 거꾸로 간다. 두 아이를 둔 후배는 월급의 대부분을 육아 도우미에게 주지만 그래도 집에서 아이를 보는 것보다 직장에 나오는 게 낫다고 했다. 기자 생활도 녹록지 않지만 아이만 보는 스트레스에 비하면 한결 수월하다는 것이다. 할머니가 손주를 돌봐주는 집은 그나마 안심이지만, 할머니들도 육아가 버겁기는 마찬가지다. 한 지인은 지방에서 일주일에 3일씩 서울에 올라와 손주들을 돌보고 내려간다. 평생 고생해서 키운 아들이 의사가 됐고, 의사 며느리까지 얻어 고생 끝, 행복 시작인 줄 알았는데 의사 부부가 너무 바쁘다 보니 두 아이를 시어머니와 친정어머니가 3일씩 번갈아 돌본다. 노후까지 육아에 볼모로 잡혀 있으면서도 며느리한테 "아이를 제대로 돌보았느니 못 돌보았느니" 하는 소리까지 듣는다. 시어머니나 친정어머니가 입원할 일이라도 생기면 이모와 고모까지 동원된다. 아이를 돌보기 위해 온 집안 식구가 출동한다.

자녀가 있으면 병사 위험도 줄어든다

영국 임페리얼 칼리지 런던 연구팀이 13년 동안 영국 등 유럽 10개 국가에 사는 여성 32만여 명의 건강 기록을 분석한 결과, 자녀가 있는 부모가 암 등 중증질환으로 사망할 위험이 20퍼센트나 줄어든다는 사실을 발견했다. 특히 2~3명 이상의 자녀를 둔 여성의 사망 확률이 더욱 줄었다. 연구팀은 자녀로 인해 호르몬이 변화돼 심장 건강이 좋아지고 암 위험이 낮아지는 것으로 보았다. 연구팀은 자녀를 낳고 행복감이 늘어 이런 결과가 나온 것으로 설명했다. 아이가 주는 행복감이야 말할 나위가 없다. 그런데도 출산율은 줄고만 있다. 젊은이들은 당장 죽겠는데 미래를 생각할 겨를이 없다. 먹고사니즘 전쟁의 와중에서 막 사회생활을 시작한 젊은이들이 육아까지 감당해야 하는 게 너무도 버겁다.

육아를 하면서도 육아가 그다지 부담스럽지 않고 얼마든지 아이와 함께 여유 있고 행복할 수 있다면 어떨 것 같은가? 믿기지 않겠지만 그런 곳은 있다.

독박 육아가
없는 곳

서울 강북구 인수동 청수탕 골목 안으로 100여 미터 들어가면 '밝은누리공동체'가 있다. 이곳은 '저출산민국'의 이방지대다. 아이들이 '너무' 많아 놀랄 수밖에 없다. 이건 밝은누리만이 아닌 공동체들의 특징이다. 출산율 제고를 위해 10년간 126조여 원을 쏟아부어도 아무런 효과를 보지 못하는 정부 관계자들이 이런 공동체에 한 번도 와보지도 않고 출산율 타령만 하는 것도 놀랍지만, 더욱 희한한 일은 이 많은 아이들을 낳고 돌보면서도 헬조선의 육아 피로에 대한 신음과 아우성은커녕 웃음소리가 끊이지 않는다는 것이다.

밝은누리는 크리스천 공동체다. 공동체라고 해서 한 울타리에서 살아가는 건 아니고, 빌라가 많은 인수동 일반 주택가 안에서 이

빌라, 저 빌라에 흩어져 반경 200~300미터 내 마을에서 옹기종기 살아간다. 어른, 아이 150명 안팎이 주로 모이는 곳은 밝은누리 식구들이 식사를 하는 식당인 '마을 밥상'인데, 이곳의 센터 격이다. 밝은누리 사람들이 모여 점심과 저녁 식사를 함께하는 마을 밥상은 시골 장터 국밥집처럼 시끌벅적하다. 밥상에 들어서니, 식사를 끝낸 꼬마 셋은 한데 엉켜 뒹굴며 만화책을 읽고 있다. 아기를 안은 부부가 들어오면 식사를 끝낸 젊은이들이 일어나 익숙하게 아기를 받아 안는다. 마치 삼촌이나 이모처럼. 이곳은 누구나 아이의 이모고 삼촌이다. 아기를 안은 채 울며 보채는 걸 달래면서 식사하다 보면 밥이 코로 들어가는지 입으로 들어가는지도 알 수 없고, 식사를 즐길 새가 없지만, 아기를 누군가 돌봐주니 식사를 편하게 즐길 수 있다. 식사를 끝낸 엄마는 아기를 받아안고 그 자리에서 젖을 물린다. 대여섯 명이 젖 먹이는 모자를 둘러싸고 이야기꽃을 피운다. 도시화되어 버린 한국에선 까마득하게 꿈길 속에서나 엿볼 만한 광경이다.

젖 물린 엄마 곁에 옹기종기 둘러앉아

이 마을에선 네 살부터 일곱 살까지 아이들을 밝은누리의 육아협동조합인 도토리어린이집에 보내지만, 세 살까지는 부모가 돌보는 것이 상식이다. 페미니스트와 직장맘들이 화를 터트릴 말일 수 있지만 이곳은 다르다. 밝은누리엔 독박 육아가 없다. 아빠들도 육아를 돕는다고 하지 않는다. 엄마와 동등한 부모로서 육아의 주체자인 만큼 육아를 함께 책임지는 당사자다. 부모들은 일단 식사 준비를 하지 않는 것만으로도 부담을 크게 던다.

어린 생명을 돌보는 것이 직장보다 우선시되어야 한다는 것이 이들의 생각이다. 엄마들이 대부분 모유수유를 하는 것도 이곳의 특징이다. 이런 점만 보면 엄마들의 육아 부담이 만만찮을 듯싶다. 이곳에선 형편에 따라 아빠가 아이를 키우는 육아 전담 아빠도 드물지 않다.

통상 이곳 아기들은 아침 7시 반에 일어나면 젖이나 밥을 먹고 잔다. 11시 반쯤 깨면 아기 부모는 아무런 치장도 하지 않고 아기를 안고 마을 밥상으로 식사하러 간다. 밥상에서 점심을 끝내고 오후 1시 반부터는 육아 품앗이를 한다. 서로 번갈아가며 아이를 돌보기 때문에, 당번이 아닌 부모는 육아에서 해방돼 북한산 둘레길을 산책하거나, 마을 밥상 인근 밝은누리가 운영하는 마주 이야기 찻집에 가서 차를 마시며 벗들과 얘기를 나눈다. 독서를 하거나 음악을 들으며 쉬는 이들도 있다. 오후 3시 반이면 품앗이에서 돌아온 아이를 재우고, 아이가 깨면 저녁을 먹으러 마을 밥상에 간다. 저녁 밥상은 퇴근해 오는 사람들까지 어울려 잔치 분위기다. 밥상에서 찻집으로 옮겨 대화를 이어가기도 한다. 밥상이나 찻집에선 아기를 보듬어주는 이들도 지천이고, 아기가 기어 다녀도 상관없으니 아이에게만 매달려 있을 필요가 없다.

이곳에서 놀다 집에 돌아오면 아기는 잘 시간이다. 어찌됐든 밝은누리엔 독박 육아가 없다.
아빠들도 엄마와 함께
동등한 부모로서 육아의 주체자다.
ⓒ 밝은누리공동체

아기는 정성껏 돌보아야 하니 힘은 들지만, 홀로 아기를 전적으로 돌보는 독박 육아자에 비해 육아 부담이 현저히 적고 숨 쉴 틈새가 많다. 보통 독박 육아에 온종일 시달리다가 배우자가 퇴근하면 "난 하루 종일 힘들게 아기만 보는데, 넌 이제야 오냐"며 불만스런 눈빛으로 쳐다보기 일쑤지만 이곳에서는 마을 밥상으로 퇴근하는 배우자를 반갑게 맞는다.

결혼과 출산은 꿈도 안 꾸던 내가 아기 낳고 느낀 황홀경

장철순·심지연 부부는 두 살배기 딸을 두고 있다. 아기가 한 살이 될 때까지는 엄마가 휴직하고 둘이 함께 아기를 키웠고, 이제 심지연 씨는 육아 휴직을 끝내고 직장인 덴마크대사관으로 출근하고 있다. 지금은 아빠가 직장을 그만두고 육아를 도맡고 있다.

직장 선배들이 아이가 어릴 때는 부모나 육아 도우미에게 맡기더라도 아이가 좀 더 크면 대부분 5~10년 안에 그만두는 것을 보아온 심씨는 "아이를 함께 키우는 관계망이 있는 공동체살이가 자신에게도 아기에게도 얼마나 큰 행운인지 모른다"고 고백했다.

"과거의 저를 돌아봤을 때 공동체가 아니었다면 결혼을 하고, 아이를 낳고 키우는 모습을 상상하기 어려웠을 거예요. 아기를 태중에 10개월 품고 아기를 낳아 젖을 먹여 키우며 생명의 감수성을 온몸으로 느끼고 교감했어요. 아기가 젖을 문 채 꼬물거리는 손으로 제 얼굴을 어루만져주는 순간 그 무엇과도 비교할 수 없는 황홀경을 느끼기도 했어요. 진짜 행복을 모른 채 이 세상을 지날 뻔했어요. 공동체에서 오롯이 아이를 돌보며 함께 보낸 1년이 제 삶의 클라이맥스, 가장 행복한 기억으로 남아 있습니다."

초보 부모는 아기가 보채거나 울 때 가장 큰 스트레스를 받는다. 이곳에서는 몇 년 혹은 몇 개월 전 아이를 낳아 기른 선배들이 늘 친정엄마처럼 챙겨준다. 홀로 육아를 감당할 때 너무 힘이 들어도 호소할 곳이 없어서 우울증에 시달리는 부모도 적지 않지만 이곳은 육아 품앗이가 일상이다. 특히 육아를 하는 부모끼리 매일 만나 고충을 털어놓고 나눈다. 젖이 잘 나오지 않으면 이웃 엄마가 젖을 먹이는 것도 흔한 일이다.

육아 품앗이를 하니 아이 엄마도 여유가 있다

고경환 씨 아기는 예정보다 두 달이나 먼저 태어나 신생아 중환자실 인큐베이터에 있었다. 그래서 유독 걱정이 많았는데, 공동체 식구들이 없었다면 어떻게 홀로 감당했을지 아득해진다. 아기를 함께 키워준 공동체 식구들 덕에 조바심 없이 아이를 밝고 긍정적으로 키울 수 있었다.

밝은누리는 강원도 홍천에도 있다. 홍천에는 비인가 중·고등학교 과정과 대학 과정에 해당하는 삼일학림이 있다. 삼일학림에서는 흥미로운 과목이 적지 않다. 공동체 식구들은 누구나 삼일학림에서 원하는 과목을 수강한다. 수업 시간엔 아이를 데려와 보자기에 누이고 수업을 듣는 엄마도 있다. 중학교 교사이면서 삼일학림에서 수업을 듣는 서진영 씨는 아이가 어린데도 다른 식구들에게 맡기고 수업에 들어온다. 수업 시간에 아이는 다른 아이와 함께 그 아이 부모의 돌봄을 받는다. 옛날 대가족 사회나 마을의 유대가 *끈끈했을* 때는 대가족의 어른이나 마을 어른 모두가 아이를 돌보는 게 우리네 육아 방식이었지만 지금은 내 아이 네 아이 구분이 없는 육아는 공동체가 아니면 쉽게 찾아보기 어렵다.

공동 육아를 하면서부터
내 삶이 생겼다

서울 도봉구 도봉동 도봉산 아래 안골마을에 있는 은혜공동체도 아이들의 천국이다. 50명의 대식구 가운데 절반은 아이들이다. 층마다 여러 개 방과 연결된 거실과 부엌이 있는 5개 층 모두 아이들에겐 놀이터다. 지하 공동 식당 옆 다락방에선 뭐가 그리 좋은지 연신 깔깔댄다. 2층 식탁에선 어른 3명이서 철학 책으로 독서 모임 중이고, 3층 거실에선 초·중·고 홈스쿨 교사와 아이들이 지리산 종주 계획을 짜고 있다. 직장맘들도 육아와 살림은 당번에게 맡기고 이웃들과 대화하거나, 밴드실에서 악기를 연주하거나, 댄스실에서 춤을 춘다. 공동체에 들어오기 전까지 퇴근해서도 집안일하고 아이들 돌보느라 파김치가 됐던 그들로선 유토피아도 이런 유토피아가 없다. 공동 부엌이 있어서 당번제로 2~3명이 부엌일을 돕고 나머지는 부엌살림에서 해방되어 자유롭다.

　　은혜공동체 멤버 중엔 한 집에서 울타리 없이 지낼 자신이 없어 입주하지 않은 이들도 있다. 그들도 퇴근 후면 이곳에 와서는 집에 돌아갈 줄 모른다. 언니, 오빠, 친구, 동생들과 노는 데 여념이 없는 아이에게 '늦었으니 집에 가자'고 하면 '더 놀겠다'면서 울음을 터트려 공유 주택에 입주하지 않은 걸 후회하게 만든다. 서너 살 아이들이 여기저기 몰려다니며 뛰어놀다가 숨어서 놀 다락방도 곳곳에 있다. 다락방에선 아이들 예닐곱이 놀이에 정신이 팔려 있다가 손님을 발견하고 반갑게 인사한다. 조그만 움직임에도 까르르 까르르 웃는 모습에 조그만 스트레스도 찾아볼 수 없다. 친구들과 노는 게 재미있는 아이들은 엄마, 아빠를 찾지 않는다. 엄마가 이 집 어딘가에 있다는 것을 알기 때문에 안심이 되어서다. 엄마 아빠가 없다손 치더라도 늘 함께 사는 이모, 삼촌들로 가득한 집이니 불안하지 않다.

　　장미애 씨는 딸이 세 살이 되자 중학교 교사직을 휴직한 상태다. 애초 그는 이 공동 주거에 입주 지원을 하지 않았다. 33평 아파트에 옷가지나 살림을 펼쳐놓고 살았는데, 남들과 어떻게 한 집에서 살지 자신이 없었다. 더구나 당시엔 임신 중이어서 혼자 편히 쉴 곳이 필요해 더 망설이기도 했다. 사람들과 어울리는 걸 싫어하진 않지만, 혼자만의 시간도 즐기는 터라 여러 사람과 한 집처럼 사는 것도 부담스러웠다. 그렇게 지원을 미루며 망설이다가 입주 직전에 방이 하나 나와 들어왔는데, 지금은 "그때 안 들어왔으면 어쩔 뻔 했느냐"고 한다.

> "아기를 낳고 보니 아이와 떨어질 수 없어 개인 공간이라는 게 무
> 의미해지더라고요. 이곳에 들어와서 반나절 만에 깨달았죠. 아이
> 한테는 이곳이 천국이라는 걸. 아이를 혼자 키우다 보면 피곤해서
> 아이를 빨리 재우고 싶어지는데, 이곳은 달라요. 이모, 삼촌, 오
> 빠, 언니들로부터 사랑받고 관계를 갖는다는 게 아기에게 가장 큰
> 선물인 거 같아요."

아기 키우는 가정에선 어른의 삶이 없지만

서울시청에 근무하다 은혜공동체에 입주하면서 도봉구청으로
옮긴 장씨의 남편 임순한 씨도 부담을 크게 덜었다. 시청 예산과에 근
무하면서 매일 밤 10시 넘어 퇴근하기 일쑤여서 아내가 힘들어했는
데, 이곳은 모두가 엄마이고 부모인 공동 육아를 하고 있어 부담이 한
결 가벼워졌다. 직장인들은 직장에서 힘들게 일하고 와서도 독박 육
아한 아내를 대신해서 밤늦게까지 육아를 감당해야 하는데 공동 육아
로 부담에서 해방되었다. 밤에도 품앗이 육아가 일상이라 당번이 아
니면 아기 엄마라도 1층 카페에서 남편이나 공동체 식구들과 커피를
마시거나 대화를 나누며 여가를 즐긴다. 아이들을 재워놓고는 밤늦게
3층 바에서 맥주나 포도주를 마시기도 한다. 임씨는 '아이의 성격'을
위해서도 공동체에 입주하기 잘했다는 생각이 든다고 한다.

은혜공동체엔 공동 부엌 전담자가 있고
당번제로 보조하는 형식으로 운영한다.
구성원 2~3명이 한 조가 되어 부엌일을 돕고,
나머지는 자유롭게 자신만의 시간을 보낸다.

은혜공동체 도서관.
당번이 아니면 아기 엄마라도 도서관에서 책을 읽거나
카페에서 커피를 마시며 여가를 즐긴다.

"사람들은 대부분 개인 공간에 집착이 커요. 저도 처음에 다른 가족들과 너무 가깝게 사는 게 불편하지 않을지 걱정이 되더라고요. 그런데 부모와 아이로만 구성된 집은 온통 아이 위주로만 생활이 돌아갈 수밖에 없어요. 부모의 삶은 없어요. 그러다 보니 아이는 자연히 자기중심적이 되어가요. 그런 환경에서는 자기밖에 모르게 되어버리죠. 공동체에선 아이도 공동체의 일부분일 뿐이에요. 언니, 오빠, 동생도 있다 보니 장난감도, 먹을 것도 나눠야 해요. 자연히 배려심 많고 사회성 있는 아이로 크더라고요."

이들이 한집살이를 결행할 수 있었던 것은 2007년부터 회기동에서 공동 육아에 참여하며 느낀 삶의 변화와 여유 때문이었다. 보통 초등학교 1학년은 오후 1시 반이면 학교가 파한다. 엄마가 집에 있어도 그때부터는 아이에게 매인 몸이 된다. 맞벌이 가정의 경우 아이는 오후 1시 반부터 이 학원 저 학원으로 돌거나 홀로 시간을 보내야 한다. 그러니 직장에 나가 있는 부모도 걱정이 이만저만이 아니다.

엄마도 좀 놀고 올게

당시 은혜공동체가 경희대학교 앞에 공동 육아방을 열면서 공동체 생활을 한 16명뿐 아니라 다른 가족들도 공동 육아에 참여해 취미생활을 즐길 수 있었다. 어린아이를 둔 엄마도 밤에 헬스도 하고 아빠들은 학교 운동장에 가서 축구도 하고, 주말 저녁엔 함께 모여 빔 프로젝트로 국가대표 축구경기나 프리미어리그 경기를 시청하기도 했다.

두 살, 다섯 살 두 아이를 둔 최윤미 씨는 중학교 교사직을 휴직 중이다. 친구들은 몸이 아파 병원에 가야 하는데도 아이 맡길 곳이 없어 쩔쩔 매는 데 비해 자신은 이중 삼중의 안전장치가 있다. 회기동에서부터 공동체의 유치원과 방과후학교 덕분에 자유 시간이 얼마나 늘었는지 모른다.

정혜영 씨는 서울 노원구 상계동에 살면서 네 살 아이를 은혜공동체 공동 육아방까지 데리고 다녔다. 어느 날 갑자기 돌발성 난청으로 한쪽 귀가 안 들리고 어지럼증이 생긴 적이 있다. 택시를 타고 공동 육아방에 가기도 어려웠다. 그때 공동체 식구들이 번갈아가며 찾아와 아이와 자신을 돌봐줄 때 공동체가 삶에서 어떤 구실을 하는지 절감했다. 아이가 엄마와 안 떨어지려고 늘 울곤 했는데, 공동 육아방에서는 선선히 떨어졌다. "엄마도 놀고 올게" 해도 "안녕" 하고 인사를 했다. 아이가 즐겁고 안정감을 느끼지 않으면 있을 수 없는 일이었다. 보통 엄마와 함께 있지 못하면 아이가 욕구 불만이 쌓이기도 하는데, 여럿이 지내는 이곳에서 아이는 더 밝아지고 활발해졌다.

주부들의 저녁해방모임

성미산 소행주도 공동 육아로 출발했다. 신촌의 대학원에 다니던 부모들이 학업과 양육을 병행하는 게 너무 힘이 들자 1995년

'우리어린이집'을 만들어 공동 육아를 시작했다. 그 어린이집이 있던 자리에 지은 게 소행주 1호다. 소행주 건너편 아파트에 살았던 한희철 씨는 40대 초반이라 회사에서도 가장 왕성하게 일할 나이였다. 육아에도 한참 손이 갈 때였지만 퇴근이 늘 늦어 아이들을 홀로 감당해야 했던 아내가 힘들어했다.

소행주 1호는 은혜공동체처럼 공유 공간이 많지는 않다. 7층 주택 가운데 2층과 7층에 공유 공간이 있고, 나머지는 각자 주방과 화장실까지 갖춘 독립적인 9가구로 구성된다. 그래도 어린아이들을 데리고 옆집과 위아래 집으로 마실을 다니고, 급할 때는 아이를 맡기고 외출할 수 있는 것만으로 숨통이 트였다. 아이들은 또래끼리 공유 공간에서 놀고, 친구들까지 데려와 자곤 했다. 주말엔 친구들과 빔 프로젝트로 영화도 봤다.

입주 얼마 뒤 '저해모'라는 저녁해방모임이 만들어졌다. 집마다 따로 식사를 준비하고 설거지를 해야 하는 번거로움에서 해방되기 위해 2층 공유 공간을 활용해 함께 저녁을 먹자는 것이었다. 의무사항은 아니었다. 요리하는 것을 즐기는 가정이나 아이들이 커서 한 끼 정도 해 먹는 게 큰 부담이 안 되는 집은 집에서 먹겠다고 했다. 다섯 집이 공동 밥상을 시작했고, 그때부터 한씨 아내도 부엌에서 해방돼 자유로워졌다. 얼굴이 활짝 펴진 것은 말할 나위도 없었다.

3. 아이도 어른도 모두 행복한 공동체 교육

실제 삶에 별 도움이 안 되는
교육의 추억

시험을 잘 봐야 한다는 것 말고 공교육에서 무슨 교육을 얼마나 받았을까. 초·중·고·대학까지 다니는 동안 좋은 선생님이 없진 않았지만 지식 위주의 암기 교육에 치중한 우리나라 교육이 실제 삶에서 얼마나 도움이 되었을까를 생각해보면 후한 점수를 줄 수가 없다.

내 나이 마흔 때였다. 신문사를 1년 휴직하고 오랜 숙원이던 인도 여행을 떠났다. 고등학교를 자퇴하고 방황의 시절을 보내기도 했고, 입사 후 수습기자 시절 혹독한 훈련을 받아 단련이 됐다고 생각했음에도 모든 것을 홀로 해결해야 하는 현장에선 능동적으로 일을 해결하는 능력이나 돌파력이 부족하다는 것을 절감했다. 여행 중에 많은 외국인을 만났고, 그들과 같이 지내거나 어울릴 기회가 있었다. 외국인들은 가끔 포트락 파티를 열곤 했는데, 그럴 때면 자기 나라의 고유한 음식을 하나씩 만들어오곤 했다. 나는 라면을 끓이는 것 외엔 마땅히 할 줄 아는 게 없었다. 그들은 전통 악기도 곧잘 연주했는데 나는 악기다운 악기를 다룰 줄도 몰랐다. 외국어 스킬도 부족한데다 처음 만나는 사람들과도 스스럼없이 어울리는 소통은 더욱 서툴러 내가 '쪼다'가 된 것만 같았다. 원활한 관계 맺기처럼 삶에서 정작 필요한 것을 제대로 배우지 못했다는 자괴감이 들었다.

많은 이들이 입시 위주의 교육이 삶과 괴리되어 있음을 절감하면서도 자식에게 그런 교육을 답습케 한다. 자칫 내 아이만 뒤처지는 것 아닌가 하는 불안 때문이다.

공부를 채근한 적 없는 엄마

내 어머니는 좀 심하다고 여겨질 만큼 태평한 분이어서 공부에 관해서는 조금의 압력도 없었다. 욕망을 자식에게 투사하지도 않았다. 중학생 때였다. 시험 때가 되면 선생님은 참고서까지 정해주며 '제발 이거만이라도 공부 좀 해오라'고 사정하다시피했다. 그러니 벼락공부를 해도 성적이 꽤 괜찮았다. 나는 초저녁잠이 많아서 내일이 시험이라도 쏟아지는 잠을 이기지 못했다. 그러면 엄마에게 '새벽에 꼭 깨워달라'고 부탁한 뒤 안심하고 잠을 청했다. 그런데 하루는 일어나 보니 등교 시간이 가까운 시간이었다. 교과서도 한 번 채 읽어보지 못하고 시험을 치르게 생겼다면서 엄마에게 "왜 깨우지 않았느냐"고 화를 냈다. 그랬더니 엄마는 "몇 번 깨웠는데 너무 곤히 자더라"면서 "오죽 피곤하면 저럴까 싶어 못 깨웠다"고 했다. 말할 것도 없이 그날 시험은 죽을 쒔다. 그 일은 내게 '엄마만 믿고 있다가는 죽도 밥도 안 된다'는 교훈을 주었다. 그래서 스스로 정신을 차리지 않으면 안 된다는 각심의 계기가 됐다.

엄마는 늘 '시험 좀 못 보면 어떠냐'는 듯 느긋했는데, 나는 그럴 수 없어 스스로 챙겨야 했다. 아마 엄마가 아흔이 된 지금까지도 관계가 좋은 건 엄마가 닦달은커녕 네 일은 네가 알아서 해야 한다며 전혀 채근하지 않았기 때문인지 모른다.

부모를 향한 자식들의 분노, 그 무의식의 뿌리는

한국 사회는 가족 및 혈연 간 끈이 남다른 나라다. 그럼에도 가족 간 갈등이 어느 나라보다 크다. 부모 자식도 예외가 아니다. 최근 3년간 존속살인이 한 달 평균 4.5건이나 되는데, 이는 영국이나 미국에 비해서도 무려 4배나 많은 수치이다. 부모에 대한 자식의 분노가 그만큼 크다. 급변하는 사회에서 살아남기 위해 부모는 '다 너를 위한 것'이라며 공부를 강요하고, 자식은 '해도 안 되는데 어쩌라고'라며 반발한다. 부모 자식 간 애증이야말로 초고속 성장 시대 한국인의 내면에 드리워진 그늘이다.

한국은 50여 년간 초스피드로 질주해왔다. 부모는 일에 정신이 팔려 살면서도 자식교육열을 불태웠다. 급격한 도시화와 핵가족화가 진행되며 도시 아이들은 부모나 대가족의 돌봄을 받지 못한 채 어려서부터 밤늦게까지 학원에서 학원으로 돌아야 했다. 부모들은 여기서 미끄러지면 끝이라며 계급 상승의 기회를 놓치지 않기 위해 자녀의 능력에 상관없이 '명문' 상급학교에 진학하길 바랐다. 낮엔 돈벌이 때문에 자신을 내팽개친 부모가 밤늦게 모처럼 얼굴을 보자마자 살가운 표정으로 '오늘 하루 무슨 일이 있었는지' '힘들지는 않았는지' 걱정과 연민 대신 "공부 제대로 했어?" "시험 잘 봤어?"라는 말부터 한다면 자식의 내면에 고통과 분노가 쌓이지 않을 수 없다. 자식은 잘하고 싶어도 제대로 따라가지 못하는 아픔을 헤아려주기보다는 무작정 압력만 행사하는 부모를 무의식에선 자신을 괴롭히는 마귀로 여기게 되고, 부모로서는 '저 하나 잘 되게 하려 이 고생을 하는데 저 모양이네'라며 자식을 애물단지로 여긴다. 사춘기 반항도 그런 견딜 수 없는 압력의 반작용 성격이 짙다.

악감정이 쌓이면 겉의식은 부모 자식 관계지만 무의식에선 서로가 자신을 가장 가까이에서 괴롭히는 원수가 될 수 있다. 어려서 모성성이 충족되지 않아 늘 그리움으로 엄마를 갈구하며 쉽게 떨어지지도 못하고 함께 살거나 주변을 맴도는 자녀도 적지 않다. 정작 부모를 만나서는 분노를 어쩌지 못하고 부딪히며 괴로워한다. 그런 부모 자식 간 갈등의 이면엔 성장 과정의 압력과 상처가 있다.

온 마을이
아이들을 키운다

공동체는 아이들을 온 마을이 함께 키우기에 얘기가 달라진다. 일단 부모의 욕망으로 자식을 괴롭히는 일이 거의 없다. 아이의 불안은 일 차적으로 부모의 불안이 원인이다. 부모의 불행도 아이에게 전가된 다. 특히 부모가 불행해서 현재에 살지 못하고, 불안 때문에 미래만 을 위해 현재를 희생해야 한다고 여기는 사람이라면, 자식에게도 '그 렇게 공부 안 해서 도대체 뭐가 될래?'라며 끝없이 불안을 자극하며 불안을 대물림한다. 하지만 부모가 현재 행복하면 자식에게도 미래 를 위해 현재를 희생해서 공부만 하라고 강요하기보다는 삶을 즐길 줄 알고, 사람들과 어울릴 줄 알고, 실생활을 스스로 해가게 하는 데 초점을 맞춘다.

서울 도봉동 은혜공동체에서는 정규 학교를 그만두고 공동체에서 친구들과 홈스쿨로 공부하는 아이들이 많다. 학교와 홈스쿨 중 어느 쪽을 선택하냐도 부모와 상의는 하지만 최종 결정은 스스로 한다. 부모와 공동체 가족들은 본인의 의사를 존중한다. 홈스쿨을 하면 일방적 학교 교육 프로그램을 따라가는 게 아니라 아이들 스스로 많은 것을 결정한다. 가령 지리산 종주를 앞두고 교사와 아이들은 코스는 어떻게 하고 식사를 어떻게 해결할지 등 모든 것을 스스로 결정한다. 아이들이 어른스럽게 보이는 것도 어려서부터 부모가 시키는 대로만 하지 않고 스스로 의사결정하기 때문일 것이다. 어른들과 대화를 하는데도 주눅 들지 않고 자신의 의견을 분명히 얘기하는 것도 남다르다.

고민과 갈등이 있을 때마다 도움을 청할 수 있는 목자

은혜공동체에는 독특한 멘토 시스템이 있다. 이곳에선 누구에게나 '삶의 멘토'인 목자가 있다. 목자들과는 1~2주일에 한 번씩 규칙적인 만남이 있다. 아이들은 부모나 형제나 친구 간에 갈등이 있어도 목자와 상담을 통해 풀어간다. 부모와 못할 이야기도 삼촌, 이모나 다름없는 목자들에게 이야기할 때가 많다. 이곳이라고 아이들이 하고 싶은 대로 다 하는 게 아니다. 잘못된 게 있으면 호되게 꾸짖는다. 부모만이 아니다. 공동체 식구들이 모두 자기 자식이라는 생각으로 함께 키운다. 평소 어른들이 삼촌, 이모가 되어 많은 대화를 하고

은혜공동체 아이들은
스스로 많은 것을 결정한다.
어른들과 대화할 때도 주눅들지 않고
자신의 의견을 분명히 말한다.

은혜공동체에선
정기적으로 세미나를 열어
공동의 문제를 풀어나간다.

깊은 관계를 맺고 있기에 가능한 이야기다.

주현이는 인근 여고에 다니다 자퇴했다. 학교에서는 입시를 최우선시하면서 공부 스트레스를 많이 줬다. 자신이 스스로 생각하고 판단할 겨를이 없이 그런 분위기에 휩쓸려가는 게 싫었다. 그런데 책을 보면서도 멍 때릴 때가 많았던 학교에서와는 달리 공동체에서는 친구들과 토론식 수업을 하다 보니 공부하는 게 재미가 있어 더집중하게 된다고 했다.

"외부 어른들은 아이들을 살짝 무시하는데 여기서는 그런 게 없어요. 마음을 열고 들어주고 공감해줘요. 중2부터는 소그룹에 아이들도 끼워줘요. 그때부터는 어른들과 동등하게 대화하는 거지요. 대화를 통해 사람들 기분이 어떨지 자연스럽게 익히게 돼요. 부모님만이 아니라 객관적으로 봐주는 사람들이 많아서 부모님이나친구와 갈등이 있어도 빨리 해결할 수 있어요."

엄마가 늦잠을 자도 아이들은 엄마를 깨울 필요가 없다

아이들이 입시가 가까워지는 중·고등학생이 되면 부모도 덩달아 긴장감과 스트레스가 커지게 마련이다. 그러나 함께 살면 교육 스트레스에서 아이뿐 아니라 어른까지 해방된다. 유빈, 유진이 엄마로 홈스쿨 교사인 이주현 씨는 코하우징에 들어오면서 새로운 세상을 경험하고 있다. 그는 경제적 기반을 잡기 전에 임신하고 아기를 낳아 길렀다. 그래서 아이들이 컸는데도 각방을 주지 못해 늘 미안했는데, 이곳에 들어오면서 문제가 해결됐다. 이곳은 아이들이 다 크면 가족 단위의 숙소만 고집하지 않는다. 또래들끼리 한 방을 쓸 수 있다. 아이들도 편해졌지만 더욱 살판 난 건 엄마다.

이전에는 아이들이 엄마만 보면 밥을 찾았지만, 이곳은 아침이면 식사 당번이 내 아이, 네 아이 가릴 것 없이 학교 갈 아이들에게 빵과 계란프라이와 콘플레이크를 챙겨준다. 아이는 어제 밤늦게까지 공동체 바에서 이웃들과 어울려 포도주를 한 잔 한 엄마를 깨우지도 않고 아침을 챙겨 먹고 학교에 간다. 이씨는 예전엔 꿈도 꾸지 못하는 것들을 하고 산다. 낮에도 중랑천이나 도봉산 둘레길을 산책하고, 저녁이면 수영을 하고, 암벽 등반도 배우기 시작했다.

아이들을 입시 교육에서 해방시키고 어른으로 대우해주면서, 정작 엄마들이 잃어버린 삶의 여백을 되찾았다.

삶과 무관한
무기력한 교육이여, 안녕!

'학문은 먹고살기 위함이 아니라 인격 수양을 위한 위기지학爲己之學'
이라던 주자(1130~1200)도 제자들에겐 과거 응시를 만류하면서 15
년간 아들에겐 몰래 과거 준비를 시켰다. 조선을 비롯한 근대 동아
시아의 세계관과 교육관에 가장 큰 영향을 미친 주자가 그랬으니 대
의명분만을 내세우면 교육은 겉 다르고 속 다른 탁상공론이 되고 만
다. 탁상공론은 사람을 무기력하게 만든다. 교육은 교육일 뿐이고 삶
은 다른 차원이라는 무기력 말이다. 진리도 탁상공론일 뿐이고 실제
삶에서 그렇게 살 수는 없다는 못된 믿음을 심어줘버린다. 그러니 학
문의 꽃이라는 대학조차 취업 학원으로 전략했다. 어떻게 살아야 할
것인지에 대한 가치 교육은 찾아보기 어렵다. 설사 그런 교육이 있다

하더라도 그것이 삶에서 적용되리라 기대하는 게 아니니 그저 허울뿐인 교육이다.

밝은누리공동체는 그 무기력에 굴하지 않는다. 세상을 바라보는 관점을 길러주고, 삶에서 무엇이 진정으로 중요하냐는 가치를 갖게 하고, 학생만 배우는 데 그치지 않고 어른도 함께 배워 생각을 변화시키고, 결국 삶을 변화시키는 교육을 한다. 무기력한 21세기 대한민국에서 이런 도전이 있다는 사실이 놀랍다.

밝은누리는 서울 강북구 인수동에 150여 명가량 살고, 강원도 홍천 서석면에 100명가량 사는데, 서울 인수동은 서울에 직장을 둔 이들이 많다. 인수동엔 도토리어린이집과 저학년 초등학교인 살구나무배움터와 고학년 초등학생이 배우는 감나무배움터가 있다. 중학생부터는 홍천에서 지내며 공부한다. 홍천엔 중학교 과정의 생동중학교와 고등·대학 통합 과정인 삼일학림이 있는데, 모두 비인가학교다. 이곳 학생들이 정부 인가를 거부한 것도 '학력'이란 허위의식에 매달려 원치도 않는 관념과 지식을 습득하느라 삶의 에너지를 다 소비하지 않기 위해서다. 삼일학림엔 어른 학생도 많다. 교사도 자신이 필요한 과목은 학생이 되어 배운다.

수업 시간에 살 집을 뚝딱 지어내는 아이들

이곳 학생들에게 학문과 삶은 별개가 아니다. '하늘땅살이'라고 부르는 농사도 교과의 일종이다. 학생들의 기숙사 격인 생활관에선 집짓기 교사인 구자옥 선생님과 학생 8명이 집짓기 수업을 하고 있었다. 이들은 일주일에 한 차례씩 1년간 수업하면서 생활관 한 동을 뚝딱 지어낸다. 자신이 살 집 정도는 직접 지을 수 있도록 교육한다. 아니, 교육이 아니라 실제 자신이 살 집을 수업 시간에 지어내니 교육과 삶이 별개가 아니다. 이 마을 모든 건축물은 외부의 도움 없이 손수 지은 것들이다.

집짓기만이 아니다. 이곳에선 대부분의 먹거리를 직접 농사를 지어 자급자족한다. 선생님과 학생들이 하늘땅살이라는 과목을 함께 한다. 그것도 강의실 수업이 아니라 직접 논밭에서 작물을 가꾸는 실제적인 공부다. 그 공부를 통해 농사를 배우고, 자신이 먹을 것을 생산해낸다. 이를 통해 생명이 순환되는 것을 몸으로 체득한다.

홍천 밝은누리 방문자들이 가장 놀라는 것은 화장실이다. 이곳에선 오줌과 똥을 분리해서 쓰레받기에 받은 똥을 쌀겨에 섞어서 통 속에 넣는다. 오줌이나 똥은 발효시켜 밭작물에 영양가 만점인 거름을 만든다. 자연을 순환시키면 어느 것 하나 버릴 게 없다. 그렇게 서로가 서로에게 순기능을 하는 것을 배워가고, 자연의 원리에 따르는 삶을 살아간다.

중학교 교사로 육아 휴직 중 아이를 키우며 삼일학림의 학생이 된 서진영 씨는 "저도 교사지만 편협성을 내려놓고 열린 눈으로 공부하면서 배움이 주는 행복을 만끽하고 있다"면서 "이곳은 종교적 용어는 없지만 신앙을 삶과 별개로 두지 않고 신앙을 삶에서 살아내

홍천 밝은누리에서는 학생들에게 집짓기를 가르친다.
일주일에 한 차례씩 1년간 수업하면서
생활관 한 동쯤은 뚝딱 지어낸다.
이곳에서 가장 놀라운 것은 오줌과 똥을 발효시켜
거름으로 활용하는 생태 화장실이다.

© 밝은누리공동체

려는 진정한 분투가 있는 곳"이라고 설명했다. 생동중학교 이한영 교사는 '다른 삶을 살게 됐다'고 고백한다.

"여기에 들어오지 않았으면 기존의 환경에서 떠밀려 살아갈 수밖에 없었을 겁니다. 진로를 결정할 때도, 직장을 선택할 때도, 지도교수가 추천해주는 대로 했으니까요. 이곳에선 몸이 아파도 병원에 가기보다는 음식과 생활방식을 돌아보게 하지요. 이런 삶을 살면서 나 자신에 대해 더 알게 되었어요. 일상을 내가 주체적으로 만들어간다는 점이 밖과 다릅니다."

친구들끼리 담을 쌓은 채 지낼 수 없는 곳

이곳에서는 휴대전화나 텔레비전에 현혹된 삶에서 벗어나 자신의 삶을 주도적으로 가꾼다. 집짓기나 농사, 건강을 위한 태극권만 그런 것이 아니다. 철학과 수신, 마음 닦기 같은 고준한 과목도 실제적이다. 어떤 책을 보더라도 문제의식을 가지고 공부를 하니 얻는 것도 실제적이다. 허울 좋은 지식이나 관념을 쌓아 지적 교만만 커지는 공부는 이들의 방식이 아니다. 삼일학림 4년차인 최성은 양은 부모님이 밝은누리에서 사는 공동체원이 아니어서 7년 전 생동중학교에 입학하면서부터 이곳에 산다. 그의 고백이다.

"일반 초등학교를 졸업하고 생동중학교에 왔는데, 처음엔 적응이 쉽지 않더라고요. 친구들처럼 일반 중학교에 가고 싶은 마음도 컸어요. 일반 학교에선 친구들끼리 친구 뒷담화 까고 왕따 만들고 괴롭히면서 스트레스를 푸는데도 선생님들이 별로 신경도 안 쓰셨어요. 그러니 왕따가 없어지지 않지요. 친구들이랑 관계도 가벼웠어요. 그러나 여기선 사소한 일 하나하나도 빠짐없이 짚어줘요. 조금이라도 잘 지내지 못하는 아이가 있으면 놓치지 않고 선배들이 챙기지요. 일반 학교에선 쌩 까면 되는데. 여기선 서먹해도 같이 얘기하면서 풀려고 해서 처음엔 하나하나 이상했는데, 사실 이런 삶이 제대로 된 삶인 거지요."

삼일학림은 모든 공동체 식구가 서로 가르치고 서로 배우는 곳이다. 생동중학교와 삼일학림만이 아니다. 밝은누리가 운영하는 기독청년아카데미에도 이런 가치를 배우는 공동체지도력훈련이 있다. 이 훈련을 통해 삶의 가치가 변화된 이들이 주로 밝은누리공동체에 합류한다.

왜 교육을 받고도 관성대로 사는 것일까

밝은누리 설립자인 최철호 교장은 대학 시절부터 '왜 배우는 것이 삶에선 백전백패를 하고 마는 것일까, 민주화 시위를 하고, 교육을 받고, 훈련을 해도 사회에 나가면 관성대로 살아가는 이유는 무엇일까'에 대해 수많은 의문을 품고 절차탁마한 결과 우선 나부터라도 실천해보자고 다짐했다. 이제 그의 의지는 모든 밝은누리 가족의 체험 교육으로 이어진다. 지식 나부랭이를 쌓는 교육이 아니라 삶을 성찰하고 이를 삶에서 직접 수행해기는 참교육 말이다.

교육도 주입식 교육이 아니다. 공부 방식도 먼저 연구한 사람의 발제를 듣고 나서 토론을 한다. 모둠(조)별로 연구해 발제를 하기도 한다. 발제 준비부터 공부가 된다. 삶터에서 치열한 교육은 최 교장도 예외가 아니다. 최 교장의 부인 김수연 씨는 대안 교육의 원조 격인 거창고등학교를 다니면서부터 일찍부터 역사의식과 사회의식을 키웠다. 최 교장도 부인에게 많은 것을 배웠다. 자신도 가부장적 관념에서 벗어나지 못했지만 공동체에서 함께 살면서 평등에 대해 관념이 아닌 삶으로 받아들인 구석이 적지 않다.

이곳에선 중학생도 작사·작곡을 하고 시도 짓는다. 스스로 하도록 한다는 점에서 피상적으로 받아들이고 쫓아가야 하는 교육 현장과는 다르다. 17명의 학생이 자유롭게 자작시를 읊는 생동중학교 학생들의 수업을 참관해보았다. 아이들은 자작시에 곡을 붙여 노래까지 만든다. 승민이가 지은 시다.

'해적들은 자유롭지 / 늪 같은 공부에 발을 디뎌놓지도 않잖아 / 머리 공부를 하기보다는 몸으로 배우며 살고 / 몇 번 겪어야 학습하지 / 해적들은 자유롭지 / 나침반에 의존해서 / 가고픈 곳 찾아가며 살잖아.'

행복한 부모는 자식을 불안 속으로 몰아넣지 않는다

성미산 소행주 1호는 서울 마포에 있지만 아이들을 학원에 거의 보내지 않는다. 간혹 보낸다고 해도 국·영·수가 아니라 피아노 같은 악기나 취미생활을 위한 것이다. 주위를 돌아보면 가방끈이 긴 부모일수록 입시에 더 집착한다. 배울수록 오히려 더욱 불안해한다. 자기 삶이 행복하지 않으면, 어떤 대학에, 어느 직장에 들어가고, 어느 정도의 집이나 차를 사야 행복하다고 상정하면서 행복을 늘 먼 미래의 것으로 돌려놓는다. 이곳은 행복을 현재 누리기 때문에 아이들에게도 미래를 위해 현재를 희생하라고 강요하지 않는다.

박짱은 아들 민수가 공부 대신 축구를 하고 싶다고 해서 축구를 시켰다. 고1 때 브라질에도 1년간 보내줬다. 그 이후 축구를 포기하자 그 의사도 존중했다. 그 아들이 학교를 휴학하고, 지금은 반려견을 위한 수제 사료를 만들어 공급하는 사업을 창업했다. 이곳에서는 실패할 자유를 주고, 다시 일어날 자립심을 갖출 때까지 기다려준다. 아이들은 그 과정에서 늘 어른들과 상의한다. 애시당초 대화가 통하지 않으면 '꼰대와 대화한들'이라며 아예 어른들과는 대화조차 않는 세대 단절이 있겠지만, 이곳에서 그런 일은 거의 없다.

아이들을 함께 키우며 어른들이 성장했다

부모들도 이런 힘이 단박에 나온 것은 아니다. 공동 육아를 시작하고 수많은 고민을 함께하는 과정에서 허상과 욕망을 좇으며 아이들을 들볶는 자신의 모습을 성찰한 결과다. 그런 과정을 거치면서 무엇보다 아이들에 앞서 자신이 성장했다. 많은 토론을 거치다 보니 불안 대신 자존감이 자리하기 시작했다. 그러면서 세상이 뭐래도 쉽게 흔들리지 않게 됐다. 소행주 식구들은 공부를 조금 안 해도, 설사 대학을 포기해도 우리 자식도 자기 길을 열어가는 형이나 누나들처럼 제 길을 갈 수 있으리라고 믿는다. 박짱 박홍섭 씨의 말이다.

"공동 육아는 서로 모든 것을 토의해서 결정합니다. 어른 세대가 민주화운동도 하고 시위도 했다고는 하지만 구체적인 일상의 민주화에선 약해요. 모순이지요. 민주화하라고 목소리는 크지만 정작 본인은 다른 사람들의 의견을 경청하고 받아들이고 조율하는 능력이 별로 없어요. 그런데 우리끼리 하나하나 얘기하고 조율하고 결정해서 시행해가다 보니 스스로 민주 교육이 되고 민주 시민이 되어가는 것을 느꼈어요. 우리가 아이를 어떻게 키울 것인지 교육을 받고 시험을 통과해야 아이를 낳는 건 아니잖아요. 그냥 낳아서 흘러가는 대로 기르다 보면 온갖 불안이 엄습해요. 그러니 부모도 교육과 성장이 필요하지요. 늘 대화하고 함께 고민하다 보니 아이들에 앞서 어른들이 먼저 많이 배우고 성장했어요."

4. 주경야독, 문화가 살아 숨 쉬는 시골살이

동아리만 50개,
귀촌자들이 만든 별난 시골 마을

전북 남원시 산내면은 20년 전만 해도 지리산권 면 단위 지역 가운데
서도 가장 퇴락해가는 시골이었다. 그런데 예토가 낙토가 되고, 실낙
원이 낙원으로 변모하고 있다. 현재 산내면 인구 2천 200명 중 450
여 명이 도시에서 내려온 귀촌자다. 실상사 앞 산내초등학교엔 초등
생 유치원생이 100여 명, 산내중학교에 50여 명, 중등부인 실상사작
은학교에 30여 명이 다닌다. 실상사에서 운영하는 생명평화대학까지
있으니 면 단위에 유치원·초·중·고·대학까지 있다. 인구가 두 배나
많은 인근 면과 학생 수가 비슷할 만큼 산내면엔 20~30대 젊은층 유
입이 많다.

　귀촌의 진앙지는 실상사다. 실상사가 귀농인을 위한 농업 실

우린 다르게 살기로 했다

습용 땅으로 1만 평을 내놓으며 1998년 실상사귀농학교가 시작됐다. 이곳에서 장·단기로 25기 1천여 명의 졸업생이 배출돼 5백여 명이 귀촌했다. 이 중 20퍼센트가량은 산내면을 택해 내려왔다. 이들이 산내면의 18개 자연 마을에 들어갔다.

실상사 앞엔 친환경농산물을 파는 '느티나무 매장'과 마을 카페 '토닥'이 있다. 카페 유리창엔 온갖 동아리 모임 공지문이 붙어 있다. 공부와 책읽기, 명상과 요리, 농구·탁구·국선도·몸살림 등 운동, 술 만들기, 목공 등 모임이 산내에만 50여 개가 있다니 별난 시골이다.

산내의 중심은 모든 것이 그물망처럼 연결돼 있다는 '인드라망' 사상에 따라 1998년 도법 스님 등이 설립한 인드라망생명공동체다. 2001년에 문을 연 대안학교인 실상사작은학교와 (사)한생명이 공동체의 손발 구실을 한다. 이런 조직이 만들어진 건 궁촌에도 젊은이가 할 일이 생겼다는 의미다. 한생명에만 상근자 8명, 비상근자 5명이 일하고 있다. 산내여성농업인센터에서 한생명이 운영하는 어린이집과 방과후교실에만 5명이 근무하고, 나머지는 느티나무 매장 등에서 일한다. 실상사작은학교엔 11명의 교사가 있고, 생명평화대학엔 6명의 활동가가 있다.

교사들도 퇴근 뒤엔 마을 아저씨 아줌마

마을에 전에 없는 활력이 생기니, 산내초등학교 교사 10여 명의 절반도 산내에 집을 마련했다. 전주시나 남원 시내에 거주해 '땡

전남 남원시 산내면.

마을 사람들이 실상사 옆 논길을 여유롭게 걷고 있다.

ⓒ (사)한생명

소리'와 함께 번개처럼 시골을 떠나버리지 않고 교사들이 학교를 마치면 이웃 동네 아저씨 아줌마로 살아간다. 귀촌자들이 넘치면서 20가구의 귀촌자 정착지인 '작은마을'도 생겨났다. 이 마을 주민들은 2011년 입주하기 1년 전부터 모임을 갖고 세 가지 원칙을 정했다. 첫째, 수세식 화장실을 쓰지 않고 생태 화장실을 쓴다. 둘째, 마을 안 흙길을 그대로 둔다. 셋째, 가로등을 설치하지 않는다. 어두운 불편을 받아들이며 별빛을 볼 수 있는 마을이 되자는 것이다.

작은마을 위에 있는 실상사작은학교도 운영이 남다르다. 외지에서 와서 기숙사 생활하는 아이들은 기숙사비로 월 30만 원을 내지만, 수업료는 자율 납부다. 연초에 형편껏 약정서를 낸다. 산내면에 살며 등하교 하는 아이들은 점심값 9만 원만 낸다. 수입 지출이 고정되지 않아 어려움도 있지만, 작은학교는 이를 실험하며 살아가고 있다. 이 마을에서 세 아이를 키우고 있는 조창숙 씨는 의정부에서 이곳에 온 이유를 이렇게 말했다.

"아이가 하나였을 때는 도시에서도 대안학교를 보낼 수 있었지만, 둘째가 태어나자 학비도 감당하기 어렵더라고요. 도시에선 20평대 아파트에 살면 30평대에 가고 싶고 차도 더 좋은 걸 타고 싶어 하며 끊임없이 열등감과 욕구로 불만스럽잖아요. 그러나 이곳에 온 귀촌자들은 스스로 선택한 길이어서인지 열등감이 없고, 쓸데없는 욕구로 소비에 관심을 갖지 않고 중고 옷을 걸치고도 당당해요. 단 아이들이 무료해하는 건 안타까워요. 도서관이나 공연장 같은 문화 공간이 너무 없어 편의점이나 피시방 말고 갈 데가 없 거든요. 투표권이 없다고 아이들에게 신경을 안 써 아이가 사라지 면 그 지역의 미래도 없는데 말이지요."

시집 잘 가야 이장 며느리란 핀잔 들었지만

교대 출신인 김한나 씨는 마을 활동가로 정착했다. 왜 그랬 을까.

"조직에 적응하기가 힘들었어요. '어떻게 살아야 잘 사는 것인지' 답답했는데, 배울 어른이 없더라고요. 사람들을 안 만나고 도망 다녔어요. 시골에서도 적응을 못할까 봐 엄두를 못 내다가 코이카 단원으로 남미 페루에서 3년간 일해보고 나니 용기가 생기데요. 귀농귀촌을 얘기하면 '네가 시골 물정을 몰라서 그런다'며 '시골 에선 시집 잘 가봐야 이장 며느리'라는 핀잔을 들었지만, 내려오 길 잘했어요. 서울은 바람직한 삶의 모습이 규정돼 있잖아요. 아 파트 평수, 돈 많이 버는 직장으로 말이지요. 거기에 맞춰 사는 게 버거웠어요. 시골에선 내 생긴 대로 살아도 괜찮아요. 시골에 내 려온 것만으로 저절로 해결되는 것이 많았어요. 인생 공부도 하고 마을 활동가로 5년 생활하다 보니 갈등이나 문제가 생겨도 겁먹지 않고 직면할 용기가 생겼어요."

김한나 씨가 이곳에서 활동비로 받는 돈은 한 달에 60만 원이다. 그런데도 "주거와 먹거리 등을 대부분 실상사 등 공동체에서 해결하기 때문에 크게 부족하지 않다"고 했다.

실상사작은학교 농업 교사인 하수용 씨는 실상사작은학교 1기 출신이다. 그는 일반 학교 교사 월급과는 비교할 수 없이 적은 월 100만 원을 받지만 자족한다.

"작은학교에서 주거와 식사를 함께해요. 적은 금액이지만 저축도 할 수 있는 건 따로 드는 돈이 거의 없기 때문이지요. 자동차가 필요할 때도 학교 자동차를 기름 값만 내고 써요. 그것뿐인가요. 우리끼리만 살면 육아가 힘들 텐데 두 아이는 작은학교 언니, 오빠들이 늘 놀아주고 귀여워해줘요. 서울에서만 생활했던 아내도 시골살이에 만족하고 가끔 농사도 도와요. 우리는 아이 둘 정도 더 낳을 겁니다."

표정 관리 좀 하자

산내면 소재지 한 가게엔 '행복나눔냉장고'가 있다. 가게 주인이 쓰고 남은 헌 냉장고다. 마을 사람들 누구나 자기 집에서 다 소화할 수 없는 채소도 넣어두고, 남는 음식도 넣어놓는다. 그러면 누구든 필요한 사람이 가져간다. 돈으로 살 수 없는 풍요를 누리는 건 귀촌자만이 아니다. 인드라망처럼 산내면 사람들이 연결돼 어우러지면서 요리를 만들어 홀몸노인에게 배달하는 동아리도 있고, 간호사 출신 귀촌자가 주축이 되어 마을마다 진료를 돈다. 약장수들이 노인들 쌈짓돈을 홀랑 털어가는 것을 본 젊은이들이 겨울 농한기엔 산내초등학교 강당으로 주민들을 초청해 춘향전과 별주부전을 공연하고, 주점을 해서 번 돈으로 잔치를 베풀었다. 그랬더니 굳이 쫓아내지 않았는데도, 3년 전부터 산내엔 농한기 때도 약장수가 나타나지 않았다.

7년 전 귀촌한 조의제 씨는 아내가 산내초등학교 병설유치원 교사로 일하고 자신은 실상사 농장에서 일한다. 그는 "사람들이 내게 대한민국에서 가장 만족도가 높은 50대라고 하는데 부인하지 않는다"며 웃는다.

"도시에선 삶의 갈증이 해소되지 않으니 늘 미래만 꿈꾸고 살았는데, 이곳에선 지금 이대로 더 바랄 게 없어요. 아파트, 차 그런 건 있다가도 사라지고, 그게 사라지면 삶도 휘청거리죠. 이곳에선 뭐가 있어서 좋은 게 아니라 이 삶 그대로 좋아요. 나는 시골 출신이라 고향으로 가고 싶었지만, 그곳은 아이들을 키울 문화가 전혀 없더라고요. 산내면은 귀촌자들이 늘면서 문화 시설이 많이 생겨 아이 키우기에도 좋아요."

윤용병 한생명위원장도 서울에서 최첨단 정보기술업종에 종사했다. 그는 사오정이니 오륙도니 하며 오십대에 퇴물 취급을 하는 풍조에 고민하다 2012년 귀농을 결행했다. 그는 한생명을 통해 승속을 넘어 실상사와 산내면 주민들이 어우러지도록 촉매 역할을 하는 게 무엇보다 즐겁다.

윤 위원장은 이 삶이 가치도 있지만 무엇보다 즐겁다고 말한다. 그는 밥해 먹는 모임에서 요리도 하고 장·된장·고추장도 담그며 함께 한잔하고, 목공도 배우는 게 너무 즐겁다며 "우리끼리는 표정 관리 좀 하자는 소리를 한다"고 말했다.

귀촌자들의 산실인 귀농학교는 몇 년 전 실상사와 사촌 격인 귀정사가 있는 산동면으로 옮겨갔다. 귀정사엔 귀촌학교와 숲살림원, 인드라망쉼터를 갖추고 산동면을 제2의 산내면처럼 만들어갈 준비를 하고 있다.

우린 다르게 살기로 했다

문화의 향기가
물씬 풍기는 마을

충남 보령시 천북면은 농지와 야산, 농가가 어우러진 평범한 지역이다. 이 '별 볼일 없는 곳'이 얼마 전부터 '별 볼일'이 많아졌다. 폐교 위기에 처한 낙동초등학교 어린이 26명 전원은 오케스트라 단원이 됐고, 어부와 할머니들이 바리스타가 되고, 먹거리를 퍼주는 축제가 열리며, 이 희한한 마을들을 돌아보려는 여행객이 생겨났다.

시골에선 꿈꾸기 어려운 것들을 꿈꾼 '이상한 나라의 앨리스' 같은 이는 천북면 신죽리 시온교회 김영진 목사다. 장항선 광천읍에서 차로 10여 분을 가면 그가 맡고 있는 소박한 시온교회가 나온다. 김 목사가 1993년 와서 처음 한 일은 빈한한 교회에서 거금 550만 원을 들여 빔 프로젝트를 구입한 것이었다. 그러고는 예배당 강단에 광

목천으로 200인치 스크린을 설치해 따분한 노인들에게 재미있는 영화들을 보여줬다. 얼마 안 있어 노래방 기계도 구입했다. "예배당에서 이래도 되냐"고 하자 목사가 먼저 노래를 뽑아 시범을 보였다. 문화 르네상스의 시작이었다.

인근 신죽리수목원에서는 매년 11월 온세미로축제가 열린다. '생김새 그대로' 혹은 '언제나 변함없이'란 뜻의 순 우리말인 '온세미로' 축제도 시온교회에서 시작됐다. 김 목사는 지금까지 교회 밖에 나가 교회와 예수 이야기를 해본 적이 없다. 돼지 농가에 갈 때는 돼지에 대해, 한우 농가에 갈 때는 한우에 대해 공부해서 그들의 눈높이에서 대화하고 그들이 필요한 것을 들려주려고 애썼다. 교회에서 꽃 화분을 가져다놓고 온세미로축제를 열 때도 농부들이 좋아하는 막걸리와 안주를 빼놓지 않았다.

폐교될 뻔한 학교에서 천상의 수업이 펼쳐진다

인근 낙동초등학교가 학생 수 부족으로 폐교 대상이 되어 방과후학교 지원마저 끊겼을 때였다. 김 목사는 교회에서 운영하던 방과후 공부방을 그대로 낙동초등학교로 옮겼다. 피아노를 전공한 아내는 교회에서 가르치던 피아노를 학교에서 가르쳤다. 학교 입학생이 2명밖에 안 되자 바닷가 마을 학성리까지 찾아가 아이들을 유치하고는 등하교를 책임졌다. 그로부터 무려 하루 64킬로미터를 돌며 학생들을 데려오고 바래다주는 스쿨버스 기사를 11년째 해오고 있다.

동문회에서도 모교가 폐교되지 않게 재학생 전원에게 바이올린을 사주며 도왔다. 이종철 동문회장은 '나도 가만히 있을 수 없다'며 스쿨버스 운전을 거들다가 교통사고로 사망했다. 그런 아픔에도 지역민들은 더욱 끈끈해졌다.

낙동초등학교는 한 방송사의 주선으로 비올리스트 용재오닐이 두 달간 상주하며 아이들을 가르쳐 함께 연주하는 〈천상의 수업〉으로 시청자에게 큰 감동을 줬다. 지금도 낙동초등학교 학생 26명 전원은 합창단이면서 악기를 몇 종류씩 다룰 줄 아는 오케스트라 단원이다. 아이들은 천북중학교에 진학해서도 오케스트라단을 유지하고 있다. 아이들의 악기 연주 바람은 어른들에게로 이어졌다. 평생 농사일로 군살이 박힌 노인들이 바이올린과 클라리넷을 배우기 시작한 것이다. 노인 오케스트라단 15명은 크리스마스이브 때면 광천읍에 나가서 거리 공연을 한다.

할머니 할아버지 오케스트라에 할머니 할아버지 바리스타

천북에선 커피 바람도 거세다. 시온교회에서 처음 가르친 커피가 싹이 돼 보령의 자랑, '말통커피'라는 사회적 기업까지 생겼다. '말이 통하게 한다'는 뜻의 말통커피는 파주에서부터 서해안을 따라 12개의 체인점을 갖추고, 로스팅과 기계 수리, 배달까지 모두 '목사티 안 내는 목사들'이 해낸다. 고기만 잡던 학성리 어부들도 배워 축제 때마다 자비로 커피를 제공한다. 커피가 무엇인지도 몰랐던 할머

한때 폐교될 뻔한 낙동초등학교였지만
시온교회 김영진 목사와 주민들의 노력으로
합창단과 오케스트라단이 유지되고 있다.

천북마을과 보령은
먹거리 축제 및 서해바다 체험으로
여행객이 늘고 있다.

니들도 커피를 배우고 있다. 천북의 활력엔 마을 기업도 한몫한다. 온세미로축제가 열릴 때면 축산업자들은 돼지고기를 가져오고, 우유 공장에서는 우유와 치즈를 무료로 제공한다. 마을 사람들도 국수와 막걸리 등을 준비해 1천여 명이 무료 잔치를 즐긴다.

지금은 천북과 보령의 자랑인 말통커피와 서해바다, 공룡섬, 수목원, 전통 옹기와 유기농 목장 등을 묶은 '천북마을 여행' 프로그램까지 등장했다. 천북의 좋은 것은 천북민만 즐기기 아까우니 지친 도시민도 와서 함께 즐기라는 뜻이다.

주경야독으로
새로운 농부의 길을 찾다

충남 홍성 홍동면 갓골에선 사람들이 서넛만 모여도 우리 마을에 '이게 필요하지 않을까'라며 협동조합을 만들어낸다. 축사를 개조해 무인책방을 낸 것을 시작으로 시골 골목길에 그물코출판사, 느티나무 헌책방, 사진관 등이 들어섰다. '아이들이 좋아하는 만화를 볼 곳이 있으면 좋지 않을까'라고 누군가 제안하자 만화가게도 만들고, '우리끼리 한 잔 할 곳도 있어야지'라며 술집도 만들었다. 흙건축얼렁뚱땅조합, 목공실, 빵집 등 협동조합만 30여 개다. 면 단위임에도 300여 가구가 조합원이 되어 만든 의료생협까지 있다. 의료생협에서는 이 지역 공중보건의였던 이훈호 선생님이 병역 의무를 마치고 돌아와 지역살이를 함께하고 있다. 어린이집부터 대학까지 다 있으니 대단한 시골이다. 면 단위 시골인데 대도시 못지않은 도서관이 있고, 지역센터인 '마을활력소'가 있다.

갓골은 풀무'농업고등기술학교(풀무학교)가 있는 곳이다. 이 학교는 1958년 독립운동가인 이찬갑 선생이 설립했다. 당시 하나같이 '개천에서 용을 만들어보겠다'고 하던 것과 달리 '더불어 사는 평민'을 길러내겠다며 설립한 게 풀무학교다. 급격한 산업화 과정에서 농업학교는 외면받아 폐교 위기에 처했다. 이찬갑 선생에 이어 풀무학교를 이끌던 홍순명 교장은 자녀 6명을 모두 이 학교에 보내면서 풀무학교를 유지했다.

문화 갈증 풀어주는 밝맑도서관과 마을활력소

풀무학교 출신들이 홍성군 내 시골에 자리 잡아 마을 이장을 하고 유기농업을 하면서 활력을 불어넣었다. 홍 교장의 풀무학교 제자인 주형로 씨가 이장인 문당리 일대는 친환경농업의 메카로 자리 잡았다. 풀무학교는 친환경농사법을 전문적으로 배우는 2년제 비인가대학인 환경농업전공부를 2001년에 개교했다. 이 학교 졸업생들도 대부분 홍동면에 정착했고, 귀촌자도 늘어났다. 귀촌자가 늘자 홍 교장은 주민과 함께 도서관 건립 운동을 시작해 기금을 모금했다. 홍 교장과 주민들 수백 명이 십시일반으로 모아 2011년 말 도서관을 개관했다. 밝맑도서관은 풀무학교 설립자인 이찬갑 선생의 호를 딴 것이다. 도서관엔 1년 사시사철 좋은 강좌와 공연 등 프로그램이 끊이지 않는다. 이 지역엔 각기 재능과 전공이 다른 귀농귀촌 실력파들이 많아 강사 인력이 풍부하다. 시골에 살아도 문화적 갈증을 해소할 곳이 마련되었다.

또 지역센터인 '마을활력소'가 도서관과 같은 해 문을 열었다. 문당리가 마을 개발을 잘했다고 4억 원을 받았는데, 주형로 이장이 이걸 문당리 안에서만 쓰기보다는 홍동면 지역민들이 함께 잘 활용하자고 제안해 만든 게 마을활력소다. 수십 개의 협동조합이 따로 두기 어려운 사무실과 사무원을 제공하고, 이 지역을 둘러보고 싶은 사람에겐 구석구석 안내도 해주고, 귀농·귀촌자들을 대상으로 마을 알아보기 프로그램인 '마실이학교'도 운영하는 곳이다.

갓골을 중심으로 한 활력은 홍동면을 넘어 장곡면 등 인근 지역으로 확산되고 있다. 장곡면 도산리 2구 오미마을의 젊은협업농장에서는 10명의 청년이 8동의 비닐하우스에 쌈 채소를 기르고 있다. 비닐하우스 속에서 체험학습을 온 학생들과 어울려 일하는 청년들의 얼굴엔 찌든 기색이 없었다. 친구들과 이 얘기 저 얘기 주고받고 웃다 보면 시간 가는 줄 모른다. 옛 어른들이 왜 두레를 만들고, 품앗이를 해서 '함께' 일을 했는지 알 만하다.

청년 농부들의 주경야독

이들은 마을에서 각자 기거하면서 아침 6시부터 일을 시작해 오후 4시면 일을 마친다. 시골에서 오후 4시는 해가 중천에 떠 있을 때다. 마을 어르신들은 젊디젊은 것들이 '바싹 조여서' 수확을 더 하지 않고 일찍 손을 턴다고 못마땅해한다. 그도 그럴 것이 젊은협업농장 4천 평은 모두 이 마을 이장에게 빌린 것이다. 10명이 농사를 지어 쌈 채소를 팔아 얻은 소득이 1억 2천만 원 정도다. 농촌체험프로그램 등 교육을 맡아 올린 수입 등을 다 합쳐도 연소득은 1억 4~5천만 원에 불과하다. 여기에 점심값으로 지불하는 연 2천만 원에, 임대료, 운영비를 빼고 나면 1년 미만의 인턴은 월 50만 원, 1년이 넘은 고참은 월 100만 원을 가져간다. 그러니 어르신들은 "그렇게 벌어 어떻게 사느냐"면서 "돈도 더 벌고 땅도 사려면 밤을 새워서라도 일을 해야 할 것 아니냐"고 채근한다. 그러나 이곳 청년들은 오후 4시가 되면 어김없이 손을 씻고 강의실에 모인다. 강좌는 유기농업이나 마을 만들기 강좌뿐 아니라 글쓰기, 철학, 예술, 여행 강좌까지 다양하다.

2012년 이 농장을 설립한 정민철 대표는 홍성 홍동면에 있는 풀무학교의 전공부 교사였다. 그런데 전공부 졸업생들이 실제 농사를 지으러 마을에 들어가면 잘 적응하지 못했다. 그래서 농사는 학교가 아니라 현장, 즉 마을 안에 들어가서 배워야 한다는 생각으로 설립한 게 젊은협업농장이다. 이곳은 어느 정도 농사일과 마을살이를 익히면 독립해 마을에서 살아가도록 돕는 교육 농장이다. 정 대표는 '젊은이들이 농촌에 온다고 농사일만 하라는 법은 없다'고 생각한다. 교사 출신인 자신이 교육과 농업을 결합했듯이 IT 업계에 종사했으면 IT와 농업을 연계하고, 염색을 한 사람은 염색 작물을 키우고, 장

홍성 갓골 청년들은
오후 4시가 되면 강의실에 모인다.
유기농업이나 마을 만들기, 글쓰기, 철학, 예술,
여행 강좌를 듣기 위해서다.

ⓒ 젊은협업농장

사에 소질이 있으면 농업과 경영을 결합한 융합 지점을 찾아 일할 수 있다. 이곳 청년들이 일만 하지 않고 주경야독하는 것은 '새로운 농부'의 길을 찾아가기 위함이다. 정 대표는 이 농장에서 한 푼도 받지 않으면서 독특한 실험을 하고 있다.

돈벌이가 된다고 시골에 오지 않는다

한국농촌경제연구원 김정섭 연구위원은 오랫동안 홍성 일대 농업을 연구해오다 안식년을 맞아 이 농장에 머물고 있다.

"돈만 벌 수 있으면 젊은이들이 농촌에 올 거라고 생각하는데 그렇지 않아요. 청년들은 돈벌이 외에도 문화와 교육과 의료 등 삶의 다양한 욕구를 충족할 수 있어야 해요."

지금까지 이 농장에서 한 달 이상 머문 청년은 모두 35명이다. 1년 이상 머문 이도 16명이다. 이들은 이곳에서 앞으로 살아갈 길을 고민하면서 주경야독한 뒤 새로운 길을 찾아 떠났다. 이곳은 자본주의 사회에서 상처 받고 찌든 청년들이 또래와 대화하고 공감하며 상처를 치유하고 새로운 방향을 모색하는 쉼터이다. 한 청년은 도시에서 회사 생활이 스트레스로 힘들어지자 사표를 내고 왔다. 다른 청년은 대학 졸업 후 진로가 막막하자 농촌에서 길을 찾아보기 위해 왔다. 곤충에 관심이 많아 농업과 곤충을 연결시켜 할 수 있는 일이 있

청년들은 젊은협업농장에서 또래와 함께
농사일과 마을살이를 익히며 지낸다.
사회에서 상처받고 찌든 청년들도 함께 대화하고 공감하며
새로운 방향을 모색하는 쉼터 역할을 톡톡히 한다.

을까를 탐구하는 청년도 있었다. 함석헌의 스승 유영모는 '공부만 하면 도깨비가 되고, 일만 하면 짐승이 된다'고 '일학병진'을 권했다. 일하고 공부하면서 청년들이 치유되고 깨어나고 있다.

젊은협업농장 바로 옆 행복농장은 충남광역정신건강증진센터와 협조해 정신지체자들이 농사일을 해보고 본인이 원하면 취업까지 할 수 있다. 농촌 현실이 열악해 현재는 한 명만 고용한 상태다. 시설에 갇혀 있는 동안 없는 병도 생길 법한 환자에겐 병도 호전되고 재활도 할 수 있으니 농장만큼 좋은 일터가 없다.

크고 작은 나무들이 어우러진 숲과 같은 사회

홍성의 정신적인 지주 격인 풀무학교는 기독교 믿음을 바탕으로 설립되었지만, 카리스마를 인정치 않는 무교회주의 전통을 따라 도그마가 없다. 홍순명 교장부터 겸손과 헌신으로 일관해왔다. 강력한 리더십보다는 자유스런 자발성이 존중되는 곳이다. 다양한 협동조합이 이를 말해준다. 이 점이 귀농·귀촌자에게 매력 포인트였다. 최근 홍성은 개별적인 귀농·귀촌자를 넘어서 집단 공동체 마을 조성지로서도 각광받고 있다. 장곡면엔 귀촌 마을인 한울마을이 들어섰다. 토박이인 주형로 씨가 대표로 있지만 대다수는 귀촌자다. '사색의 향기'란 단체는 갈산면 대사리에 35만 평의 땅을 구입해 250가구가 들어설 향기촌 건설을 목표로 입주자 모집에 나섰다. 하지만 '함께 산다는 것'이 장밋빛만은 아니다. 한울마을 주형로 대표의 말이다.

"같은 생각을 가진 사람들끼리 뭉쳐서 같은 쪽으로만 끌고 가면 그건 종교 집단이지 공동체라고 볼 수 없어요. 공동체란 생각이 다른 사람들조차도 함께하는 것이지요. 같은 종교끼리만 모이는 것보다 다른 종교인들이 어우러져 서로 좋은 것을 끌어내 함께 만들어가는 것이 더 공동체적이지요. 다양한 사람이 모여 의견을 모은다는 게 쉬운 일은 아닙니다. 나도 다수에게 부정당할 때가 있어요. 너무 억울해 나무를 주먹으로 친 적도 있지요. 그러면서 '나무야, 나무야, 나는 어떻게 살아야 하니?'라고 물었습니다. 그때 '저 숲을 보라'는 답이 들리는 듯한데요. 숲은 멀리서 보면 평화로워 보이지만 가까이서 보면 서로 뒤엉켜 있고, 어떤 것은 웃자라지만 어떤 것은 옹색하게 땅에 붙어 있지요. 숲엔 다양한 식물이 어우러져 있더라고요. 인간 사회인들 어찌 그렇지 않겠어요."

가진 게 없을수록
함께 살 길을 찾아야

사람들은 살아남기 위해선 몸집을 줄여 각개 약진하는 게 낫다고 믿는다. 과연 홀로 사는 게 경제적이고 효율적일까. 결론부터 얘기하자면 정반대다. 가진 게 없을수록 함께 살 길을 찾아야 한다. 가진 게 좀 있다 해도 교육비를 대고 노후 준비만 하다 인생을 마칠 생각이 없다면 함께하는 삶을 생각해볼 필요가 있다.

서울 도봉동 은혜공동체 50명이 사는 코하우징을 보자. 2017년 8월 입주한 5층 주택엔 도서관과 술을 마실 수 있는 바, 카페, 게스트룸까지 있다. 집안에서 이런 것들을 모두 누리고 살아가니, 고급 호텔 거주자가 아니곤 누리기 어려운 호사다. 이 주택 입주비는 1인당 1억 원이 채 들지 않았다.

은혜공동체가 공유 주택을 짓는 데 부지비와 건축비를 합쳐 든 돈은 45억 원이다. 이곳에 입주한 50명으로 나누면 1인당 1억 원이 안 되는 액수다. 이 돈이 처음부터 마련된 것도 아니었다. 이 일을 시작할 때 출발한 비용은 은혜공동체가 가진 3억 원이었다. 요즘은 공유 주택을 지원하는 혜택이 많다. 이 주택도 서울시가 낮은 금리로 융자해주는 한국사회투자기금 10억 원을 대출 받아 부지를 사 건축을 추진했다. 나머지는 새마을금고에서 부지를 담보로 일부 대출을 받고, 공유 주택에 입주키로 한 이들이 입주비를 내서 대출금을 상환했다. 주택 소유권은 은혜공동체가 갖고, 입주자는 전세금을 내고 입주하는 형식이다. 공동체 주택은 지분을 가진 사람이 자기 지분을 팔아버린 뒤 엉뚱한 사람이 지분을 사서 들어올 경우 공동체가 와해될 수도 있고 분쟁이 생길 여지가 있어 이를 미연에 방지하기 위한 장치이다. 가구당 전세금은 1억 500만 원이고, 소득이 적은 가구는 7천만 원만 내도록 깎아줬다. 모아놓은 돈이 없는 사람은 시중 금리 정도의 월세를 내고 산다. 월세도 바깥의 절반 정도다. 이 정도 비용으로 온갖 부대시설을 이용할 수 있는데다 늘 다정하고 도움을 주는 친구와 언니, 오빠, 형, 동생들이 곁에 있고, 아이들에겐 이모, 삼촌이 덤으로 생긴다.

한 달 식비 10만 원, 알프스 여행 200만 원

은혜공동체는 내부 안전망을 위해 기금을 조성해 의료비와 출산비, 교육비를 지원하고 실직을 지원하는 제도까지 있다. 국가의 보장으로는 부족해 공동체가 제2, 제3의 안전망이 되어 큰돈 들어갈 일이 생기더라도 개인적인 출혈을 최소화하기 위함이다. 여행을 갈 때도 여럿이 함께 계획성 있게 준비하기 때문에 비용이 절감된다. 가령 은혜공동체는 매년 한 차례 모든 구성원이 해외여행을 간다. 1~2년 전부터 준비해 항공료도 가장 쌀 때 살 수 있다. 2017년 가을엔 공유주택 입주자를 비롯해 모임 참석자까지 포함해 79명이 스위스 알프스로 3박 4일 여행을 다녀왔다. 직장에 불가피한 일이 있던 한 명만 빠졌다. 참여율도 놀랍지만, 스위스 여행비가 1인당 200만 원밖에 들지 않았다는 게 더 놀랍다. 이들은 스위스에서 아주 괜찮은 게스트하우스를 통째로 빌려서 사용하고, 매일 저녁엔 호텔 식당을 통째로 빌려 파티도 럭셔리하게 했는데도 그 비용으로 거뜬했다.

삶의 여유, 특히 여성의 삶에 큰 영향을 주는 게 공동 밥상이다. 은혜공동체에도 당연히 공동 밥상이 있어 부엌살림에서 해방됐다. 저녁 식사는 별미다. 밥과 국, 반찬도 맛있지만, 온갖 아이들의 재잘거림이 어우러진 분위기가 파티장을 연상케 한다. 1인당 내는 저녁 식비가 한 달에 10만 원이다. 믿어지지 않는 금액이다. 서울 물가를 생각하면 더욱 그렇다. 수십 명의 식사를 함께 준비하면 가능한 일이다. 여성도 저녁마다 부엌에 매여 살지 않고 삶의 여유를 즐길 수 있도록 공동체원 중 한 명을 전담 요리사로 지정해 월급을 주고, 당번제로 서너 명씩 돕는다. 월급이 나가는 고용 인원은 한 명뿐

은혜공동체는 매년 한 차례
공동체 멤버 모두가 해외여행을 간다.
2017년 가을엔 스위스 알프스로
3박 4일 여행을 다녀왔다.

ⓒ 은혜공동체

이고, 부식비를 제외한 추가 비용이 없어서 가능한 일이다.

현대인은 집밥 먹는 횟수가 갈수록 줄어든다. 새로 짓는 수도권 고급 아파트에서는 입주민에게 조식 서비스까지 하고 나섰다. 직장인에겐 포장 판매도 한다. 이곳에서는 조식 업체에게 조리·식사 공간을 임대료 없이 제공해 가격도 5~6천 원대로 저렴하다. 각자 집에서 해 먹는 것보다 비용 면에서 오히려 경제적이다. 더구나 거주자들을 부엌에서 해방시켜 삶을 더 여유롭게 해준다.

공동 밥상의 선물

식사는 경제적으로만 생각할 수 없는 측면이 있다. 집에서 식사를 하지 않는다는 것은 그만큼 가족 간 대화 시간이 줄어든다는 것을 의미한다. 일주일에 한두 번도 식탁에 함께 앉을 수 없다면 말뿐인 가족이 되기 십상이다.

공동체 밥상은 경제와 효율만을 생각한 게 아니다. 좀 더 여유롭게 서로 소통하기 위함이다. 그럴 때 밥상이야말로 몸을 유지하기 위해 어쩔 수 없이 먹어야 하는 생존 수단을 넘어서 행복을 증진하는 최고의 소통장이 된다. 소통 없이 혼자 먹으면 아무래도 잘 갖춰 먹지 못하고 한 끼 때우기에만 급급하기 쉽다. 모처럼 값비싼 음식을 준비해도 혼자서는 맛이 떨어지는 건 어쩔 수 없다. 올해 구순을 맞은 내 어머니는 고향집에서 홀로 살아간다. 10~20킬로미터 이내에 누나와 동생들이 살며 자주 찾으며, 갈 때마다 음식을 냉장고에 넣어

두곤 했다. 그러나 냉장고를 열어보면 음식이 그대로 있을 때가 많다. "왜 이렇게 안 드시냐"고 하면, 어머니는 "혼자 무슨 맛으로 먹으며, 먹는다한들 얼마나 먹겠느냐"고 말씀하신다. 어머니는 고향집 대문 앞에 있는 경로당으로 매일 출근한다. 지금은 정부에서 경로당에 운영비와 쌀을 지원해 농번기를 제외하고는 함께 식사를 할 때가 많다. 어머니는 "경로당에서 여럿이 먹으면 김치찌개 하나만 놓고 먹어도 그렇게 맛있을 수 없다"고 한다. 그 뒤부터는 형제들도 마을 분들과 함께 드시도록 경로당 냉장고에 음식을 넣어놓는다. 사람들과 어울려 먹는 것은 배고픔을 해결한다는 것을 넘어서는 즐거움이 있다.

공동체원들은 공동 밥상이 비용도 줄여주지만 삶의 여유도 주고, 소통으로 행복도 늘려주니 여러모로 좋다고 입을 모은다. 서울 강북구 인수동 밝은누리도 밥상 공동체에서 월요일부터 금요일까지 저녁을 해결하는데, 1인당 한 달 비용이 9만 원이다. 월권을 사서 사용한다. 인근엔 마주 이야기라는 공동체 찻집이 있는데, 이곳 월권은 3만 원이다. 월 12만 원으로 저녁과 찻집을 상시로 이용할 수 있다.

물건을 빌려 쓰는 게 당연한 문화

서울 마포구 성산동 소행주 1호의 9가구 중 5가구도 저녁 공동 밥상을 커뮤니티 룸에서 연다. 5가구가 식단을 짜서 장을 봐두면, 파트타임으로 일하는 분이 오후 3시부터 6시까지 3시간 동안 밥과 몇 가지 요리를 해놓고 간다. 밥을 차려 먹고, 치우고, 설거지를 하는 것은 각자 몫이다. 식당 임대료도 들지 않고, 인건비도 주중 하루 3시간씩 쓰는 구조여서 한 달에 4인 가구당 20만 원이면 된다. 먹고 싶은 것 위주로 식단을 짜니 만족도도 높다. 함께 살면 한두 번 쓰고 마는 물건마저 따로 살 필요도 없다. 시민 단체 활동가인 윤상석 씨는 소행주에서 지출이 정말 많이 줄었다.

> "춘천에서 서울로 대학을 오면서 스무 살 때부터 혼자 살았어요. 혼자 살면 필요한 걸 돈을 주고 사거나 참아야만 하잖아요. 공동체로 살면 굳이 살 필요도, 참을 필요도 없어요. 아이가 캠핑을 가고 싶어 하면 텐트나 버너, 코펠 등 한 번 쓰고 처박아둘 수도 있는 걸 다 사야만 하지요. 여기선 빌리는 것이 너무 당연해요. 여행용 캐리어까지도 서로 빌려요. 그만큼 친해서죠. 빌려줘서 고맙다고 맥주 몇 병 사서 함께 먹으면 더욱더 다정해지죠. 단지 경제적인 이익만이 아닌 거 같아요. 드릴 같은 것도 1년에 한두 번 쓸까 말까 한데 빌려 쓰면 되지요. 벽지도 조금만 필요한데 한 롤을 사야 할 때도, 페인트도 구석에 한 번 발라야 하는데 한 통을 사야 할 때도 다른 집이 남긴 것을 사용하면 됩니다. 낭비나 환경오염도 줄이니 얼마나 좋아요."

소행주에선 쓸 만한데 자신에게 필요 없는 물건이 있으면 밴드에 올린다. 그러면 곧바로 필요한 사람이 손을 들어 가져간다. 괜찮은 걸 득템한 사람은 그걸 이유로 커뮤니티 룸에 피자나 치킨 같은 간식을 쏘기도 한다. 공동체에서 나눠 쓰는 것은 상식이다. 밝은누리에서 최근 아이를 낳은 신원·김나경 씨 부부는 출산비를 거의 들이지 않았다. 먼저 아이를 낳은 공동체 친구들이 산후조리는 기본이고, 아기에게 필요한 옷가지와 장난감 등 쓰던 것들을 깨끗이 빨고 다려 가져다주었다. 그러다 보니 돈을 주고 살 게 거의 없었다. 구입 비용이 적지 않은 유모차도 쓸 만한 것이 많아서 골라야 할 정도였다. 그뿐이 아니다. 요즘은 정부와 지방자치단체에서 출산지원금을 준다. 주위의 친구들은 그 돈을 모두 검진비로 산부인과에 가져다주는데, 공동체에는 임신·출산을 경험한 다수의 선배와 친구들 조언 덕에 쓸데없는 검진비로 낭비하지 않고, 그 비용만으로 조산원에서 아기를 낳을 수 있었다.

이들은 한결같이 서로 나눠 쓰고 돌려 써서 돈도 절약되지만, 뭔가 없는 게 있어도 결핍감에 시달릴 필요 없이 든든하다고 한다. 내게 부족한 게 있어도 빌려 쓰고 함께 쓰고 나눠 쓰면 된다고 생각하면 마음이 늘 넉넉하고 편해진다는 것이다.

욕망에 사로잡히면
자유로울 수 없다

한 공동체에 살아도 경제력엔 각자 차이가 있다. 우리나라에는 일본 야마기시에서 들어온 산안마을 등 일부 공동체를 제외하고는 한 주머니를 차는 공동체는 거의 없다. 은혜공동체나 밝은누리는 '소유'만으로 본다면 느슨한 공동체다. 개인의 월급, 벌이, 소유권은 관여하지 않고, 식구 수에 따른 주거 비용을 내고 함께 살아간다. 하지만 얼마를 버느냐에 상관없이 엔 분의 일씩만 내놓는다면 공동체라고 보기 어렵다. 1천만 원도 수익이 안 되는 사람이 연봉이 1억 원인 사람과 같은 돈을 내는 것이 평등은 아니기 때문이다.

　은혜공동체나 밝은누리도 더 많이 버는 사람들이 자연스럽게 더 많이 내놓는다. 이 공동체들은 기독교 정신을 바탕으로 해 십일조가 근간이 되지만, 밝은누리는 연봉이 1억이면 월급의 30프로를 공동체 기금으로 내놓기도 한다. 바깥 풍경과 다른 것은 금수저는 금수저끼리 은수저는 은수저끼리 벌이와 직책에 따라 끼리끼리만 어울리는 데 반해 이곳은 경제력에 상관없이 공동 밥상에서 같은 식사를 하고, 대부분의 것을 함께 공유한다는 점이다.

밝은누리도 고소득 직장에 다니는 이들이 적지 않다. 이들도 인수동 공동 밥상을 중심으로 빌라촌에서 살아간다. 인수동은 전형적인 서민 주거 지역이다. 소득 수준만으로만 본다면 강남이나 고급 아파트에 거주할 수도 있는 이들이 서민촌에서 어우러져 살아간다.

과시하는 삶에서 벗어나 얻은 진짜 자유

이들은 분명 거주지나 아파트 평수나 사치품으로 자신을 과시하는 삶에서 해방을 추구한다. 신원 씨 말이다.

"직장에 들어갔더니 젊었을 때 이상은 어디로 가고. 하나같이 승진과 부동산과 아이 영어 유치원을 화제로 삼더라고요. 그 속에 있다 보니 무리를 해서라도 아파트를 사지 않으면 안 될 것 같고, 해외여행을 가지 않으면 안 될 것 같은 압박이 느껴지더군요. 과연 그렇게 사는 사람들이 행복한가 보니, 그렇지 않았어요. 밝은누리에 들어와 보증금 3천만 원에 월세 30만 원짜리 집에 살면서 돈에서 자유로워지고, 마음도 편해졌어요. 사람들은 머리로는 이런 삶을 동경하면서도 정작 이를 잘 실행하지 못하죠. 당장이라도 욕망을 좇지 않으면 큰일 날 것처럼 소비를 해야 하고, 금융상품과 보험에 가입하도록 부추기는 광고와 매스컴의 추임새 속에서 갈 길을 잃고 말잖아요."

밝은누리는 자본의 부추김에 현혹돼 돈의 노예로 살아가지 않기 위해 분명한 삶의 여정을 제시하며 훈련한다. 1990년대 밝은누리를 시작한 최철호 교장은 "공부가 공부로만 끝나서는 안 된다"고 강조한다.

"돈의 노예로 살지 말자고 다짐했던 동료들도 결혼을 하고, 출산을 하고. 아이를 키우면서 세상의 관습대로 따라가는 것을 수없이 보았지요. 허례허식에 과도한 비용을 낭비하지 말자고 생각하고서도 정작 결혼할 때가 되면 '보는 눈이 있고, 체면이 있지'라는 부모님 말에 굴종해버리잖아요. 둘이 간소한 커플 반지나 하나 끼겠다며 백화점에 갔다가도 직원이 "예쁜 아내에게 이 정도는 해줘야죠"라고 말하면 애초의 다짐은 어디로 가고 어느 틈에 고가품을 사고 말지요. 자본의 상품화 전략은 치밀하기 그지없어서 욕망이 곧바로 작동하게 만들어버립니다. 배워서 알고 깨닫고 이를 실천하기 위해서는 살면서 벌어지는 일에 저항할 구체적인 시뮬레이션까지 갖추고 있어야 해요. 가령 공이 날라오면 어떻게 처리할지 미리 알고 구체적으로 대처할 방법을 갖고, 이를 실천할 용기를 갖고 있지 않으면 자본의 부추김에 백발백중 당하고 말아요. 인문학을 통해 구체적으로 삶을 변화시켜야 합니다."

욕망대로 하는 게 자유가 아니었다

이런 배움 속에서 단련되니 아이들이 남다를 수밖에 없다. 강원도 홍천에서 비인가 고등대학 과정인 삼일학림에 다니는 김다인 양은 초등학교 5학년 때 이곳에 왔다. 대부분의 공동체처럼 밝은누리도 초등학생은 휴대전화를 사용하지 않는다. 그는 보통 중학생처럼 교복도 입고 싶고, 인터넷이나 휴대전화도 마음껏 쓰고 싶고, 화장도 하면서 대중문화를 누리고 싶은 욕구 때문에 불만스럽기도 했다. 그러나 지금은 스스로 그런 욕망에 사로잡히면 끝내 욕망의 노예로 살아갈 수밖에 없다고 느끼고 있다. 중학교 때만 해도 욕망대로 하는 게 자유로운 줄 알았는데, 그 욕망에서 벗어나지 않으면 자본에 속박된다는 것을 깨달아가고 있다. 삼일학림에 다니는 최한백 군의 말이다.

"이곳에선 집도 우리 스스로 짓고, 우리 손으로 농사를 지어 먹을 것을 생산해요. 웬만한 건 고장이 나도 스스로 고쳐요. 밖에선 자기 밥도 못해 다른 사람이 해주는 것만 먹잖아요. 뭐든 돈으로만 해결하려고 하면서 그게 자유로운 삶이라고 생각하는데 과연 그런지 생각해볼 필요가 있지요."

밝은누리공동체에서는
집도 스스로 짓고, 농사일도 해야 한다.
선생님과 어른들도 학생으로 참여해
악기, 미술, 글쓰기 등을 배운다.
돈에 덜 집착하고
덩달아 소비하지 않는 삶을 살아간다.

ⓒ 밝은누리공동체

공동체로 살면 아무래도 돈에 덜 집착하고, 소비도 현저히 줄어든다. 부모들이 서로 장점을 살려서 악기와 미술, 글쓰기를 품앗이로 가르쳐주며 비용을 절감하기도 하지만 그보다 더 중요한 건 욕망에 집착하지 않기 때문이란다.

어떻게 그렇게 될까. 함께 어울리면 행복해져 불행으로 인해 지불해야 하는 돈의 소비를 줄일 수 있다. 가정이나 직장이나 이웃 간에 소통이 되지 않고 답답한 마음과 불만이 쌓이면, 스트레스를 해소하기 위해 인터넷 쇼핑으로 마구 지르기도 하고, 뮤지컬 공연이나 술집과 카페 등에서 소비 퍼레이드를 벌이기 십상이다. 하지만 공동체에선 일상에서 행복해서 그런 욕구가 현저히 줄어든다. 바깥세상에선 소비로 자신을 과시하지만, 공동체에선 오히려 그런 사람이 이상하게 보이고, 서로 단순하고 소박한 가운데 사이좋게 지내는 삶에서 행복을 찾는 것을 격려하기 때문에 과시성 소비에 빠질 위험이 거의 없다. 인수동 밝은누리에서 고소득자들이 낡은 빌라촌에서도 자족하며 살아가는 것은 행복이 과시에 있는 게 아니라 마음을 열고 어울리는 데 있다는 것을 충분히 깨달았기 때문이다.

함께 산다면 국민연금만으로도 충분하겠다

노후 불안이 현저히 줄어 노후를 위한 준비에 목매다가 현재를 살아보지 못하는 삶에서 벗어날 수 있다는 것도 공동체가 주는 큰 혜택이다. 소행주 1호 거주자들은 함께 의지하고 살면서 큰돈이 없어도 지금처럼 행복하게 살 수 있겠다고 생각한다. 이는 대부분 공동체 사람들도 마찬가지였다. 마을살이를 한 한 여성도 "전엔 늘 노후 불안에서 헤어날 수 없었는데, 지금처럼 살면 나이 들어 국민연금만 받아도 부족함 없이 서로 어울려서 노는 데서 행복을 찾을 수 있겠다는 자신감이 생겼다"고 했다.

2010년 노벨경제학상 수상자 앵거스 디턴은 미국인 45만 명을 설문조사해 연봉 7만 5000달러(약 8천만 원)까지는 소득 증가만큼 행복도 증가하지만 그 이상은 연봉이 높아진다고 더 행복해지지는 않는다는 논문을 발표한 바 있다. 인간의 행복엔 돈 이상의 무언가가 있다는 얘기다. 그는 그것이 '무엇'인지는 제시하지 못했지만 공동체의 삶은 좀 더 분명히 이를 실증한다. '늘 함께 공유하며 산다면' 7만 5천 달러의 절반이나 3분의 1로도 얼마든지 행복하게 살 수 있다고 공동체원들은 말한다.

아무리 돈을 써도 허전했던 지난날

심지연 씨는 밝은누리에 들어오기 전 혼자 원룸에 살 때는 맛집을 찾아다니고, 유행 따라 여흥과 소비를 즐겨도 쉽사리 허전한 마음이 채워지지 않았다. 지금은 면티 하나에도, 마을 밥상에 나오는 떡볶이 한 접시에도 행복하고 충족감이 크다. 그때는 매스컴과 남 시선을 따라서 살다 보니 사실상 자신이 선택할 수 있는 게 거의 없었는데도 그것을 자유라고 착각하고 살았다. 자신처럼 대부분의 사람이 자본이 만든 매트릭스 안에서 자신이 주도적으로 선택하지 못하고, 그들이 부추기는 좁은 선택 범위 안에 갇혀 그것을 자유라고 생각하면서 진정한 자유를 누리지 못한다는 것이다.

"이곳에 오기 전엔 '불금'이나 해외여행을 통해 한꺼번에 폭발적으로 스트레스를 풀어야 했어요. 소비 행렬에 가담해도 본질적인 스트레스는 해소되지 않더라고요. 이곳에 와선 밥상에서 이야기를 나누거나 퇴근 후 함께 공부하면서 몸과 마음이 정화되는 느낌이에요. 욕망을 참고 누르는 게 아니라 새로운 관계와 생활을 통해 욕망이 바뀌는 거 같아요. 그러면서 진짜 자유로움을 발견해요. 광고를 따라가서 그들이 가리키는 것을 먹는 게 아니라 내가 내 몸에 좋은 것을 선택해서 건강한 음식을 먹으니 먹거리도 달라지고 몸도 회복되고요. 지금은 남 눈치를 별로 안 봐요. 눈치는 자기 충족감이 없고 불편하면 더 보잖아요. 충족감이 생기니 마음에도 여유가 생기나 봐요. 어렸을 적 별명이 팥쥐였어요. 동생은 나를 챙겨줘도 나는 내 욕심만 차리고 장난감이나 먹을 걸 양보하지 않았죠. 요즘엔 집에서도 더는 팥쥐가 아니라네요. 행복하니 쓸데없이 욕심을 부릴 일도 없어지고, 욕망에 마음을 뺏기지 않고 자유로워지면서 그렇게 된 거 같아요."

천혜의 길지에
저비용의 마을을 조성하다

시골로 가면 돈벌이는 줄지만 소비에서 벗어나 작은 돈으로 살아갈 수 있다. 개인으로서 제일 좋은 방법은 기존의 공동체에 들어가는 것이다. 타인과 살아낼 품성과 태도만 갖추고 적절한 노동력이 있다면 어디든 환영받는다.

기존의 공동체가 아니라 새로운 공동체를 꾸리려면 비용이 만만치 않다. 하지만 충북 보은군 마로면 기대리 선애빌은 별로 가진 게 없더라도 뜻 맞는 사람들끼리 모여 공동체를 만들어 살아가는 꿈을 이루는 게 불가능한 것만은 아니라는 것을 보여준다. 선애仙愛는 '선仙을 사랑한다'는 뜻이다. 이름 그대로 선애빌은 선도명상단체인 수선재 멤버들이 만든 마을이다. 선애빌은 현재 기대리 말고도 충북

충주와 전남 영암 등 3개 마을이 있다.

2017년 봄 생태마을 공동체 잔치가 기대리 선애빌에서 2박 3일간 열려 머문 적이 있다. 선애빌은 금강의 지류인 보청천 건너에 산으로 둘러싸여 섬 같은 느낌을 주었다. 요즘 세상엔 시골에서도 마을 사람들 허락 없이 큰 소리 나는 행사를 하기가 쉽지 않다. 선애빌은 소음 피해를 줄 만한 마을이 주위에 없다. 없는 게 아니라 산이 방음 구실을 한다. 도연명이 말한 외딴 무릉도원 같아서 그 잔치에 징과 꽹과리를 치며 밤새 놀아도 괜찮았다.

1인 평균 5천만 원 미만으로 전원 마을 입주

선애빌엔 이십여 가구 40여 명이 살고 있는데, 환경운동가와 만화가, 목수, 농부, 약사, 은행원, 회사원, 정보기술전문가, 자영업자, 교사 등 다양한 이들이 섞여 있다. 이들은 2006년 '생태명상마을 동호회'라는 작은 소모임을 만들어 생태계 위기와 정신적 혼란을 극복하고 인간과 자연이 공존하는 대안적 삶터들을 돌아보면서 준비했다. 마침내 기대리에 터를 마련해 2011년 입주했다. 이 어엿한 마을에 들어간 총 비용은 20억 원가량이다. 이를 전체 숫자로 나누면 1인당 5천만 원이 채 안 되는 돈이다. 이 정도 규모의 마을을 정부나 기초자치단체나 민간업자가 조성해 짓는다면 비용이 몇 배 더 들어갔을 것이다. 어떻게 이런 천혜의 길지에 저비용으로 마을을 조성했을까.

선애빌 입주자들도 초기 자본이 별로 없었다. 그래서 싸고 좋은 터를 구하기 위해 전국을 누볐다. 그러다 요행으로 이곳에 2만 평의 임야를 샀다. 그중 1만 평은 집터와 공연장, 잔디밭 등으로 조성했고, 나머지 1만 평은 여전히 숲으로 남아 있다. 이들은 건축 비용을 절약하기 위해 샌드위치판넬을 써서 열효율을 극대화해 난방비를 절약하는 패시브하우스로 지었다. 20가구의 집과 인포메이션센터, 사무실, 카페, 강당, 식당 등을 지었는데, 통상 방 4개가 있는 한 동당 건축비로 4천만 원이 들었다. 값싼 생태 건축 자재를 쓰고, 상당수 공동체원이 건축 일을 돕고 나섰다. 어지간한 건 스스로 했고, 전문가가 필요한 부분만 외주를 맡겨 비용을 절감했다.

건축비는 각자 형편껏 냈다. 여유가 있는 집은 수억 원을 내기도 했지만, 가진 돈이 없는 싱글은 1~2백만 원만 내고 입주했다. 가족은 한 동에 입주하고, 싱글은 한 동을 2명씩 사용한다. 입주할 때 낸 돈과 상관없이 공동체 안에서 권리는 모두 똑같다. 그야말로 바깥 세상에선 찾아보기 어려운 공동체적 평등을 처음부터 실현했다.

채움보다 더 큰 행복을 주는 비움과 소박함

처음 땅을 구입할 때는 일단 개인 명의로 등기를 했지만 결국 공동법인 유한회사를 설립해 소유권은 법인이 갖도록 했다. 그러나 이상이 한순간에 실현되긴 쉽지 않았다. 많이 낸 사람과 적게 낸 사람 간의 갈등도 없지 않았고 결국 초기에 많은 기여를 한 입주자가 채 1년이 안 돼 나가겠다면서 자신의 돈을 돌려줄 것을 요구했다. 그

선애빌 사람들.
환경운동가, 만화가, 목수, 농부, 약사, 은행원 등
다양한 직업을 가진 사람들이 모여 산다.

때는 소유권이 법인 명의로 바뀌기 전이라 이 일로 공동체가 상당한 위기에 처하기도 했다. 이들은 명상 단체 멤버들인 만큼 위기도 명상과 수련을 통해 마음을 다스려 해결하려고 노력한다. 이종민 선애빌 전 대표는 말한다.

"우리는 명상을 하면서 뭔가 얻으려고 하기보다는 비워가지요. 비움을 통해 행복해지는 게 우리가 추구하는 삶입니다."

이 전 대표는 환경운동가 출신이다. 선애빌은 초기부터 생태적 삶을 중시했다. 주민들이 함께 이용하는 공동 화장실도 똥과 오줌을 퇴비로 만드는 재래식이다. 난방도 석유나 전기 대신 나무와 종이 등 버려지는 것을 태우는 화목보일러를 사용한다. 텔레비전도 공용 공간에 한 대만 있을 뿐이다. 전자레인지 같은 편리품을 두지 않고, 세탁기도 세 가정당 한 대만 사용한다. 매월 보름엔 텔레비전과 인터넷을 모두 끄는 '전기 없는 날'로 지정해 보름달 아래서 바비큐 파티를 열거나 촛불을 켜놓고 대화하기도 한다. 이들은 서양의학에 의존하기보다는 선도 체조와 명상 등을 통해 활력을 되찾고, 침이나 뜸, 마사지 등 자가치유 요법을 배워 비용을 들이지 않는 건강치료법을 사용한다. 이를 활용해 인근 마을 어르신들께 봉사도 한다.

생태적인 삶으로 비용을 아낄 뿐 아니라 공동체원들 모두 '낙생樂生'이란 공동 식당에서 함께 식사하여 생활비도 줄이고 즐거움은 더한다. 공동체에서는 아이는 무료고, 어른만 1인당 한 달에 22만 원의 생활비를 낸다. 개인 통신비를 제외하고, 세끼 식비와 냉난방비, 전기세, 수도세 등이 모두 포함된 비용이다. 이 마을에서는 직접 농사를 지어 주식은 전부 자급하고, 부식은 30퍼센트 정도 자급한다.

우린 소모품이 아니잖아요

비용보다 더 중요한 것이 있다. 무엇이든 돈과 성과를 중심에 놓고 생각하던 관점의 변화다. 2013년 초 이곳에 남편과 지금 초등학교 5학년인 딸과 함께 들어온 김혜정 씨는 정보업계에 종사했다. 김 씨는 인근 초등학교 방과후 프로그램에서 코딩 프로그램 강사로 일주일에 4~5일 강의를 하고, 남편은 마을 사회적 기업에서 일하면서 강의도 나갔다. 직장 생활을 하던 때에 비하면 수입이 5분의 1 정도에 불과하다. 그런데 왜 이런 삶을 택했을까. 김혜정 씨 말이다.

"대기업 연구소에서 휴대전화 부품을 만들면서 내가 그 부품과 다를 바 없다는 생각이 들었어요. 성과가 나면 그건 윗사람들이 챙기고 아랫사람은 지쳐 나가떨어지면 부품처럼 버려지잖아요. 일주일 내내 집에 한 번 못 들어가고 일을 한 적도 있어요. 같은 직종에서 일하던 남편과 주말에 겨우 마트 한 번 다녀오면 지쳐서 뭘 더 해볼 엄두도 안 났죠. 20~30대 때는 젊어서 버텼지만 마흔이 가까워오니 몸이 하루가 달랐어요. 남편과 '돈은 모으겠지만 이렇게 살아 무얼 하나'라는 얘기를 했어요. 이곳에 온다고 했을 때 친정과 시집 식구들이 '너희 맨날 피곤해 죽겠다고 하더니, 큰 병에 걸린 것 아니냐'고 묻더군요. 큰 병에 걸린 건 아니지만, 잃어버린 삶을 되찾기 위해서 왔어요. 여기도 한가한 건 아니에요. 도시에서보다 더 바쁠 때도 많아요. 그러나 관점이 바뀌니 사람이 상하도록 일을 하지는 않아요. 대기업에서는 몸이 상해도 성과를 내야 하잖아요. 몸이 망가지건 사람이 망가지건 목표와 성과물을 중시하니까요. 그러나 이곳에선 공동 부엌에서 일을 할 때도 결과물을 만드는 것보다는 함께 해가면서 서로를 알아가며 성장하게 돕고, 나 자신도 성장해가는 것에 초점을 맞추죠. 마음을 모아 느리더라도 함께하는 것에 가치를 둬요. 삶의 가치가 바뀌니 도시에서 미래를 불안해하면서 들었던 보험도 정리하고, 수입이 줄었는데도 불안하지 않더라고요. 돈이나 성과, 미래에 목매지 않게 되어서 그렇겠지요. 직장에 다닐 때는 품위 유지를 위해 비싼 옷처럼 사치품 소비가 많았지만, 이곳에선 5천 원짜리 티 하나 걸치는 걸로 만족하니 더 소비할 필요를 못 느껴요."

2부

실낙원을
낙원으로 만든 사람들

1. 달동네에 먼저 달이 뜬다

'논골마을만들기 추진위원회' 결성

사람들이 선호하는 서울 강남이나 신도시와 달리 달동네나 임대 아파트에 살아가는 이들은 열악한 환경 말고도 또 하나의 환경과 싸워야 한다. '가장 약한 자에게 한 것이 바로 내게 한 것'이라는 예수님 말씀을 거론하지 않더라도, 세상에서 소외된 약자들이 행복해지는 세상이 천국임에 두말할 나위가 없다. 우리 몸 중 어느 한 부분만을 눈보라 속에 방치해 동상에 걸리게 되면 전체 몸도 온전할 리 없는 것과 같은 이치다.

우리는 열악한 지역, 낡고 비좁은 주택들이 빼곡한 동네에 살아가는 이들은 행복할 리 없다는 편견에 휩싸여 산다. 그렇게 들보가 낀 사람들이 꼭 한 번 가봐야 할 곳이 경기도 성남시 남한산성 아래 첫 동네 논골이다. 논골은 논들이 계단식으로 있는 골짜기라서 불린 이름이다. 1970년대 초 서울 시내 무허가 판자촌들을 철거하며 집단 이주민들이 정착한 곳이다. 단대동 3구역 논골엔 1986년 서울아시안게임을 앞두고 20평씩 불하된 땅에 5층 빌라들이 빽빽하게 들어섰다. 한 빌라에만 10~12평 남짓씩 10가구가 입주해 있는, 가장 밀집도가 높은 주거지 중 한 곳이다. 이곳에만 2천500가구 6천여 명이 산다. 부근까지 합치면 빌라촌에 6천 가구 1만 8천여 명이 살아간다. 1986년 육상 3관왕이던 임춘애 선수가 어려운 형편을 딛고 운동했던 동네이자 모교인 성보여상(현 성보경영고)이 있는 곳이다. 논골은 거주 여건이 열악한데다 문화 시설 하나 없어 논골 주민들조차 형편이 피면 하루 빨리 떠야 할 곳으로만 여겼던 곳이다.

내가 사는 마을부터 바꿔보자

지금 논골의 분위기가 달라졌다. 변화 바람의 진원지는 논골 작은도서관이다. 너무도 빽빽해 도무지 해가 들지 않을 것 같은 마을에 해가 든 것은 윤수진 논골마을센터장 겸 논골작은도서관장이 2009년 마을 운동에 나서면서부터다. 환경 단체 활동가였던 윤 관장은 어느 날 너무 열악한 고향 마을을 돌아보고는 '내가 사는 마을부터 변화시켜보자'고 생각했다. 불우 아동이 많은 이 지역 특성상 가장 먼저 돌봄이 필요한 아이들을 위해 언니 윤수정 씨와 함께 단대우리지역아동센터를 열었다. 지방자치단체의 아무런 지원도 없는 가운데 시작한 일이었다. 이 센터를 중심으로 동네 언니, 동생들을 모아 수다를 떨기 시작했다. 수다를 통해 마음을 여는 이웃이 한 명, 두 명 늘었다. 이들은 '어떻게 우리 동네를 행복하게 만들어볼까'를 얘기하다가 28명이서 '논골마을만들기 추진위원회'를 구성했다.

첫 목표는 작은도서관 건립 운동이었다. 문화 시설 하나 없는 곳에서 최초의 문화 공간을 만들어보자는 것이었다. 추진위원들은 함께 수다를 떨다가 자기 골목으로 가서 오가는 사람들을 만나 수다를 이어갔다. 2천여 명이 작은도서관을 만들자는 데 서명했다. 매월 '두 번째 목요일'마다 모여서 '두목회'인 주민 모임이 활성화돼 2011년 단대동마을센터를 열었고, 2014년 3월엔 자동차 3대를 주차하던 곳에 마침내 도서관이 들어섰다. 이곳에선 30여 개 프로그램이 가동된다. 이뿐만 아니다. 논골의 집들은 서너 식구가 둘러앉아 밥을 먹기에도 비좁아 멀리서 시댁식구나 친정식구라도 올라오면 끼어 잘 틈조차 없다. 도서관 3개 층 바닥은 모두 난방이 되고, 화장실에도 샤워기가 있다. 주민들이 필요할 때는 언제나 밤에 게스트하우스로 쓰기 위함이다. 고향에서 해물이나 음식이 올라오기라도 하면 금방 미니 마을잔치가 열리는 곳도 여기다. 온종일 사람들로 북적이는 도서관은 마침 방문한 날이 정기 휴관일인데도 이에 아랑곳없이 여전히 붐볐다. 1층부터 3층까지 어느 곳도 개점휴업인 곳이 없다. 논골작은도서관은 이 마을 사람들에게 그냥 도서관이 아니다. 메마른 논에 물이 들어오는 물꼬다.

'우리 동네 캠프'라고 들어는 봤나요

물꼬가 열리면서 이제 물길이 마을 곳곳으로 스며들어 다양한 볼거리, 즐길거리가 생겨나고 있다. 2012년 가을 1회 논골축제가 열린 이래 논골은 온갖 잔치가 끊이지 않는다. 논골축제 때면 1만 명 가까운 인파가 모인다. 논골축제가 성남의 명물이 된 건 60개 부스마다 반짝이는 아이디어가 번뜩이기 때문이다. 모두 동네 언니, 동생들이 모여 수다를 떤 결과다. 가령 축제의 '닭 잡고 꼬끼오' 코너엔 닭 100마리를 풀어놓는다. 닭을 잡은 주인공 100명에겐 신세진 분 주소를 받아 닭을 잡아 닭고기로 보내준다. 닭을 생포한 이에게는 계란 한 판씩을 선물로 준다. 이들의 축제는 그 행사로 끝나지 않고 다른 사람과 정이 이어진다.

매년 8월 마지막 주엔 이 동네 상원여자중학교 운동장에 텐트를 치고 30가족을 초청하는 '우리 동네 하룻밤캠프'를 연다. 적잖은 돈이 드는 여름휴가를 떠나기에도 살림이 빠듯한 서민에게 남한산성 아래서 열리는 캠프는 손꼽아 기다리는 재밋거리다. 선착순 참가자 모집 공고를 밴드에 올리면 단 몇 초 만에 마감될 정도로 인기가 높다. 이 캠프에선 30가족이 각각 지인 세 가족을 더 초청할 수 있다. 그러면 120가족 400~500명이 거의 밤을 새워 놀면서 친해진다. 게임의 상품도 삼겹살 5근, 소주 한 상자 등 그날 밤 케미를 돋워줄 것들이다. 밤 10시부터는 캠프파이어로 분위기가 무르익는다. 이후 새벽 4시까지는 마음껏 노는 자유 시간이다. 다음날 마지막 상은 쓰레

논골 문화마을
Nongol Village

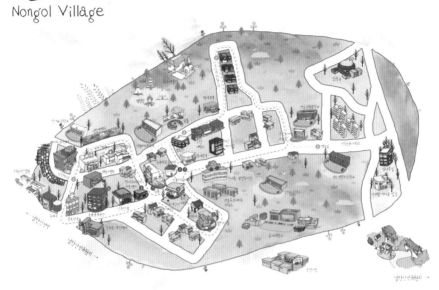

1. 논골작은도서관 / Nongol Library [Local Community Center]
2. 단대동 마을센터 / Nongol Village Organization
3. 단대우리지역아동센터 / Dandaewoori Community Child Center
4. 논골마을카페 / Nongol Village Cafe

뼉화길 ------   탐방길 ------

5. 갤러리틈 / Gallery TEUM
6. 디딜틈 / Didil TEUM [Culture Power Station]
7. 따나리 글러벌 하우스 / Nongol TVD Global House
8. 뼉화길 / Mural Painting Street

논골문화마을 지도

ⓒ 논골마을

매년 8월 마지막 주엔
'우리 동네 하룻밤캠프'가 열린다.
30가족이 각각 지인 세 가족을 초청해
밤을 새워 마음껏 논다.

ⓒ 논골마을

기를 가장 적게 배출하는 가족에게 돌아간다. 그러니 놀 때는 자유롭게 즐기지만, 쓰레기 천지인 보통의 캠프장과는 사뭇 다르다. 이들은 기어코 끝까지 쓰레기를 최소화하는 친환경 잔치를 만들어 내고야 만다.

격월마다 대로에서 여는 벼룩시장도 매번 3~4천 명이 참가할 정도로 열기가 뜨겁다. 닭꼬치를 파는 부스는 논골 아빠 모임이 맡는다. 아빠들은 닭꼬치를 판 돈을 모아 연말에 산타클로스가 되어 100집을 방문해 선물을 나눠준다. 낡고 좁은 빌라라고 남부끄럽다며 꽁꽁 닫아두었던 문도 산타클로스에겐 스스럼없이 열린다. 그렇게 한 집 한 집 열려갔다. '논골 아빠' 김경성 씨는 "예전엔 나도 남을 도울 수 있다는 건 꿈도 못 꾸고 살았다"면서 "먹고살기 힘드니 하루 쉬는 날엔 매주 약초를 캐러 산으로만 다녔는데 지금은 마을 일을 함께 하고 돕는 게 너무 좋아 약초 캐러 못간 지가 5년이 넘었다"고 했다.

멋진 마을 활동가가 된 달동네 아빠 엄마

먹고살기에도 벅찬 삶을 살아내느라 힘들기만 했던 사람들이 마을 운동을 하며 자긍심을 얻고, 마을 운동가로 거듭난다. 사회복지사, 보육교사, 평생교육사 자격까지 따낸 운동가들이 논골에서만 8명이 탄생했다. 마을만 바꾼 것이 아니라 평범한 사람들을 마을 운동가로 변화시켰고, 이들이 다시 논골을 질적으로 변화시키고 있다.

이들을 중심으로 30~40명의 논골마을만들기 추진위원회가 있고, 100~200명가량의 적극 참여층이 구심체가 된다. 도서관과 마을센터의 프로그램에 적극 참여하는 이들이 1~2천 명이고, 벼룩시장엔 2천여 명, 축제엔 1만 명이 참가한다. 여전히 마을에서 무슨 일이 일어나는지도 모르는 사람도 많긴 하다. 원심력으로 파동을 그리며 조금씩 확산되어 가지만 하기 싫은 사람에게 억지로 같이 하자고 강요할 수는 없다. 이들의 모습을 보고, 하고 싶으면 하고, 여전히 어울리기 싫다면 그대로 있으면 된다.

　　마을 프로그램이나 축제를 보고 시끄럽다고 민원을 넣는 사람도 있다. 마을공용주차장 옥상 공원에서 하는 달밤 체조에서는 음악을 틀어놓고 이에 맞춰 춤을 춘다. 평균 1백여 명이 매일 밤 나오는데, 아이들은 엄마가 춤을 추는 사이 그 옆 놀이터에서 친구들과 논다. 매일 밤 열리는 마을 축제다. 이제는 춤을 따라 추는 아빠들도 늘었다. 그 공원이 내려다보이는 고층 아파트 주민들이 민원을 넣기도 한다. 그러면 윤수진 씨는 파출소에 끌려가 조서를 써야 한다. 그래도 그는 불평하지 않는다. 그게 도시의 자연스런 모습이고, 재미나게 살면서 치를 수밖에 없는 통과의례라는 것이다. 도시란 논골처럼 비좁은 공간에서 많은 사람이 부딪치면서 살아가야 하니 그럴 수밖에 없다는 것이다. 냉담하던 주민들도 민원이 줄었다. 워낙 캠프와 축제에 익숙해진 탓이다. 학교 운동장에서 밤에 스피커 음이 나오면 '또 캠핑이나 축제를 하는 모양이군' 한다.

논골에 살아 보니, 강남에 돌아가고 싶지 않다

논골엔 낡고 비좁은 빌라가 대부분이지만 고층 아파트도 인근에 들어섰다. 논골에서 워낙 재미나는 프로그램과 축제가 많아지니 이들의 참여도 늘고 있다. 수도권 아파트촌에서 영구임대아파트는 드나드는 출입문조차 함께 두기를 거부하는 차별로 고통을 받는다. 그러나 이곳은 낡은 빌라 거주민과 고층 새 아파트 주민이 축제와 잔치에 함께한다.

신혼 초기인 10년 전 논골에 온 박진아 씨는 초등 5학년, 3학년 두 딸을 두고 있다. 언제부턴가 동네에서 놀 거리가 많아지면서 가족 분위기도, 이웃과의 사이도 좋아졌다. 특히 초등학교 아이들이 도서관 인근 논골 놀이터나 민방위센터 공터 등 주위에서 놀아도 마음을 놓을 만큼 동네 분들이 부모처럼 아이들을 지켜봐줘 안심이 된다. 이 마을에는 역사기행팀이 있는데, 진아 씨는 공주와 경주 등으로 마을 아이들을 데려가 역사 교사처럼 설명을 하면서 새로운 자신의 모습을 발견하고 있다.

"어릴 때 아빠가 돌아가셨지만 엄마가 식당을 해서 돈을 많이 벌어 강남 청담동에서 살았어요. 경제적으로는 풍요로워도 정신적으로는 삭막했어요. 다시 그만한 여유가 생겨도 강남으로 돌아가고 싶지는 않네요. 이곳에 살림이 넉넉한 분은 없지만 서로 모른 채 고개 돌리지 않고, 인간적이고, 서로 아끼고 돕고 사는 맛이 있

우린 다르게 살기로 했다

어 너무 좋아요."

막걸리 한잔하고 속 시원히 다 털어버려

마을 활동가로 일하는 김경옥 씨는 '뭐니 뭐니 해도 머니'라지만 이곳에서 살다 보니 '역시 돈보다 사람'임을 알겠다고 했다. 처음엔 마을 활동이 뭔지도 몰랐지만, 마을 사람들과 하루하루 지내다 보니 느끼는 것이 많다. 자기 표정이 어두운 것 같으면 마을 언니들이 남한산성에 데려간단다. "나는 운전해야 하니, 너는 막걸리 들이켜고 다 털어버려!"라는 언니들 말에 가슴에 막힌 것들이 뚫렸다. 의왕시 통합도시재생지원센터 김성균 센터장은 논골마을에 연구자로 갔다가 그 이후 수십 번을 방문한 팬이 됐다. 그는 혁신적인 운동가들이 모인 것도 아니고 평범하기 이를 데 없는 사람들이 깨어나 자기 역할을 찾아가고 마을 사람들을 연결하며 마을을 하루하루 밝게 변화시키는 논골의 모습을 기적이라고 했다. 김 센터장의 관찰기다.

"지난 연말엔 논골 사람들이 사는 걸 더 보고 싶어서 크리스마스 때 아빠 모임에서 산타 옷을 입고 집집마다 선물을 나눠주는 봉사에 합류했죠. 10평 남짓 좁은 집들, 짐을 빼면 사람이 들어설 공간이 없는 집들이었어요. 나 홀로 가구도 많고, 이주노동자도 많은 곳이에요. 비슷한 여건의 다른 낙후 지역을 가보면 공기가 어둡고 슬럼화되었는데 논골은 외관과 달리 분위기가 어둡지 않았어요.

다양한 관계를 맺어 사람들을 끌어내 함께하면서 사람들 얼굴이 밝아진 거 같아요. 이 마을 운동가들의 틀에 박히지 않은 프로그램 운영도 역할을 톡톡히 했겠죠. 작년 여름엔 남한산성 안에서 2박 3일간 열린 씨네캠프에도 참여해봤어요. 초등학생 4명이 밤새 뛰어다니더만요. 캠프에선 아이들에게 어떤 규제도 하지 않아요. 비좁은 빌라에서 사는 아이들이 밤새 뛰어놀게 내버려둡니다. 잠을 설치긴 했지만, 논골 아이들에게도 그런 날이 필요하지 않겠어요."

우린 다르게 살기로 했다

'떴다 홍반장'
마을 프로그램

논골의 프로그램들은 모래알로 흩어진 이들을 연결해 친해지게 하는 촉매제다. 이사 온 지 얼마 안 된 20가족을 받아 함께하는 골목길 마을학교도 그런 거다. 이 프로그램을 함께하는 가족들은 다른 가족들과 한 달에 두 번 정도 모인다. 반찬 하나씩을 가져와서 큰 양푼에 넣어 함께 비빔밥을 만들어 나눠먹기도 한다. 먹고 마시고 놀다 보면 다른 집에 숟가락이 몇 개인지도 알게 된다. 속사정을 뻔히 알면서 '어' 하면 '아' 이해가 되니 공감이 빠르다. 그 집 아이가 몇 살이고 어떻게 크고 있는지도 아니 자연스레 이모, 삼촌이 되어버린다. 생소한 마을에 왔는데, 오히려 새로운 가족이 많이 생겨 신이 난다.

이웃의 문을 열다 보면 누가 도움이 필요한 줄도 알게 된다.

도서관 3층 베란다에선 인근 문원중학교 아이들이 목공과 설비를 배우고 있었다. 이 마을의 '떴다 홍반장' 프로그램 중 하나다. 홀몸노인과 저소득노인은 집에 전기가 나가도 전등 값보다 몇 배 비싼 출장비를 감당 못해 고장 난 전등을 방치한 채 살아간다. 그 얘기를 들은 중학생들이 목공과 설비를 배워서 홍반장처럼 해결사 노릇을 하겠다고 나섰다.

목공을 배우는 한 친구는 초등학교 6학년 때부터 유명한 문제아였다. 폭력적이었던 그가 몸집이 커지면서 교사들도 감당하기 버거웠다. 교장 선생님의 부탁으로 이 친구가 도서관에서 열리는 목공 교실에 들어왔다. 그는 손재주가 좋아 어른들도 포기한 물건들을 고치곤 했다. 학교생활에 도무지 재미를 붙이지 못하던 그는 2교시만 끝나면 도서관으로 와서 목공을 하곤 했다. 그가 고장 나 방치되어 있던 충전식 유아용 전동차마저 고쳐놓자 모두 깜짝 놀랐다. 그에게 그런 특기가 숨어 있는지 그 전까지는 아무도 몰랐다. 윤수진 씨 형부인 장형철 마을 국장이 목공을 가르쳤는데, 교사들에게 반항심이 컸던 그가 목공 선생님에게만은 고분고분했다. 도서관에 왔다가 목공 선생님이 없으면 온 마을로 찾아다닐 정도였다. 목공 선생님과 궁합을 맞춰 목공과 설비를 배운 그는 마을의 홍반장 구실을 톡톡히 해내고 있다. 예전에는 '쟤는 왜 저러나'라고 못마땅한 눈초리로 바라봤던 어른들이 자신을 경애의 눈으로 바라보니, 그가 자존감이 생긴 건 말할 나위가 없다. 역시 아이 하나를 키우는 데는 온 마을이 필요하다.

논골에 홍반장이 떴다

논골엔 홀로 살아가는 노인이 100명가량이 있는데, 논골에선 이들도 혼자가 아니다. 홍반장이 된 아이들이 목공 도구를 들고 집에 찾아오는 것도 감사한 일이지만, 어르신 공동 밥상인 '꽃신'에선 65세 이상 홀몸노인을 모셔 점심을 해 먹는다. 그냥 식사를 대접하는 것이 아니라 어르신이 가장 잘하는 요리를 정해 그걸 함께 만들어 나눠 먹는다. 그러면 어르신들도 일방적으로 도움만 받거나 얻어먹는 게 아니라 모처럼 자신이 할 줄 아는 요리를 해서 나눠먹으니 뿌듯해하면서 혈색이 돌기 시작한다.

도서관 인근 논골 마을 카페도 약자들을 살리는 곳이다. 단대동의 중증발달장애인학교인 혜은학교 학부모들이 운영하며 발달 정도가 덜한 장애우 졸업생을 고용한다. 발달장애인을 사회의 일원으로 살아내도록 끌어내는 것도 논골이다. 마음의 빗장은 꼬리에 꼬리를 물어 열린다. 논골엔 학교가 5개 있다. 이 학교 학생들도 논골마을의 중요한 일원이다.

문원중학교 상담실에 당구장이 생긴 사연도 흥미롭다. 상담실에 온 아이들이 도무지 입을 열지 않았다. 학교 선생님들과 마을 활동가들이 '어떻게 해야 할까' '아이들이 제일 하고 싶은 게 뭘까'를 얘기하던 중 당구를 생각해냈다. 학생들이 당구장에 드나드는 것도 엄금할 법한 학교 선생님들이 이런 생각을 할 수 있었던 건 마을 사람들과 머리를 맞대었기 때문이었다. 당구 선생은 아빠들이 맡아 한 명

논골에는
온갖 프로그램으로 가득하다.
'떴다 홍반장'에서 목공과 설비를 배우고,
아빠들이 직접 아이들에게 당구도 가르친다.
주민과 학생들이 어울려
멋진 벽화를 그리기도 한다.
ⓒ 논골마을

당 서너 명의 학생에게 당구를 가르쳤다. 당구대 하나에 학생 회원 250명이 몰릴 만큼 인기를 끌었다. 함께 당구를 치다 보니, 아이들은 아빠들에게 별별 얘기를 다하기 시작했다. 아빠들은 자연스레 아이들의 멘토가 되고, 꽉 막힌 세대 간 대화가 당구대 앞에서는 스스럼 없이 열렸다. 이런 교류로 학생들과 가까워진 아빠들은 벼룩시장에서 번 돈을 장학금으로 학교에 내놨다. 마을과 학교가 유기적으로 엮이면서 마을 강사들이 특별 활동 강사로 참여하는 게 당연시되었다. 마을은 마을이고, 학교는 학교, 각각 따로 놀던 마을과 학교가 하나가 되어갔다.

　　성보경영고등학교의 헤어아트와 네일아트 수업을 마을 미용실 언니들이 도와주고 학생들이 현장에서 실습을 하도록 도와주는 상생은 이젠 이 마을에서 너무도 당연한 모습이다. 마음이 열리니 주민들과 학생들이 어울려 자발적으로 온 동네에 멋진 벽화를 그리는 것은 덤이다. 이들이 그리는 벽화도 논골적이다. 논골과 남한산성에서 자라는 야생화들이 벽화로 옮겨진다. 이들이 마을 탐방 프로그램에 참여해 우리 마을엔 어떤 야생화와 나무들이 자라고, 어떤 바위, 어떤 옛집, 어떤 고목들이 있는지 샅샅이 알고 있으니, 담장에도 논골의 색깔을 입힐 수 있다. 떠나고 싶은 논골이 머물고 싶은 고향이 되어간다.

엄마 구실까지 대신하는 만능 도서관

마을 프로그램에 중·고등학생 때부터 참여한 아이들은 재미를 붙여 대학생 봉사자로도 활동한다. 그러면서 이들도 마을 활동가가 된다. 어릴 때부터 함께 모여 캠프나 축제 여행을 기획하고 실행해 보면서 능력을 길러낸 이들은 어디를 가나 인기가 있다. 요즘은 기업들이 참여하는 사회 공헌 프로그램이 늘어나는 추세다. 이들도 취업을 위해 공부만 한 아이들과 달리 공동체 속에서 민주주의를 연습하며 협력하는 법을 배운 이 아이들을 보내달라고 연락해 오기도 한다.

이제 어두침침하고 우범지대가 많던 옛 논골이 아니다. 외관만 변한 것이 아니다. 하루 종일 수많은 사람과 마주쳐도 아무런 상관이 없는 사람들뿐이었던 외딴 섬 같은 사람들이 연결되면서, 수많은 전구에 불이 들어오듯 서로가 서로를 지켜주는 불빛이 되기 시작했다. 예전엔 아이가 집에 조금만 늦어도 부모의 걱정이 이만저만이 아니었지만, 지금은 다르다. 엄마가 도서관에서 기타나 댄스를 배우는 사이 아이는 도서관 혹은 인근에서 친구들과 놀곤 한다. 논골 페이스북 멤버만 3천 명이고, 밴드 가입자도 1천5백 명이다. '우리 아이 혹시 못 보았느냐'고 올리면 곧바로 '문방구 앞에서 사탕 빨아먹고 있다'고 사진이 올라온다. 그러니 아이들이 이 마을 어디를 가도 안심이다.

도서관도 밤 12시까지 문을 열어 돌봄 교실 역할까지 해낸다. 부모가 퇴근이 늦으면 아이는 도서관에서 책을 보다가 잠들기도 한다. 엄마는 회식이 늦어지면 도서관에 전화해 "우리 아이 몇 시까지 데리고 있어달라"고 청한다. 또 다른 아빠는 "우리 아이 준비물 좀 챙겨달라"고 전화하면 도서관의 마을 활동가들이 프린트도 해준다. 도서관엔 사진 인화지까지 갖춰놓아 사진을 출력해야 하는 과제물까지 챙겨준다. 아이는 이곳에서 다른 어른들이 끓인 찌개에 밥을 같이 먹기도 하고, 직원이나 이웃 어른이 시킨 중국 음식이나 치킨이나 피자를 먹으며 엄마가 오기를 기다린다. 도서관 3층까지 모두 바닥 난방을 해놓은 것도 누구나 방처럼 이용할 수 있도록 하기 위함이다. 아이들은 늘 보던 직원들이 곁에 있고, 이웃들이 많은 도서관에서 늦은 시간까지 안심할 수 있다. 도서관이 엄마, 아빠의 부재 시에도 제2, 제3의 집이나 친척집 같은 구실을 하는 셈이다. 간혹 이웃 마을에서 논골도서관을 방문한 싱글이 자기도 결혼해 아이를 낳으면 이 마을에 와 살고 싶다고 할 정도다.

떠나고만 싶던 마을이 떠날 수 없는 마을이 됐다

그러다 보니 논골을 떠나려는 사람이 줄고 들어오고 싶은 대기자가 줄을 서는 이변이 생겼다. 한때 낙후된 빌라의 지하는 대부분 빈집으로 방치됐는데 지금은 그 빈집들까지 채워질 정도다. '논골 엄마' 서윤정 씨는 "방이 둘뿐이라 이제 큰 남매에게 각방을 줘야 해 이사를 고민했지만 우리 가족 모두 이 마을에서 너무 행복해 이제는 떠나려야 떠날 수가 없다"고 말했다.

2부 • 실낙원을 낙원으로 만든 사람들

윤수진 논골작은도서관 관장을 비롯한 마을 활동가들과 함께
하는 주민, 학생들은 돈과 비싼 집과 자동차와 사치품만이 행복을 좌
우한다는 자본주의 이데올로기에 맞서는 혁명가들이다. '가난은 나
라님도 구할 수 없다'는 옛말이 무색하게, 어느 대통령, 어느 도지사
어느 시장도 해내지 못한 일을 해냈기 때문이다. 그들은 가난함에도
자신을 멋지게 구제해내는 중이다.

이 마을 출신 임춘애 선수가 어려운 환경을 딛고 육상 3관왕
을 한 것 이상의 기적을 주민들이 이뤄내고 있다. 가난에서 점차 벗
어나는 발전은 한국인이 이미 보여줬다. 빈부 격차가 극심해지고 차
별과 시기, 질투가 난무해 행복하지 않은 세상을 만들어가는 모습도
보여줬다. 그러나 논골 주민들은 가난함에도, 비좁음에도, 낡았음에
도, 앉은 그 자리에서 아름다움을, 행복의 꽃을 피워내는 중이다. 기
적 이상의 기적이다.

사랑방이 되는
교회

옛말에 '든 자리는 몰라도 난 자리는 안다'고 했다. 동네에 있던 교회가 사라지면 마을 사람들 반응이 어떨까. 소음과 교통 체증이 사라졌다고 시원해할까 아니면 아쉬워할까.

경기도 화성시 봉담읍 동화길 85번지 이원타워빌딩 건물 10층 더불어숲동산교회는 봉담 사람들의 사랑방이 되고 있다. 그 교회가 세운 '페어라이프센터' 때문이다. 10층에 올라가면 입구는 카페인데, 2층 천장까지 책들이 빼곡히 들어찬 도서관이 있다. 2층 다락방들을 비롯한 곳곳의 세미나실을 봐서는 공부방이다. 이곳이 마을 사랑방 페어라이프센터다. 교회 예배당은 이 센터와 연결돼 있는데, 교회 티가 별로 안 난다. 단 5분이면 십자가가 가려지고 강대상이 치워져 마을 사람들이 연극을 하거나 강연을 들을 수 있게 변한다. 애초 이 건물 3층에서 좁게 시작한 교회는 3년 전 10층으로 확장 이전하며 마을 사랑방처럼 꾸몄다.

'공정하고 정의로운 삶'이란 의미를 담은 '페어라이프'란 이름이 사랑방의 지향을 말해준다. 이 카페에서는 공정무역커피와 먹거리를 판매한다. 6개월 과정의 공정무역교실에서는 한 기당 20명 안팎씩 3기를 양성했고 그들이 벌써 공정무역 강사로 활약하기 시작했다. 제3세계 커피 노동자를 착취하고 대부분의 이윤이 중개무역상과 다국적기업에 돌아가는 부당한 무역에 맞서는 공정무역교실은 단지 커피만 생산자와 직접 계약해 판매하는 것에 그치는 것이 아니라 삶의 패러다임을 바꾼다.

이 교실은 이도영 목사의 부인 임영신 씨가 시작했다. 임씨는 녹색연합과 참여연대, 아름다운재단 초기 간사로 활동했다. 이 카페는 아름다운재단에서 출발한 공정무역커피점 아름다운커피와 협약을 맺은 1호점이다. 이곳에서 공정무역교실과 '가치삶마을학교'도 열었다. 이어 화성시와 함께 인근 협성대에서 공정무역국제컨퍼런스를 열었다. 이를 계기로 더불어숲동산교회와 교제하는 화성 시내 4개 교회가 공정무역운동에 동참하는 공정무역교회로 거듭났다. 화성시를 비롯한 경기도 5개 도시도 '공정무역도시'를 선포했다. 조례를 제정해 도시 차원의 공정무역 지원을 본격화하는 경기도 공무원들은 임씨에게 공정무역에 대해 설명을 듣고 있었다.

더불어숲동산교회는 봉담 사람들의 사랑방이다.
그 교회가 세운 '페어라이프센터'는 카페이면서 도서관이고,
2층 다락방과 세미나실은 공부방이 되곤 한다.

공정무역은 이곳에서 일상적 삶으로 파급된다. 마을 사람들은 천연세제나 머그컵 등을 직접 만들 뿐 아니라 도시에서 버려지는 현수막을 수거해 쇼핑백을 만든다. 헌책을 수거·판매해 분쟁 지역에 평화도서관 건립 기금으로 보내고, 크리스마스 직전엔 벼룩시장을 열어 수익금으로 애육원 아이들이 희망하는 옷과 신발 등을 사서 그곳 트리 아래 놓아두는 깜짝 이벤트도 연다.

아이들이 만들어내는 새 화성 지도

마을 사람들은 재료비만 식구 수대로 내고 물김치나 밑반찬을 함께 만들어 가져가기도 한다. 브런치 카페를 해보고 싶은 주민은 가게를 얻기 전에 이곳에서 브런치를 만들어 판매해 반응을 보기도 한다. 가정 형편이 어려운 아이들도 이곳에서 기를 편다. 아이들은 '학교 밖 학교'인 '화성으로 가는 스쿨버스'에 참여해 목장과 도예원 등으로 숨은 고수들을 찾아 인생 강의를 듣고, 실습도 한다. 지역 인물과 새 명소들을 찾아내 새로운 화성 지도를 만들고, 자신의 희망 지도를 그린다. 또 '토요일만의 예술학교'에선 글쓰기, 노래, 춤추기를 배운다. 20여 명의 아이 중 3분의 2는 교회에 나오지 않는 지역 아이들이다. 이 아이들은 1년간 이 과정을 마치고 함께 '네모를 찾아서'란 뮤지컬도 만들었다. 함께 공정 여행에 나서 제주 강정마을도 다녀왔다. 이 아이들이 청계천에서 열린 세월호 국민대회 때 무대에 올라 부른 '기억할게 0416'도 공동으로 작사, 작곡했다. 이 곡은 세월호 유가족들로 구성된 노란리본극단의 연극 〈이웃에 살고 이웃에 죽고〉의 엔딩곡이 됐다.

이도영 목사는 지인들에게 목회를 하려면 서울, 과천이나 안양처럼 여건이 좀 더 나은 곳에서 할 것이지 왜 봉담에서 이러고 있느냐는 핀잔도 듣는다. 그러나 이 목사는 "이런 지역이기에 마을을 살리는 게 더 필요하지 않느냐"고 반문했다. 여건이 어려운 곳일수록, 사람들이 정을 붙이기 쉽지 않은 곳일수록 정을 붙이고 함께할 사랑방이 필요하다는 것이다.

사막처럼 삭막한 마을에 생긴 오아시스 '다락'

경기도 고양시 덕양구 고양동도 봉담 이상의 변방이다. 수도권 지하철 3호선 지축역에서도 마을버스로 15~20분쯤 더 들어가야 해서 이곳 주민들은 어지간한 건 고양동 안에서 해결한다. 고양동엔 3만 3천 명이 살고 초등학교 둘, 중학교 하나, 고등학교 하나가 있다. 그러나 도서관, 청소년 시설 하나 없어서 학교와 학원 외엔 갈 곳이 없다.

그러니 마을 카페 다락마저 없다면 얼마나 삭막할지 상상이 간다. 다락은 초·중·고등학생들이 방과 후에 모여 공부도 하고, 함께 여행을 한 뒤 찍어온 사진을 발표하기도 한다. 이 동네에 묘가 있는 최영 장군에 대한 창작극을 만들기 위해 무용·노래·작곡·전통무예·보컬 팀을 꾸려 연습도 한다. 인근 중부대학교 실용음악과와 만화애

니메이션학과 학생들도 음악과 만화에 관심 있는 아이들을 모아 가르쳐준다. 매주 목요일 '떡볶이데이'엔 봉사자들이 만들어준 떡볶이를 먹으며 공부 스트레스를 푼다. 놀 곳도 갈 곳도 마땅찮은 고양동 아이들에게 다락은 사막의 오아시스 같은 곳이다. 주부들은 주부들대로 반찬 잘 만드는 동네 주부를 중심으로 반찬 만들기 동아리를 꾸리고, 재봉을 잘하는 주부를 강사로 한 소잉 동아리도 꾸렸다. 그렇게 10개 동아리에서 주부들도 서로 배우고 마음을 나눈다.

'고양동 사랑방'을 운영하는 곳은 고양시도, 덕양구도, 고양동 주민자치센터도 아니다. 큰 교회도 아니다. 신자 10~20여 명에 불과해 자립도 못한 조그만 세 교회가 힘을 합쳐 운영한다. 에덴정원교회 정진훈 목사와 생수교회 나기수 목사와 고양벧엘교회 이상연 목사는 지난 2013년 '세겹줄교회연합'을 꾸렸다. '세 겹줄은 끊어지지 않을 것'이란 성경 구절을 딴 것이다. 정진훈 목사는 "큰 교회들처럼 돈이 넉넉하진 않았지만, 세 목사 부부 6명의 인력이 있고, 세 교회 공간이 있으니 이를 활용해서 마을을 위해 뭐든 해보자고 출발했다"고 말했다.

마을 카페 다락과 함께 시작한 게 노인대학이었다. 고양동엔 4년 전까지 노인대학 하나가 없었다. 고양동에서도 교외인 신성빌라 옆에 있는 생수교회에 차려진 노인대학엔 무신론자, 다른 교회 신자, 가톨릭 신자, 불교 신자 등 20명이 일주일에 한 번씩 나온다. 한 학기 등록금은 1만 원. 노인들의 자존감을 위해 받는 돈이다. 생수교

고양동 마을 카페 '다락'은
초·중·고등학생들이 방과 후 모여 공부를 하거나
주부들이 모여 반찬 만들기, 재봉 배우기 등
10여 개 동아리 활동을 한다.
ⓒ 마을 카페 다락

회 안엔 장작이 천장 높이까지 쌓여 있고, 장작이 타는 대형 난로에서 군고구마가 구워진다. 추우면 더욱 몸이 아픈 노인들을 위한 배려다. 교회 옆 빈터엔 토종닭 20여 마리를 나 목사가 기른다. 매주 두 포대씩 사료를 사기에도 벅찰 만큼 교회 재정이 어렵지만, 난로에 구운 계란을 좋아하는 노인들을 위해선 닭이라도 기르지 않을 수 없다. 이곳에 나오는 노인 중엔 봉고에 타는 것마저 힘겨워할 만큼 몸 상태가 안 좋은 이도 있다. 탁자를 놓고도 부축해야 겨우 차에 오르는 노인은 "다 죽은 송장을 뭐 하러 데리러 오느냐"고 하소연 아닌 하소연을 하면서도 고마워한다. 고양동에도 노인대학이 4개나 생겼고, 큰 교회 노인대학에서는 불고기를 퍼주기도 한다지만, 노인들은 이곳을 고집한다. 거동이 불편한 한 노인은 이곳에 와 노래를 부르며 율동을 하다 보면 안 올라가던 손이 올라간다며 신기하다고 말한다. 노인들은 이곳에서 비누도 만들고, 웃음 치료도 하고, 건강 강좌도 듣는다. 12월 들어 방학을 했는데도 '내년 3월까지 어떻게 기다리느냐'고 하는 통에 한글 서예 등의 프로그램을 운영한다. 사실상 연중무휴 노인대학이 된 셈이다. 나 목사가 말했다.

"이래도 이분들이 우리 교회에 오는 것도 아니에요. 힘도 들지요. 하지만 정이 고픈 노인들을 보면서 대가 없이 행하는 이 일이야말로 예수님의 일이라는 생각이 들어요. 혼자였으면 진작 그만뒀을 텐데 '세 겹줄'로 함께하니 계속할 수 있었지요."

우리에게 필요한 건 대화하고 소통할 수 있는 관계망이었다

세겹줄교회연합이 또 심혈을 기울인 게 '행복한 고양동 만들기'였다. 일산이나 행신, 원당에 비해 인력 인프라가 부족함에도 재주가 있는 이들을 발굴해 악기와 공예 등 동아리를 만들었다. 10개의 동아리가 꾸려져 한 해에 연 인원 1천여 명이 함께했다. 기타 동아리를 이끄는 이상연 목사가 말했다.

"처음엔 사람들이 한두 달 하다 말겠지 했는데 그게 아니었어요. 기타를 계기로 모이긴 하지만 사람들은 함께 대화하고 마음을 나누는 관계망을 원했어요."

동아리 활동을 하다가 고양동의 대표적인 시민 단체인 '건학연(건강한학교환경학부모연대)'이 탄생했다. 고양동 주민들은 도와 시가 배려는 뒷전이고 서울시와 고양 시내에 들어가기 어려운 기피시설만 보내려 한다고 분노한다. 그런데도 이에 대응할 변변한 조직 하나 없었지만 건학연이 생기면서 동물화장장과 동물건조장, 레미콘공단도 막아냈다. 대신 숙원 사업인 도서관은 유치했다. 건학연이 늘 모이는 곳도 다락이다.

다락은 고양동 청소년과 사람들이 모여들면서 40여 평인 공간을 두 배로 늘렸다. 세겹줄교회연합의 힘으로는 임대료와 난방비, 관리비까지 월 200만 원도 마련하기 어려워 시와 교육청 프로그램 운영비 등으로 겨우 유지해왔다. 확장하면 보증금 4,500만 원에 월 400~450만 원을 감당해야 하니 부담이 적지 않았다. 그런데 예상하지 못한 학부모들이 한 구좌당 5만 원인 출자금을 십시일반 내고, 바자회까지 참여해 사랑방을 넓혔다. 대부분 살림이 빠듯한 이들이지만 다락이 없어서는 안 될 뿐 아니라 더욱 커져야 한다는 데 십분 공감한 덕이었다.

2. 혁명이 시작된 변방

느린 사람의 속도로
맞추어 사는 곳

사람이 많고, 인프라가 잘 갖춰져 있고, 돈이 넘치고, 힘이 있는 지역이 아니라 소외된 궁촌에서 변혁의 싹이 태동한다. 스스로 살아가기에도 버거운 변방 사람들이 변화의 단초가 되는 게 역사의 아이러니다. 부패와 차별을 타파하고 새로운 세상을 열고자 했던 개벽 사상가이자 동학혁명의 최고 지도자인 해월 최시형은 관군에 쫓겨 무려 36년간 산골로만 도망 다니다 참형을 당했다. 언제 잡혀 죽을지 모르는 상황에서도 그는 생명 살림의 태두답게 가는 곳마다 과일나무를 심었다. 누군가 열매를 따 먹을 수 있도록 하는 마음에서다. 이런 선지자들은 우리 시대에도 있다.

오두막공동체는 위치만 변방이 아니라 구성원들도 변방인이다. 경남 합천군 쌍백면 하신리 형제봉 아래 2킬로미터의 좁은 골짜기에 들어서면, 다랑논과 밭, 야산과 계곡 틈틈이 '오두막'이 한 채씩 있다. 그 오두막엔 교도소 출소자와 알코올중독자, 지적장애인, 그들의 보호자 등 30여 명이 살고 있다. 장애인만 살아가는 곳이라면 사회복지시설로 지정돼 정부 지원을 받겠지만, 이곳은 어떤 예산도 지원받지 않은 채 자발적으로 살아간다. 공동체에서 살고 싶거나 귀촌하고 싶은 이들도 먹고사는 문제부터 걱정하게 마련이다. 하지만 경제적으로 무력한 사람들이 많은 이곳에서 사람들은 정부 지원에도, 큰 교회나 부자 후원자에 의존하지도 않은 채 살아가고 있다.

느린 사람의 속도에 맞춰 산다

오두막공동체는 개신교 이재영 장로와 최영희 권사 부부가 세운 곳이다. 이들이 돈이 있어서 공동체를 세운 게 아니다. 예나 지금이나 가진 게 없다. 그러다 보니 형제들과 장성한 네 자녀의 도움을 많이 받았다. 그런데도 돈벌이와 고효율에 목매지 않는다. 우선 이들이 할 수 있는 건 적게 쓰는 것이다. 고효율에 매달려봤자 이들 부부와 일부를 빼고는 효율성 높게 일을 해낼 사람도 많지 않다. 제 한 몸건사하기도 버거운 이들이 다수다. 이곳에선 농사일을 할 때도, 집을 지을 때도 성급은 금물이다. '가장 느린 사람'의 속도에 맞추는 게 오두막 방식이다.

오두막골을 중간쯤 오르다 보면 매일 아침 7시 20분 예배를 보는 '화해와 일치의 집'이 있다. 오두막 식구들은 50평의 이 황토 너와집을 짓는 데 7년이 걸렸다. 1년이면 충분히 지을 법한 집이지만 이곳에선 가장 느린 사람의 속도와 눈높이에 맞춰 짓다 보니 그렇게 됐다. 그것만이 미덕은 아니다. 최소한 2억 원을 들여야 짓는 이 집을 이들은 2천만 원에 지어냈다. 대부분의 건축 자재는 주워오거나 얻어 왔다. 이렇게 느리게 느리게 돈을 들이지 않고 지었다.

하신리마을에 짓는 행정관 2층 건물도 돈 안 들이기는 마찬가지였다. 행정관 내 식당은 바닥 타일 문양이 제각각이다. 타일을 이곳저곳에서 주워 모으다 보니 그렇게 된 것이다. 그런데 그 모자이크가 더 멋스럽다. 이재영 장로가 말한다.

"깨진 유리조각 한 주먹으로 모자이크를 만들면 훌륭한 작품이 돼요. 거기서 유리 파편 한두 개를 빼내면 작품이 망가져버리지요. 함께 어우러지는 데는 쓸모없는 파편이 없어요. 세상 사람들은 무능하고 병들고 장애가 있으면 유능한 사람들이 던져주는 부스러기나 받아먹는 존재로 여겨 비참하게 만들어버리지만요. 그러나 어떤 조각, 어떤 사람도 빼내지 않고 내치지 않고 조화롭게 하나가 되는 게 '그리스도의 몸'이겠지요."

깨진 유리 조각도 어우러지면 멋진 모자이크가 된다
사회에서 골칫덩어리로 취급될 수 있는 이들이 이곳에선 버림

가장 느린 사람의 속도와
눈높이에 맞춰 지은 카페.
주변에서 쉽게 구할 수 있는
황토와 너와를 활용해 지었다.

받지도 않고, 왕따를 당하지도 않고 어울려 살아간다. 6년 전 이곳에 온 용기 씨도 장애가 있지만 이곳에서 비슷한 장애를 지닌 아내를 만나 결혼해 알콩달콩 살고 있다. 경계성기능장애를 지닌 아들과 함께 들어온 화가가 운영하는 산골 카페엔 옹달샘 같은 그림들이 영혼의 갈증을 적셔준다. 그 카페 한켠에선 '독수리 5형제'라고 불리는 심신 미약 청년 5명이 '주말엔 영화를 보러 갈까, 대중목욕탕에 갈까, 등산을 갈까'를 자못 심각하게 논의 중이다.

카페 옆엔 의사 선생님의 거처가 있다. 뇌에 이상이 생겨 자살할 곳을 찾아다니다 이곳에 정착한 중년 의사 선생님도 오두막이 아니면 이미 이 세상 사람이 아니었을지 모른다. 최영희 권사는 말한다.

"여러 명이 사는 데 왜 속 뒤집어지는 일이 없겠어요. 그럴 때마다 장로님(남편)이 '죽이고 싶도록 미운 사람이 바로 예수님이다. 사람들이 미워하며 십자가에 못 박아 죽인 게 예수님 아니냐'고 하는 바람에 어떤 짓을 해도 미워할 수 없어 참고 참다 보니, 우리 식구들이 자신도 모르게 내공이 생긴 것을 느껴요."

저녁 식사는 공동체원들이 번갈아가며 준비한다. 예상했던 것 이상으로 저녁 식사가 맛있다. 특히 계란프라이가 별미다. 밖에선 조류독감이 한창이라도 오두막 사람들처럼 자연과 벗하며 자란 닭들이 낳은 계란은 안전하다. 이 장로는 "밀식 사육하는 닭이 병들듯 좁은 구조 안에서 부대끼며 살아가면 병이 나게 되어 있다. 우리 공동체 식구들이 서울에서 산다면 정상 생활이 가능하겠는가"라고 되묻는다. 한 사람, 한 사람 관리하기 위해 교도소와 정신병동에 예산을 수천만 원씩 들이지만 돈은 돈대로 써도 사람을 사람답게 살게 할 수 있겠느냐는 것이다.

구조를 바꾸면 병든 이들이 구제된다

오두막공동체는 애초 1983년 부산의 달동네에서 시작됐다. 출판사를 하던 이 장로가 교도소에 보낸 전도지를 보고 온 출소자들을 돌보면서 자연스럽게 출소자 공동체가 되었다. 이 장로는 말썽 많은 그들을 돌보며 '언젠가는 변하겠지' 했지만 그들은 1년이 가고, 3년이 가고, 5년이 가도 변하지 않았다. 10년이 지나도 마찬가지였다. 그는 11년 전 공동체 식구들을 데리고 이곳까지 들어왔다. 그토록 변하지 않던 사람들이 자연에서 다른 부류의 사람들과 지내면서 달라지기 시작했다. 서로의 문제점이 상쇄되고 보완돼 말썽이 줄어들었다. 그는 "인간다운 삶을 위해서는 '구조'가 얼마나 중요한지 여기에 와 깨달았다"고 한다.

"자연 같은 공간 구조가 중요해요. 내적인 구조도 중요하지요. 그 구조가 옛날엔 단순한 삶이었어요. 문명화라는 이름으로 기계화하면서 도시 삶은 기계처럼 복잡해졌잖아요. 그러니 긴장감이 생길 수밖에 없지요. 그 기준에 못 맞추는 사람은 처질 수밖에 없고, 낙오자나 비정상인이란 수식어가 붙어요. 그런 구조에선 상대적으로 약한 사람은 정신질환자가 되어가요. 그들을 정신병원이나 교도소에 가둔다고 문제가 해결되나요? 관리 비용도 엄청나겠지만 문제를 회피해 더 고질화시킬 뿐이지요. 만약 그들을 대자연 속에 풀어놓고 모든 규제를 없애 이완시키면 달라집니다. '싸우지만 말고 네 멋대로 살아라'는 한 가지 규칙만 정해놓고 풀어놓으면 돼요. 일하고 싶으면 일하고, 자고 싶으면 자고, 먹고 싶으면 먹고, 눕고 싶으면 누우라고 하면 돼요. 비정상인이라던 사람도 이곳에선 살아가는 데 문제가 없어요. 일반인에 비해 10퍼센트, 20퍼센트밖에 능력이 없으면 쓸모없이 취급해버리지만 이곳에선 그 10퍼센트, 20퍼센트를 쓸 수 있는 장을 만들어주어 그들의 속도로 일하게 해주죠. 지금 세상에선 문화도, 종교도 모두 상위 30프로의 능력자들 눈높이에만 맞춰요. 하위 70퍼센트는 언어능력, 지각 능력도 떨어져 알아듣지도 못하고 혜택도 받지 못하고 맹목적으로 종속되어 따라갈 뿐이지요. 따라가려고 애써보지만 안 되니 고통스러울 수밖에요. 못 올라온다고 비난하고 내치기보다는 그들의 수준으로 내려가 하나 되어 살아가는 방법을 찾아야 하는데, 자본주의라는 게 어디 그런가요. 형편이 나은 사람들이 70퍼센트의 사람들 곁으로 내려가지 않으면 안 돼요. 가축도 방목을 하면 건강해져요. 규제 없이 편하게 살아가면 하나씩 제 자리

를 찾아갑니다. 불필요한 긴장이 사라지기 때문이지요. 안전거리
는 동물도 지키잖아요. 사슴이 사자를 본다고 무조건 도망가는 게
아니에요. 안전거리 안에 들어와야 도망치지요. 도시는 그런 안전
거리를 없애버려요. 그러니 긴장 속에서 이상해지는 거지요."

이 장로는 도시 교회들이 에녹성, 즉 자기만의 아성을 구축하
지 말고 많은 이가 출애굽하여 시골 교회로, 농촌과 자연으로 가도록
돕고, 자기들은 플랫폼 구실만 하면 좋겠다고 한다. 그는 이제 사람
을 억지로 변화시키려고도 하지 않는다. 알코올중독자가 정 술을 먹
고 싶어 하면 먹으라고 내버려둔다. 억지로 바꾸려 하면 강제성이 사
라진 후 원래로 돌아가는 것을 수없이 보아온 까닭이다. 예배당 앞엔
'이 모습 이대로 함께 성전을 이루는 삶'이라고 쓰여 있다.

대안적인 삶을
실천하다

경남 산청군 신안면 갈전리에 '민들레공동체'가 있다. 우리말로는 칡 밭인 '갈전'이란 이름이 말해주듯 예전엔 칡덩굴이 우거졌을 법한 골 짜기다. 공동체 구성원들은 비인가 대안학교인 민들레학교 중·고 등학교 과정생 43명과 교사 7명, 교사 네다섯 가정으로 이뤄져 있다. 농촌 지역 공동체는 대안학교를 중심으로 자리 잡는 경우가 적지 않 다. 농산물만 팔아서는 생계를 해결하기가 쉽지 않으니, 대안학교를 만들어 공동체를 꾸린다. 그러나 공교육 기관들이 대안학교를 모방 해 혁신학교를 만들면서 학생 모집에도 어려움이 생겼다. 대안학교 들도 명문대학 입시를 위주로 해 또 하나의 특목고 같은 '무늬만 대 안학교'도 적지 않다.

그런 상황에서 민들레학교는 그야말로 철저하게 대안 교육에 집중한다. 민들레학교 학생들은 민들레공동체의 일원으로서 대안적인 삶을 실천해야 한다. 매년 가을이면 4일간 '민들레공동체 에너지 자립 기간'이 있는데, 이들의 치열한 삶을 엿볼 수 있다. 이때는 전기와 가스, 수도도 끊고 외부에서 먹거리조차 차단한다. 고립무원의 상황에서 살아낸다. 전기가 차단되니, 산에서 땔감을 주워 흙 스토브나 태양열 조리기로 밥을 하고 음식을 조리한다. 자전거 발전기를 돌려 전기를 만드는 것쯤은 이곳 아이들한테는 기본이다. 수돗물도 없으니 계곡물을 떠와 아이들이 만든 정수기로 정수해 사용한다. 심지어 라이터나 성냥조차 쓰지 않아 돌을 부딪히거나 돋보기로 태양열을 가열시켜 불을 만들어낸다. 외부 부식도 반입이 중단되니, 밭에서 이미 서리가 앉은 배추들을 솎아오고, 계곡에서 물고기를 잡아와서 국을 끓인다. 이 과정에서 평소에는 생각지도 못했던 기상천외한 아이디어가 동원된다. 어떤 아이들은 뱀과 개구리를 잡아와 조리해 먹기도 한다. 그야말로 겨울 산에 고립되어 목숨을 부지했던 빨치산의 삶을 재현해보는 것이다. 아이들에게 이 과정은 에너지가 어떻게 만들어지고, 어떻게 삶에서 활용되는지 화학·생물·과학의 원리를 탐구하고 정리하는 과학집중학습 기간이기도 하다.

관념적 지식이 아니라 삶의 기술을 터득한다

이런 생존력이 하루아침에 길러진 것은 아니다. 민들레학교 아이들은 오전 수업 뒤 오후엔 주로 '현장'에서 공부한다. 밭농사 3천 평, 논농사 2천 평에 농사를 짓고, 양계장, 양돈장, 양봉 50상자 등을 아이들이 교사들과 함께 돌본다. 대안기술센터에서는 자전거 발전기 등으로 에너지나 새로운 농기계·시설을 만들고 고치는 방법을 배운다. 센터 안엔 제빵실, 자기 옷 정도는 만들어서 입을 수 있는 양재실까지 있다. 아이들은 농사부, 양재부, 대안기술부, 건축부, 목공예부 중에서 선택해 '삶의 기술'을 배운다. 인근 지역민이나 학부모를 대상으로 장터도 여는데, 이때 내놓은 옷도 직접 만들고 농산물도 직접 키운 것들이다.

휴대전화나 개인 노트북까지 사무실 서랍 속에 넣어두고 살아가는 민들레학교 아이들. 그러면서 강도 높은 노동을 해내는 아이들은 태생부터 그랬을 리 없다. 이곳에서는 매년 4월 고3만 빼놓고 중·고등 5학년생과 교사 모두가 10일간의 국토 순례에 참여한다. 처음 참가하는 아이는 무거운 배낭을 메고 온종일 걷다 보면 게거품을 물기 십상이다. "더는 못가겠다"고 드러눕기도 하고, 교사와 부모에게 악에 받쳐 욕을 퍼붓기도 한다. 그러면 교사나 도우미들이 뒤처진 그를 곁에서 지켜준다. 그러나 배낭을 대신 들어주지도, 포기하도록 내버려두지도 않는다. 그렇게 울면서 일행을 뒤따르던 아이는 삼사 일이 지나 근력이 생기고, 골인 지점이 가까워질수록 조금씩 자신감을 갖는다. 이들이 행군을 마치고 민들레학교에 돌아오면 환영 문구가 적힌 대형 펼침막이 기다린다. 성대한 잔치까지 베풀어 스스로

민들레학교 학생들은
대안적인 삶을 실천하며 살아간다.
자전거 발전기를 돌려 전기를 만들고,
밭농사와 논농사는 물론
양계장, 양돈장, 양봉 일도 척척 해낸다.

힘으로 해낸 성취를 적극 고무, 찬양해주면 입이 대자나 나와 있던 아이도 자신감으로 볼이 터질 듯해진다.

대학 갈 생각, 부자 될 생각 말고 가난하게 살아라

민들레학교 김인수 교장은 지난 2007년 이 학교를 열 때부터 입학생에게 "대학 갈 생각도, 부자로 살 생각도 말라"고 했다. 한국에서 어느 부모인들 자식이 명문 대학 가고 부자 되길 바라지 않을까. 그런데도 부모 복장을 뒤집는 말을 하는 데 서슴없다. 그는 평소 외부 강연에서도 늘 세 가지를 강조한다. 첫째, 도시에 있지 말고 농촌에 와라. 흙속에서 살아야 사람 된다. 둘째, 자식 대학 보내려고 하지 마라, 대학 가봐야 별 볼일 없다. 셋째, 취직 당하지 마라. 교육은 직업에 목매는 게 아니라 스스로 자립해서 직업을 만들어내는 사람을 키운다. 그는 세 아이 중 첫째, 셋째 아이를 초등학교만 졸업시켰다. 그래도 두 아들은 스스로 공부해 자기 삶을 개척했다. 둘째 딸은 고등학교를 졸업하자 민들레공동체가 돕는 히말라야 지역의 대학으로 보냈다. 학비가 국내 대학의 10분의 1밖에 안 되는 곳이다. 히말라야에서 공부한 딸은 민들레학교 교사로 함께하고 있다. 정규학교는 초등학교만 다녔던 막내아들도 독학해 민들레학교 교사로 있다.

김 교장 자신도 가난을 선택했다. 대학 때 고신교단의 선교 단체에서 활동한 김 교장은 대학 졸업 뒤 10여 년간 지리산 일대에 교회조차 없는 가난한 곳만 찾아다니며 살았다. 그는 오지 빈촌의 폐가를 구해 고쳐 살며 마을 이웃에게 전공을 살려 유기 농법을 가르치며, 교회를 개척했다. 부인 원근숙 씨와 동역자들과 함께 가난한 마을 무려 20여 곳에서 교회를 개척했다. 부인 원씨의 거창고등학교 은사인 도재원 선생은 "성공이란 자신의 삶을 어디에 바치느냐에 달린 것"이라고 말했다. 사업해 돈 많이 벌고, 출세하고, 유명해졌다고 해도 '정의와 자유, 평등, 사랑'을 건설하는 데 일익을 담당하는 삶을 살지 않았다면 결코 성공한 삶이 아니라는 것이다.

진수성찬 받은 친구 앞에서 온종일 굶어보니

스승의 말은 김 교장 부부에게 교육의 모토가 됐다. 이를 실현하기 위한 교육은 해외이동학습에서 더 선명하다. 중학교 2학년 학생은 매년 8~10월 3개월간 인도와 네팔, 캄보디아 등에서 이동학습을 한다. 민들레공동체원이 10여 년 전부터 파견돼 농촌 살리기에 나선 지역들은 하나같이 오지에 있다. 인도 실리구리에 들어갈 때는 홍수로 길이 끊겨 애를 먹었다. 아이들은 오지 마을에서 장애인에게 봉사도 하고, 가난한 친구의 집에서 홈스테이를 하면서 친구들을 사귄다. 해외 학습의 대미는 기아체험이다. 직접 24시간 동안 굶으면서 먹을 것이 없어 굶을 수밖에 없는 친구들의 처지가 되어본다. 그 후에 추첨을 해서 친구들끼리 정반대 처지가 되어본다. 어떤 아이는 진수성찬을 받고, 어떤 아이는 500리터 생수 하나로 하루를 더 버틴다. 이를 통해 자신이 선택하지 않았음에도 가난한 집에서 태어나 생활하는 힘겨운 삶을 간접 체험한다. 그 경험 후 여러 아이가 "내가 굶주린 아이들과 바뀌 태어났을 수도 있었다"면서 "가난한 아이들을 도우면 서 살고 싶다"고 말했다.

고2의 여행지는 미국이다. 그들은 미국에서 제3세계의 삶을 개선하는 적정 기술과 창의력 캠프에 참석하고, 브루더호프나 아미 쉬, 후터라이트 등의 공동체를 방문한다. 이들이 고3이 되면 한우 사육, 목조 건축 등 자기만의 전문 분야를 정해 직접 일해보고 연구해 대학 졸업반 못지않은 논문을 써낸다. 책상물림이 아니라 삶의 기술을 터득한 전공에 대해서 말이다. 고3 아이들은 3개월간 전공과 관련된 일터에 인턴십을 가는데, 부지런하고, 인간관계도 원만한 데다 무엇보다 문제해결 능력이 뛰어난 민들레 아이들을 본 일터에서는 "대학 안 나와도 좋으니, 우리 회사로 보내달라"는 청을 학교에 보내오기도 한다.

아이를 좁은 울타리에 가두지 말라

독특한 교육철학으로 이 학교를 이끄는 김 교장은 전형적인 책상물림처럼 허약하게 보인다. 그러나 그는 논밭에서 일할 때 가장 행복하다. 그는 "노동을 하다 보면 깊은 기도를 할 때처럼 마음이 고요해진다"고 했다. 학생 중 가끔 문제를 일으키는 아이는 인근 다른 공동체로 귀양을 보내 '다른 삶'을 경험하게도 하지만, 김 교장은 그런 골칫덩이를 자기 옆에 두고 온종일 함께 일하기를 좋아한다. 그 이유를 이렇게 말한다.

> "골치를 썩이는 아이는 친구들에 비해 관심을 덜 받아 심통이 나
> 서 문제를 일으킬 때가 많아요. 그런데 교장 선생님이 자기와 온
> 종일 함께하며 같은 일을 하고, 자기도 뭔가 눈에 보이는 일을 해
> 내고 이에 대해 칭찬을 들으면 자세가 확연히 달라져요. 신앙의
> 잣대로 아이들을 옥죄는 건 좋지 않아요. 아이들이 욕구를 분출하
> 기도 하고, 본성을 스스로 다스리는 법을 터득하게 해주어야지요.
> 그렇지 않고 신앙적으로만 해결하려다 보면 욕구를 분출해본 적
> 도 없던 아이는 위선적이고 이중적이 되기 십상이거든요. 좁은 울
> 타리에 아이들을 가두지 말아야 합니다. 10미터씩 훨훨 날아다녀
> 도 부족한 닭을 양계장의 비좁은 케이지에 가두면 화가 나서 독을
> 품고 병들 듯 아이들도 마찬가지예요. 작은 울타리에 가두려 들지
> 말고 울타리를 크게 해주는 게 좋아요."

민들레공동체의 돈사와 양계장도 다른 농장과는 비교할 수 없
이 넓다. 아이들은 운동장에서 활개를 치며 뛰어논다. 넓게 사는 아
이들의 호연지기는 남다를 수밖에 없다. 이곳에서도 주일이면 식당
겸 강당에서 예배를 본다. 신학대학원을 마친 전도사이기도 한 김 교
장이 예배를 인도한다. 이곳에서는 예배당이 따로 없다. 삶을 살아가
는 터전과 하늘과 땅, 즉 사랑과 나눔이 있는 삶의 현장은 모두 이들

에게 교회다. 이들은 식사 때마다 노래 한 소절을 함께 부른다. 바벨탑 위에 신이 있는 게 아니라 사랑하고 나누는 사람들 속에 있다는 것을 식사 때마다 되새기는 노래다.

"사랑의 나눔 있는 곳에 하나님께서 계시도다~."

무소유,
산 위의 삶

박기호 신부는 산 위의 마을을 찾기까지 수많은 땅을 보러 다녔다. 그래서 찾은 곳이 충북 단양군 가곡면 보발리 소백산 기슭 이 마을 이었다. 남한강을 굽이굽이 돌아 소백산 보발리마을에서도 골짜기 로 한참 올라가야 나오는 하늘 아래 첫 동네인데, 개발 가능성이 전 혀 없어 보여 이곳을 택했다. 해발 500미터에 있어 멀리까지 시원히 보이는 산 위의 마을에서는 소백산 영봉들의 원경이 그만이다. 마을 주위엔 산딸기와 오디 등 자연의 먹거리가 지천에 널려 있다. 밭일하 던 어른들이 괭이와 삽을 들고 돌아오면 구유 안에서 풀을 먹던 앙증 맞은 아기 염소 두 마리가 소리쳐 반긴다. 한옥 앞마당에선 아이들이 재잘대며 '무궁화 꽃이 피었습니다' 놀이를 하고, 해가 넘어가면 어둠 사이로 수많은 별들이 수줍게 고개를 내밀기 시작한다.

마을 사람들은 방금 따온 산채를 듬뿍 넣은 비빔밥으로 저녁을 먹은 뒤 뱃속까지 시원케 하는 산 공기를 마시며 산책하고는 다락방 성당에 모인다. 이들이 부르는 성가가 산골짜기를 더욱 침묵에 젖게 한다. 고요한 기도가 시작된다.

"하루 일과 중 누군가의 마음을 상하게 한 적이 없는지 반성합니다. 저로 인해 상처 받은 그의 마음을 어루만져 주소서."

기도 시간이 끝나면 마을은 침묵에 잠기고, 가끔 들려오는 산짐승 울음소리가 적막을 더욱 실감하게 한다. 산 위의 마을은 수도의 마음이 이는 수도 공동체다. 가톨릭을 지탱하는 건 성당이 아니라 수도원 공동체다. 세계 어느 곳에나 자립해서 살아가는 수도원들이 있다. 그 수도원들의 절대 다수가 수도자들만의 공동체다. 평신도는 피정이나 하지 함께 살 수는 없다. 그런데 산 위의 마을은 일반인이 수도원 같은 삶을 살아갈 수 있는 공동체다. 평신도가 사제나 수도자와 함께 살아가는 선구자적인 공동체다.

산 위의 마을은 박기호 신부가 1998년 동료 신부·수사들과 함께 설립한 예수살이공동체를 모태로 탄생했다. 이들은 훈련 프로그램을 통해 영성과 사회의식을 함께 지닌 청년을 양성한다. 이들이 마침내 2004년 단양 소백산 일대에 밭 1만 2천 평을 구입해 입촌을 시

박기호 신부가 다락방 성당에서 미사를 드리고 있다.
산 위의 마을은 일반인이 수도원 같은 삶을 살아갈 수 있는 공동체로
1998년 동료 신부, 수사들과 함께 설립했다.

작했다. 공동체 입촌자들은 자신의 재산을 가난한 사람들에게 나누어주거나 공동체에 내고 들어온다. 무소유와 자급자족의 삶을 추구하는 이들은 생태 유기농업으로 더덕, 고추, 콩 농사를 짓고 장과 메주와 고추장도 담가 먹고 남은 것은 도시 성당에 판매한다.

소비문화로부터 해방, 소유욕으로부터 자유

예수살이공동체는 2018년 창립 20돌이 되었다. 지금까지 무소유와 가난한 삶을 위해 노력하겠다고 다짐하고 함께한 정회원은 87명이다. 공동체에서 교육을 받은 후 1년 이상 활동한 회원들이다. 정회원은 서원식에서 계획적 소비를 위해 가계부를 일상화하고, 체크카드와 신용카드 사용 비율을 8대 2로 하고, 상대가 말할 때 온전히 집중해 들으며 대화한다는 등의 다짐을 한다. 이 예수살이공동체가 산 위의 마을의 모태다.

산 위의 마을은 우리끼리 모여서 즐겁게 잘 살아보자는 게 아니다. 우리가 모르는 가운데 현대인의 삶을 뿌리째 조종하는 소비문화에서 벗어나 참 행복을 찾아 살아보자는 곳이다. 박 신부는 말한다.

"퇴직금이나 연금을 받아 귀촌해서 차로 여기저기 찾아다니며 주말이면 친구들을 불러 바비큐 파티를 즐기고 행정관청에서 지원하는 게 없는지 관심이 많은 게 요즘 귀촌자들의 특성이에요. 돈이라면 도시가 많지요. 시골에 와서까지 로또를 긁어서는 안 되겠지요. 도시적 삶을 농촌에 와서도 계속하겠다면 도시의 불행한 삶을 농촌에까지 연장할 뿐입니다. 귀촌은 단순히 이사하는 게 아니에요. 세계관과 가치관을 바꾸는 거예요. 지금까지 도시의 경쟁 관계 속에서 검투사처럼 살 수밖에 없었지만 이제는 자연과 사람과 노동을 경외하고 관계를 존중하는 마음을 갖고 살겠다는 것, 자발적 가난의 삶을 선택하는 것이지요."

예수살이공동체 회원들은 소비문화에 저항하는 '오프 운동'을 한다. 편리함을 끊어버리는 일상의 수행을 하는 것이다. 가령 '쇼핑 오프'는 쇼핑을 안 하는 것이다. 텔레비전 오프, 액세서리 오프, 메이크업 오프, 신용카드 오프, 승용차 오프, 휴대전화 오프도 있다. 텔레비전을 없애버리는 100퍼센트 오프도 있지만, 5개의 신용카드를 하나로 줄이기도 하고, 승용차 대신 대중교통을 이용하기도 하고, 소형차나 경차로 바꾸는 것으로 동조하기도 한다. 최소 한두 가지 이상은 실천한다. 가장 잘 되는 오프 운동은 텔레비전과 쇼핑 오프이고, 가장 안 되는 것이 휴대전화 오프다.

산 위의 마을 생활은 오프 노력을 공동 생활의 목표로 삼는다. 아예 돈이 필요 없는 생활 시스템을 만들어 소유욕에서 자유로워지자는 뜻이다. 텔레비전도, 승용차도 없기 때문에 굳이 오프를 위해 애쓸 필요도 없는 마을을 만드는 것이다.

도시 삶에 대한 회의 끝에 선택한 산 위의 삶

공동체에 머물러본 뒤 함께 살기를 서원하면 입촌식을 한다. 이때 사제와 입촌자는 이런 문답을 주고받는다.

"우리는 여러분이 살아온 과거의 생애와 역사를 존중합니다. 그러나 현재의 당신을 만들어낸 과거의 생활 습관과 대인관계와 욕구의 성향 중에는 공동체의 영성에 어울릴 수 없는 결함이 있고, 그것들은 공동체로 살아가는 데 큰 걸림돌이 될 수 있음을 알고 있습니까?"

"예, 알고 있습니다. 우리는 공동체와 더불어 새롭게 살아가고자 회개했고, 복음 정신을 따라 살기로 결심했습니다. 저를 부르신 주님의 은총으로 복음적이지 못한 가치관과 부정적 악습을 단호히 끊어버리겠습니다."

입촌자는 이렇게 서원한 뒤 성당 밖에 나가 모든 이의 찬양 속에서 낡은 옷을 벗어 태우는 의식을 행한다.

욕망과 소유욕과 소비문화에 정면으로 맞서니 이에 깊게 중독된 현대인으로서는 결코 쉬운 일이 아니다. 애초 그런 뜻에 공감해 살다가도 결국 세속으로 다시 나간 이들도 적지 않았다. 김정훈 씨는 10년 넘게 직장 생활을 하던 도시 삶을 접고 들어온 지 7년차다. 그는 '이렇게 사는 게 무슨 의미가 있을까'라고 끝없이 회의하며 마지 못해 살아가기보다는 부를 쌓지는 못하더라도 단순하고 소박하게 기도하며, 가족, 이웃과 함께 살아가는 공동체를 택했다.

어른도 쉽지 않은 산골살이를 하는 아이들은 어떨까. 산 위의 마을에서 초등학교에 다니는 아이들은 보발리 보발분교까지 1.5킬로미터를 걸어가야 한다. 그곳까지 가봐야 학교에도 산 위의 마을 아이들뿐이다. 학교에서 돌아와봐야 집엔 텔레비전도 없다. 휴대전화나 게임도 할 수 없다. 요즘 아이들로선 공포스러운 환경이다. 그런데 이곳엔 고등학교 2학년, 초등학교 2학년 남매가 유학까지 와 있다. 이들은 도시의 부모와 떨어져 공동체와 자연의 품속에 안겨 자란다.

닭 모이 주고 산과 들로 쏘다니느라 심심할 새 없는 아이들

초등학교 4학년 다예와 다섯 살 대철이 아빠 김정훈 씨는 "도시에서는 부모가 너무 바빠 아이들이 부모 얼굴을 볼 기회가 별로 없지만, 이곳에선 반대로 아이들 얼굴 보기가 힘들다"며 말한다.

"도시 아이들은 또래가 많아도 같이 놀 시간과 공간도 별로 없는데 이곳에선 한둘만 있어도 같이 쏘다니며 놀기 바빠요. 또래가 없을 때도 소와 양과 닭이 있으니 함께 놀고, 보통의 가정집과는 비교할 수 없게 책이 많은 도서관에서 책을 보기도 하지요. 마을 어딘가에서 놀고 있기 때문에 굳이 찾지는 않아요. 여기선 아이들 얼굴 보기가 어려워요. 그만큼 아이들끼리 재미있게 놀지요. 도시

사람들은 이곳 아이들이 심심해서 못 견뎌할 것 같다고 생각하지만 그렇지 않아요. 비교 대상이 많은 도시 아이들은 혼자 있는 것을 잘 견디지 못하지만, 비교 대상이 없으면 오히려 주어진 삶에서 재밋거리를 찾아 잘 노는 거 같아요. 어른은 늘 비교하면서 불만도 생기고, 괴로워하고 부러워하지만 아이들은 훨씬 그게 덜하고 잘 적응하며 놀아요."

이곳에서는 아이도 학교에서 돌아오면 소여물과 닭 모이를 주고, 계란도 거둬들인다. 토요일엔 어른과 함께 밭일 하는 것을 당연시한다. 방이나 식당 청소는 기본이고, 신발도 스스로 정리해야 한다. 욕을 하거나 친구와 다툰 날에는 공동체 앞에서 고백하고 화해한다. 일상사 삶 그대로 교육 현장이다.

먹거리도 패스트푸드나 과자나 청량음료가 있을 턱이 없다. 마을에서 직접 가꾼 고구마, 감자, 옥수수, 계란으로 간식을 먹으면서 일하다 보면 아토피가 있던 아이도 어느새 깨끗해진다. 산 위의 마을에서 8년째 사는 김정하 씨가 말했다.

"과잉행동장애가 있던 아이도 이곳에서 살다 보면 좋아져요. 아이를 산촌 유학 보낸 부모가 몇 달 만에 와서 보고는 아이들이 어른스러워졌다면서 놀라곤 합니다."

3. 우리 마을 희망의 일자리

공동체 안에서
일자리를 찾다

좀 다른 삶을 살고 싶어도 당장 생계를 어쩌지 못해 사표를 낼 수 없던 사람들도 공동체에선 얘기가 달라진다. 서울 인수동 밝은누리의 마을 밥상을 운영하는 고경환 씨는 공동체가 있어서 과감히 사표를 던질 수 있었다.

마을 밥상은 대다수 이용자가 밝은누리 멤버들이긴 하지만, 공동체가 운영하는 건 아니다. 공동체 멤버들이 설립한 가게다. 그 가게를 밝은누리 식구 150명이 전용으로 이용한다. 그로 인해 5명의 고용이 창출되었고, 경력 단절이나 육아 등의 이유로 마땅한 일터를 찾지 못했던 여성도 여럿 참여하고 있다. 공동체 식구들은 믿을 만한 음식을 식당보다 싸게 먹어서 좋고, 5명은 멀리 출퇴근할 필요 없이 공동체 식구들 곁에서 즐겁게 노동할 수 있게 돼 좋다.

고씨는 11년간 직장을 다녔다. 일은 부지런히 했지만 동종업계에서 고위직에 오른 사람들을 보니 설사 그들의 위치에 오른다한들 자신이 살고 싶은 삶은 아니었다. 직장에 불만도 생기고 권태기도 왔다. 그래도 공동체에 살고 있지 않았으면 그만둘 용기를 내기 어려웠을 것이다. 그는 직장을 그만둔 첫날을 지금도 생생하게 기억한다.

"학교 다닐 때 아파 혼자 집에 있으면서 창문 밖으로 친구들이 등교하는 걸 지켜보는 기분이었어요. 직장 나가는 이들이 다 출근하고 공동체에 사는 한 동생이랑 목욕탕에 다녀와 이야기도 하고, 날씨가 좋아 뒷산 계곡에 발을 담그고 있으니 다른 세상 같았어요. 사표를 낼 때 아버지는 '도대체 어쩌려고 그러느냐'고 한숨을 쉬더라고요. 저도 불안했지요. 그런데 내 선택과 결정을 지지하는 공동체 식구들이 있어서 불안을 떨쳐버릴 수 있었어요."

인수동 밝은누리에서도 직장에 나가 돈을 버는 이들이 훨씬 많고, 그중 고소득자들이 자발적으로 더 많은 돈을 공동체에 내놓기에 공동체가 일자리를 나눌 수 있다. 직장을 다니는 이들과 공동체에서 살아가는 이들이 상생한다. 밝은누리 청년 가운데는 직장에 다니다 잠시 쉬는 이들도 있다. 육아 휴직을 하는 이도 있지만, 공동체 안에서 역할과 제 몫을 찾기 위해 그러기도 한다. 이런 이들을 위해 밝은누리는 일자리를 창출한다. 인수동엔 공동 밥상 말고도 찻집 '마주이야기'가 있다. 어린이집, 초등저학년과정학교, 초등고학년과정학교 교사도 모두 밝은누리 사람들을 고용한다.

공동체에서 일자리 만들어내고 창업까지 지원

강원도 홍천에 있는 밝은누리도 마찬가지다. 100여 명이 시골에 터를 잡고 살 수 있는 것도 생동중학교와 고등·대학 통합 과정인 삼일학림이란 일터가 있어서다. 밝은누리 식구 중엔 공립학교 교사도 적지 않다. 서울에 있던 이들이 강원도 전근을 신청해 공동체가 있는 홍천 서석면 일대 공립학교로 가서 공동체살이에 합류했다. 든든한 월급생활자들이 함께해 경제적 자립을 돕는다.

세무사 자격증이 있는 이는 홍천 읍내에 세무사 사무실을 차려 출퇴근한다. 공인중개사 자격증을 가진 사람은 서석면 소재지에 부동산 중개업소를 냈다. 밝은누리에 합류하는 귀촌자들이 늘어 대지를 구입해야 하는 사람이 많은데, 그들도 돕고 자신의 특기를 살려 시골에서도 일자리를 만들었다.

홍천 밝은누리엔 흙집을 짓는 '흙손'이라는 협동조합이 있어 5명이 일하고 있다. 귀농할 때 귀농 선발대에 자원한 이들이 한옥학교에서 집짓기를 배워 협동조합을 만들었다. 지금은 공동체 안의 집들을 짓는 데 주력하지만 곧 외부 주문도 받아 집짓기에 나설 계획이다.

홍천 밝은누리엔 흙집을 짓는 협동조합 '흙손'이 있다.
한옥학교에서 집짓기를 배워 공동체 집들을 짓다가
협동조합까지 만들게 됐다.

은혜공동체에도 17명의 아이를 돌볼 인력이 필요하다. 홈스쿨을 하는 대안학교도 있으니 교사도 있어야 한다. 공동체 일에 공동체 식구들을 우선 고용하는 건 기본이다. 이곳에서도 어른들 대부분은 밖으로 직장을 다닌다. 교사가 둘, 공무원이 둘, 자영업 한 명, 변호사 한 명, 일반 회사원이 다수이고, 프리랜서, 알바생, 작가 지망생도 있다. 실직한 이들도 있다. 의도치 않게 실직 상태에 있을 때에도 공동체 식구들은 적극적으로 제 일처럼 함께 살길을 도모해준다.

얼마 전엔 서울 성수동에 즉석떡볶이집을 차렸다. 떡집에서 일하다가 쉬고 있던 정혜영 씨가 식당을 하고 싶어 하자 공동체 기금으로 보증금 3천만 원을 대출해줘 이를 지원했다. 떡볶이집에선 공동체 식구 2명이 일하고 있다. 연극인인 류제원 씨도 공동체의 도움으로 가구 공방을 하다가 지금은 인테리어 일을 하고 있다.

"공방을 하고 싶어도 자금 때문에 엄두를 낼 수 없는 게 현실이죠. 그런데 나는 공동체에서 초반에 2천만 원, 지금은 4천만 원 정도를 빌려줘서 공방을 시작할 수 있었어요. 운영 초기에 그들의 주문이 큰 힘이 됐죠. 여력이 있는 사람은 아무런 대가도 받지 않고 일도 많이 도와줬어요. 밖에선 꿈이 있어도 새로운 시도를 쉽게 하지 못하잖아요. 망하면 대책도 없으니까요. 연극을 하며 생계도 해결하지 못한 채 결혼까지 했는데 이렇게 밥벌이를 할 수 있게 됐다는 게 스스로 생각해도 신기하네요."

우린 다르게 살기로 했다

사람이 우선인
일자리

서로를 의지하며 치유와 삶을 병행하는 청년들도 있다. 인천 검암에
'우동사(우리동네 사람들)'라는 주거 공동체에 살면서 '창문카페'를 하
는 청년들 이야기다. 창문카페는 서울 은평구 불광역 인근 서울시청
년허브 건물 1층에 있다.

　　창문카페에서 일하는 카페지기 8명은 평균 일주일에 하루 6시
간씩 2일 일해 40만 원가량을 받는다. 통상 우리 사회에서는 저소득
청년을 연애, 결혼, 출산, 내 집 마련, 인간관계까지 포기한 5포 세대
라고 부른다. 저소득 청년은 절망뿐이고 어떤 기쁨도 있기 어렵다는
'믿음'이 깔린 호칭이다. 이곳 카페지기들은 그 믿음을 배신한다. 매
일 이 건물에 드나드는 수백 수천 명의 사람은 카페 홀에서 절망스런

표정 대신 행복한 표정을 자주 본다. 이 카페에서 일하는 이지혜 씨 얘기다.

> "스포츠센터에 있는 한 카페에서 3년간 일했어요. 직원을 돈 버는 전투 요원으로 생각하는 곳이었지요. 사장이 외출해서도 CCTV로 감시하면서 '왜 저 테이블 아직 안 치웠느냐'고 닦달했어요. 여기서는 설거지가 밀려도, 쉬어도 아무도 뭐라는 사람이 없어요.

이씨는 일이라면 칼같이 해야 했는데, 이곳에 와서는 너무 널널하다며 "이렇게도 카페가 굴러가는 게 신기했다"고 말한다. 또 다른 직원 이현정 씨는 "여기엔 커피를 많이 팔아서 수익을 많이 내야 한다고 얘기하는 사람도 없고, 놀러오듯 일하고 간다"고 했다.

창문카페는 오전 10시부터 오후 7시까지 문을 연다. 오전 11시 30분부터 한 시간 동안은 문을 닫고, 카페지기들끼리 카페 수익금으로 점심을 먹고 쉬며 논다. 더욱 희한한 게 있다. 이곳 다목적홀에서 행사가 있는 날이면 손님들이 한꺼번에 수백 명이 몰려들 때가 있다. 그러면 여러 손님이 '왜 커피가 이리 늦느냐'며 화를 내기도 한다. 이 카페 대표 격인 매니저 김윤희 씨는 "그럴 때는 카페 문을 잠시 닫아걸고, 카페지기들은 밖에 나가 쉰다"고 했다. 분노의 와중에서 다투면서까지 일하고 싶지 않다는 뜻이다. 이곳 카페지기들끼리는 실수해도 서로 비판하지 않고, 든든한 지지 기반이 되어준다. 오연주 씨

'우동사'라는 주거공동체에 살면서
창문카페를 운영하는 청년들.
이곳 카페지기들은 수익보다는 놀러오듯 일하고,
고민과 갈등에 대해 적극으로 소통한다.

는 얼마 전에 있었던 일을 들려줬다.

"토스트를 새 메뉴로 내고 싶어서 윤희 씨한테 집에 있는 재료를 가져와 달라고 부탁했어요. 집도 먼데 애써 가져와준 재료로 토스트를 만들었는데 엉망이 되어버렸어요. '만드는 법을 제대로 배우지도 않고 재료부터 가져오라고 했느냐'는 타박을 당해도 쌌죠. 그래서 마음이 작아졌는데 윤희 씨가 '한 번밖에 안 해봤잖아'라고 말해줬어요."

이 카페의 모태는 2012년에 서울 서초동에서 시작된 '카페50'이다. 불교수행단체 정토회에서 활동하던 청년 등 23명이 100만 원씩을 출자해 정토회관 옆에서 독서 동아리 겸 각종 모임을 할 수 있는 공간을 만들었다. 카페50을 하던 조정훈 씨, 김윤희 씨 등이 인천 검암에 빌라들을 빌려 시작한 게 '우동사'다. 창문카페 카페지기 중 2명은 지금도 우동사에서 살고, 나머지도 우동사를 거쳤다. 또 우동사와 긴밀한 관계를 맺고 있는 일본 애즈원공동체에 몇 개월씩 유학도 다녀왔다. 애즈원 자아 탐구 프로그램에 참여해 자신의 마음을 들여다보는 데도 관심이 많다.

임금 적어도 소통하고 치유하며 미래를 준비하는 일터도 필요하다
느긋하게 일할 수 있는 건 카페가 개인 소유가 아닌 협동조합이고, 서울시 공모사업이어서 임대료가 저렴해서다. 하지만 무엇보다 중요한 것은 공통의 관심사를 가지고 내적인 고민과 갈등과 불안에 대해서 대화하는 소통에 있다.

이들이 애초에 욕망이나 욕구나 꿈도 없고, 돈 걱정조차 없다고 생각하는 건 오해다. 김윤희 씨는 대출을 받아 한 달간 스페인 여행을 다녀왔고, 일본 여행도 네 번이나 갔다. 여행비도 필요하다. 그는 "돈을 조금만 더 벌었으면 좋겠다는 마음이 있지만 그 '조금 더'를 위해 일터를 바꾸고 싶지는 않다"고 했다. 이지혜 씨는 컴퓨터 프로그래밍도 배우고, 요가 지도자 과정도 밟고 있어 수강비 마련마저 녹록지 않다. 그는 "친구들이 취업하고 결혼하면 불안이 파도처럼 몰려들기도 한다"고 했다. 그런데도 그는 3년간 다녔던 직장으로 돌아가지 않기로 했다. 대신 자신의 장기인 뜨개질을 해서 모자와 소품을 만들어 카페에서 팔아 수입을 벌충하기로 했다. 그는 "직장 다닐 때는 사람들이 그렇게 미울 수가 없었다"며 "그런 상태로 돌아가 지금의 평화를 깨고 싶지 않다"고 했다. 결혼 11년차로 아이 없이 프리랜서 건축가인 남편과 사는 이현정 씨도 마을 여행을 하는 사회적 기업과 요가 명상 클래스 운영을 겸하고 있지만 월수입은 직장에 다닐 때보다 적다. 그 역시 "수입이 줄어든 건 사실이지만 직장으로 돌아가고 싶은 생각이 없다"고 했다. 그는 "우울증이 너무 심해 울면서 직장을 다녔다"면서 "그땐 늘 달고 살던 과민성 설사가 사라졌고, 행복하다고 할 것까지는 없지만 지금 확실히 덜 괴롭다"고 말했다.

김윤희 씨는 매니저로서 "카페지기들에게 우동사 주거생활비 35만 원과 최소한의 용돈, 정토회 '깨달음의 장'이나 애즈원의 자아 탐구 프로그램 참여비 정도를 보조해줄 수 있으면 좋겠다"고 했다. 당장 저축은 못하더라도 다른 인생을 탐구할 정거장 같은 일터가 있어 청년들이 원기를 재충전할 수 있으면 좋겠다는 바람이다.

실업률이 심각하다. 청년들은 쓸 만한 일자리가 없다고 하고, 중소기업들은 구인난에 시달린다. 일자리가 오직 연봉으로 평가된다면 그런 평행선이 해소될 가능성이 없다. 자족감과 자존감이 없다면 그런 외적 평가에 자신의 삶을 내맡긴다. 그러나 만약 서로 소통되고, 정을 주고받고, 원하는 일을 할 수 있다면 어떨까. 돈이 좀 적더라도 선택할 수도 있지 않을까. 나도 연봉이 더 많은 직장에서 적은 직장으로 옮긴 경험이 있다. 돈보다는 내 삶의 가치와 부합되는 직장을 선택한 그 결정을 지금도 내 삶에서 가장 잘한 결정 중 하나로 생각한다. 돈은 물론 중요하지만, 인간이 돈으로만 사는 것은 아니다.

청년들이 꼭 공무원과 대기업에만 목매기보다는 공동체에 함께하거나, 몇 명이서 힘을 합쳐 사회적 기업을 만들어낼 수도 있다. 정부와 지방자치단체도 상생하려는 청년을 돕는 여러 프로그램을 마련하고 있다. 험한 고개를 넘을 때 혼자서는 너무 힘들다면, 그 고단함을 홀로 감내하기보다는 동지들을 찾아 나서야 한다. 함께 가야 멀리 갈 수 있다. 함께 가야 신나게 갈 수 있다.

4. 어울려야 치유되는 상처

공감 속에서
살아갈 힘을 얻다

세계보건기구WHO의 〈세계질병평가GHE〉 보고서에 따르면 2015년 말 기준 세계 우울증 환자는 3억 2천200만 명이다. 세계 인구의 5퍼센트 가까이가 우울증 환자라는 이야기다. 나머지가 모두 건강하다는 의미는 아니다.

삶이 힘들고 고통스러운 것은 변화가 필요하며 치유할 때라는 신호다. 실제 공동체가 더 필요한 사람들은 현대 문명으로 인해 좌절을 겪고 상처 입은 사람이다. 상처 입은 사람일수록 타인과 섞이는 걸 꺼려 숨어드는 게 문제다. '히키코모리(은둔형 인간)'가 되어 해결되는 건 없다.

공동체로 살아가는 사람들은 공동체의 주요 기능의 하나로 치유를 꼽는다. 함께 살아가는 것만으로 많은 문제가 해결된다. 자신을 꽁꽁 닫아둔 채로는 공동체에서 살아갈 수 없기에 마음을 열고 소통하는 것만으로도 절반은 해결된 거나 다름없다.

마을공동체는 돌담에 비유되곤 한다. 돌담을 쌓을 때 큰 돌은 큰 대로 작은 돌은 작은 대로 자기 쓰임새대로 서로 의지하며 오목볼록을 채우며 제몫을 하듯 마을공동체도 그렇다. 마을공동체살이를 하는 지인에게 이런 얘기를 들었다.

> "처음엔 누군가 두드러지게 보이고, 어떤 사람들은 있는 둥 없는 둥 존재감이 없어 보였지만 결국 그 사람들이 약방의 감초와도 같더라고요. 함께하는 삶에서 열외는 없어요."

누구라도 공동체 안에서 무엇이건 자기 역할과 쓰임새를 찾을 수 있다. 그러다 보면 자기는 아무런 쓸모가 없는 사람이라는 열패감을 극복하고 자존감을 회복해 치유의 길을 당당히 갈 수 있다.

'돌봄'이 '사랑의 묘약'을 마중물처럼 흘러넘치게 한다

공동체가 가져다주는 본능적인 화학작용도 있다. 공동체는 어디나 아기들이 많다. 평소 아기를 가까이 해본 적이 없는 싱글도 귀여운 아기를 보거나, 아무런 선입견 없이 다가서며 장난을 치는 아이들을 대하다 보면, 옥시토신이 생성된다. 옥시토신은 모성 본능과 부부애 등을 촉진하는 사랑의 묘약이라 불리는 호르몬이다. '돌봄'은 돌보아야 하는 입장에 있는 사람을 힘들게 하는 면도 있지만 실제 돌보는 본인을 가장 행복하게 해준다. 사랑의 묘약이 흘러넘치게 하기 때문이다. 밝은누리 싱글연합가정에서 살아가는 이들이 아기를 포함한 공동체원들과 어울리면서 대부분 결혼과 출산을 선호하는 쪽으로 변화되는 게 이를 증명한다.

공동체가 치유력을 지니는 것은 사랑이 많은 이들이 모여들었기 때문일 수도 있고, 공동체 자체가 소통하고 공감하고 배려하는 분위기를 만들어가기 때문일 수도 있다. 여럿이 모여 서로를 응원하면 고가의 비용을 내야만 할 수 있는 정신과 상담이나 집단 상담과 같은 치유 효과를 체험할 수도 있다. 파주 문발동은 공동체가 아니라 마을 내에서 다양한 동아리가 생겨나 활기 넘치는 공동체 마을이 되어가는 곳인데, 합창 한 번 해본 적 없는 마을 사람들이 남녀 혼성 합창단을 꾸려 주말마다 노래를 부르면서 느끼는 치유력이 크다. 이 마을엔 여성들만 참여하는 '천불퀸'이란 모임도 있다. 이 모임은 여성들 십여 명이 아이들을 재워놓고 밤 10시 이후 만나 새벽 3시쯤까지 얘기를 나눈다. 보통 생일을 맞은 사람을 천불퀸으로 모셔, 그가 최근에 혹은 지금까지 사는 동안 '천불이 난' 속내를 꺼내놓으면, 모두 그에게 공감하고 지지하며 조언도 해준다. 그러면 십년 묵은 체증이 풀리듯 켜켜이 쌓아온 화가 녹는 체험을 한다. 마음속에 맺힌 원한을 풀어주는 현대판 해원굿인 셈이다.

이 마을에 또 하나 흥미로운 모임이 '영씨네마'다. 한귀영 씨가 자기 집에 빔 프로젝트를 설치해 주말 밤에 마을 사람들을 초청한 게 시작이었다. 한귀영의 이름 끝자 영을 따 영씨네마가 됐다. 영씨네마는 주말 밤 8시 이후 2시간가량 각자 자유롭고 편한 자세로 영화를 본 뒤에 포도주를 한 잔씩 마시면서 얘기를 나눈다. 사랑 영화를 보고는 자기 첫사랑 이야기를 들려주기도 하고, 사랑으로 입었던 상처를 고백하기도 한다. 지난번엔 가족 영화의 고전으로 꼽히는 〈길버트 그레이프〉를 보았다. 영화가 끝난 뒤 한 분이 대학 시절 학비를 벌기 위해 알바를 하면서 친구 집을 전전해 숙식을 해결하고 겨우 대학을 다녔던 삶을 들려주었다. 그는 결혼을 해서도 늙은 부모와 아이들까지 모두 책임지며 살아온 가장으로서 고단한 삶을 고백해 함께 눈시울을 적셨다. 함께 울어주는 공명만큼 한을 풀어주는 것도 없다. 평생 혼자 짐을 지고 사느라 힘들었던 무거운 짐이 동조의 눈물 속에서 녹아내리며 다시 살아갈 힘을 얻는다.

춤, 명상으로
분노를 버리다

공동체는 내적 상처나 감정적 앙금을 해소하는 데 적극적이다. 관계에 문제가 있을 때 작은 균열이 결국 공동체의 분열을 야기할 수도 있기 때문이다. 따라서 비폭력 대화법 같은 배려의 대화는 기본이다. 소란 씨는《작은 것이 아름답다》로 유명한 슈마허대학에서 공부하는 3년간 토트네스에서 전환 마을을 경험했다. 이후 서울 은평구 구산동에서 은평 전환 마을 운동에 나서고 있다. 그는 농업을 통해 인간 본연의 생명력을 복원하려는 퍼머컬처permaculture철학을 기초로 퍼머컬처학교와 자립자족학교, 잡초라도 충분한 풀학교 등을 열었다. 10~30명씩 모여 자투리땅과 텃밭에 함께 농사를 짓고, 야산에서 풀을 뜯어 야생초 밥상도 차려 파티도 연다. 그중에서 가장 독특한 게 타인과 교감하고 조율하는 걸 돕는 춤 명상이다.

　　동양의 명상을 많이 적용하는 토트네스에서는 손을 잡고 서로 교감하는 '조율'과 함께 춤 명상을 중시한다. 이들이 주로 추는 건 오행춤이다. 오행춤은 다섯 단계로 이루어지는데, 조용히 시작했다가 클라이맥스로 치닫고, 다시 고요해지는 순서다. 사람의 한 생애와 비견되는 이 춤을 추고 나면 기진맥진해 한 시간 정도는 그대로 앉아서 고요하게 쉬어준다. 그러다 이를 두 번, 세 번씩 반복하기도 한다.

화가 어느 날 '훅' 빠져나갔다

　　요즘처럼 변화가 급속한 시대엔 어디 가나 세대 간 불통이 큰 문제다. 한마디로 코드가 다를 뿐 아니라 같은 한국어도 세대가 다르면 통하지 않을 때가 많다. 또래끼리 모이는 동아리와 달리 마을에선 아이부터 노인까지 다양한 세대가 함께 살아가기 때문에 교감과 소통, 조율이 더 필요하다. 여러 세대가 함께 지내다 보면 정서적 밑바탕이 다르기 때문에 이해하는 속도에도 차이가 있어 오해도 적지 않다. 그런데 몸으로 풀고 나면 굳은 마음도 풀어지곤 한다. 한국인에겐 좌선명상이나 마음 공부에 비해 몸 명상이 익숙지 않고 처음엔 어색하기도 하다. 그런데도 소란 씨가 춤 명상을 권하는 이유는 자신의 변화를 실감했기 때문이다.

　　그는 대학 때 노동 현장에서 일하고, 2000년대 초엔 영페미니스트 운동을 했던 이른바 '운동권'이었다. 운동 조직 안에서도 성폭력 문제가 적지 않았던 당시 그는 가해자들을 상담했다. 피해자의 상처 치유도 시급하지만 가해자의 상태를 치유해 건강한 공동체 구성원으로 돌려보내는 것도 간과할 수 없었다. 그러나 가해자들을 오랫동안 상담하는 사이 심신이 지쳤다. 자신의 치유가 시급해진 그가 풍광 좋고 쉬기 좋은 곳을 검색하다가 알게 된 곳이 토트네스였다. 그는 막대기처럼 딱딱했던 몸인데도 서너 시간씩 흐름에 몸을 맡기고 춤을 추다 보니, 어느 순간 분노와 상처와 두려움까지 '훅' 하고 빠져나가는 것을 느꼈다. 마을에서 춤 명상을 하는 것도 같은 이유다. 이런 과정을 통해 이웃에 대한 경계심과 두려움을 한 꺼풀씩 벗겨가면서 '가까이 하기엔 너무도 먼 당신'도 '함께해도 좋을 벗'으로 다가오기 때문이다.

심리 문제가 해결되면
유토피아가 열린다

은혜공동체는 관계에서 터져 나오는 분노나 갈등을 해결하는 데 소
그룹 토론과 심리 상담을 활용한다. 박민수 대표는 애초 2000년 은혜
공동체를 시작할 초기엔 복음주의의 틀 안에서 신자를 일대일로 양
육하는 제자훈련을 실시했다. 그러다 산상수훈에 기반한 예수의 가
르침 위주로 전환되었다. 진솔한 소그룹 토의를 하자 도그마가 붕괴
되고, 예수 가르침의 진수만이 남았다. 공동체원들은 토론을 하면서
예수의 가르침은 관념이 아니라 사랑을 통해 우리를 행복으로 이끈
다는 확신을 갖게 됐다. 그런데 각자가 사랑을 방해하는 심리 문제를
갖고 있는 게 문제였다. 박민수 대표의 말이다.

"개인은 타인과 관계를 어렵게 하는 심리 문제들을 안고 있게 마련이죠. 이를 넘어서야 하나님 나라, 유토피아가 가능해집니다. 불교도도 이를 넘어서기 위해, 즉 극락을 이루기 위해 오랜 마음 수행을 해왔지요. 사람들의 근원적인 욕구는 관계의 욕구입니다. 제대로 된 소통이 되는 게 하나님 나라겠지요. 그게 바로 공동체고, 태평성대지요. 그래서 우리는 교회보다는 공동체 성격을 더욱 분명히 했습니다. 예수께서 가르친 인간 존중과 사랑이야말로 행복의 비결이니까요. 자신의 성격과 심리 문제가 해결될 때 존중과 사랑이 가능해집니다."

박 대표는 상담 전문가인 아내의 도움으로 심리 상담을 공부하며 일대일 상담을 했다. 한 명 한 명의 상처까지 껴안느라 건강이 위기를 맞기도 했지만, 심리 상담은 놀라운 치유력을 보여주었다. 공동체원들 간의 갈등까지도 해소돼 소통하는 변화를 가져왔다.

더 많은 시간 더 가깝게 있고 싶어진다

심리적 돌봄은 박 대표 부부에게서 그치지 않는다. 은혜공동체에서는 누구에게나 '가톨릭의 대부'와 같은 목자가 있어 문제가 있을 때마다 목자와 상담을 한다. 아이들도 부모 외에 멘토가 정해져 있어 늘 고민을 털어놓을 수 있다. 속의 말까지 터놓고 얘기하는 시스템이 있어 심리적인 걸림돌이 해소되다 보니, 공동체원들은 시간적으로는 좀 더 많이, 공간적으로는 좀 더 가까이 있고 싶어 한다. 박 대표는 "10년간 큰 갈등 없이 공동체가 유지된 데는 마음 나누기를 통해 응어리가 쌓이지 않게 했기 때문"이라고 말했다.

　　은혜공동체 공유 주택에 함께 사는 이주현 씨는 어려서부터 부모가 다툼이 잦아 늘 평화가 그리웠다. 그는 그때부터 아무 소리도 들리지 않는 새벽에 깨서 혼자 노는 습관이 생겼다. 결혼 이후에도 평화로운 새벽 시간을 홀로 즐겼다. 그는 세상을 직면하기 싫고 조용한 걸 좋아했다. 수영을 못한 것도 물에 맞서기 싫고, 뭔가 몸에 닿는 게 싫어서였다. 가끔 강에서 보트를 탈 때도 물이 무서워 심장이 터질 것만 같았다. 그러던 그가 얼마 전 수영장에서 수영을 했다. 물이 그렇게 편할 수가 없었다. 과거의 자신으로서는 상상키도 어려운 일이었다. 그의 고백이다.

> "공동체에서 함께 대화하며 깊이 있는 곳에서 변화가 생겼어요. 내 편이 아무도 없다는 생각 때문에 타인을 두려워했는데, 공동체 생활을 하면서 상대와 끈끈해지고 연결된 느낌이 깊게 다가왔어요. 꼭 오래된 관계에서만 그 느낌이 생기는 건 아닌 것 같아요. 소통되면 함께 있기만 해도, 차만 마셔도 행복해져서 웃음이 터져 나오지요. 타인이 가까이 오면 두려운 것이 아니라 내 살처럼 느껴지기도 하데요. 그래서 물에 들어가도 두렵지 않은 안정감이 생겼나봅니다."

2부 • 실낙원을 낙원으로 만든 사람들

은혜공동체 박민수 대표

"공동체에서 함께 대화하며
뭔가 깊이 있는 곳에서 변화가 생겼어요.
내 편이 아무도 없다는 생각 때문에
타인을 두려워했는데,
공동체 생활을 하면서 상대와 끈끈해지고
연결된 느낌이 깊게 다가왔어요."

함께하는 것은 변화를 촉진한다. 감자와 고구마 당근을 씻을 때 한 바가지에 넣고 씻으면 서로 부딪치며 빨리 씻기는 것과 마찬가지다. 그렇게 씻기는 과정은 좀 더 세련되고 원만해지는 과정이자 아픔의 여정이기도 하다. 부딪침, 즉 갈등을 무조건 미봉하려는 것은 성장에 좋은 방식이 아니다. 공동체 밖에서 이웃 간에나 친구 모임, 직장에서도 의례적인 인사치레를 하며 문제는 그냥 덮고 가고자 한다. 좋은 게 좋은 거 아니냐는 식이다. 괜히 건드려봐야 좋을 게 없다는 경험칙이 작용한 결과이기도 하다. 속 깊은 얘기를 하지 않는 의례적인 사이에서는 그런 게 일상이다. 그러나 공동체는 늘 함께 살아가야 하기에 앙금을 미봉해버리면 더 큰 사달이 날 수 있다. 보기 싫으면 안 봐도 되는 이들이 아니다. 함께 잘 살아보려고 작정한 사람들이기도 하다. 따라서 갈등을 성숙의 여정으로 만들어가야 한다.

속마음을 풀어내는 대화를 통해 상대가 무엇을 아파하고 무엇에 불안해하는지 충분히 듣지 않고 그냥 덮고 넘어가면 피상적인 관계 그 이상으로 나아갈 수 없다. 혈육도 마찬가지다. 아픔까지 한 번 얽혀서 껴안아본 사이가 아니면, 사소한 것에 빈정이 상하고, 불편해질 수 있다. 한 번이라도 깊게 대화하고 상대를 깊게 이해하고 나면 오랫동안 그토록 못마땅하게만 보였던 상대의 행동도 다른 시각으로 바라보게 된다.

가령 늘 만나는 사람 중에 심한 사시가 있다고 하자. 그는 대화 중에도 엉뚱한 곳을 보는 것 같다. 그의 상태를 정확히 모른다면 말을 할 때마다 '저 사람은 왜 내 이야기에 집중하지 않고 늘 딴 데를 쳐다보지'라며 불쾌할 것이다. 갈등과 오해는 내 진심을 알릴 기회이자 상대의 진심을 알 기회이다. 상대가 진실로 원하는 것이 무엇인지를 알 수 있는 절호의 기회인 셈이다. 모든 갈등은 '네가 진짜 아파하는 것은 무엇이고, 네가 진심으로 원하는 것은 뭐냐'를 알아가는 장이다.

갈등은 진정으로 친밀해지기 위해 서로 잘 소통하며 장애물을 치우는 과정과 다름없다. 장애물이 있는데도 없다고 하며 그냥 살자고 하는 게 아니라 둘이 합심해서 치우는 노력이 필요하다. 그래서 문제가 있는데도 대충 참고 사는 게 아니라 갈등을 거쳐 이를 해결해가며 친밀해질 필요가 있다.

3부

혼자 살아도
행복해야 한다

1. 혼자는 외롭고 함께는 괴로운 이유

맬서스와 도킨스의
인구팽창론은 허구가 되어버렸다

출산율을 높이기 위해 정부는 2006년부터 2017년까지 126조 5587억 원의 예산을 쏟아부었지만 출산율은 더욱 급전직하하고 있다. 이러다 대한민국이 소멸할 것이란 우려까지 나온다. 원인은 청년층의 취업난과 높은 집값, 교육비 부담, 복지 부족, 여성 차별에 모아진다. 청년의 삶이 이래서는 결혼도 권하기 어렵다. 청년의 절망시대다.

전문가와 언론은 주로 이런 요인만을 원인으로 꼽는다. 정녕 그것뿐일까. 경제나 복지 같은 외적인 것만이 원인이 아니다. 지금보다 출산율이 압도적으로 높았던 과거엔 소득수준이 높고, 취업과 내집 마련이 쉽고, 교육이 쉽고, 여성 차별이 없었기에 그랬을까. 한국에서 1인당 소득이 3만 달러에 이른 지금은 여성 1인당 한 명밖에 낳지 않지만, 1인당 소득이 76달러에 불과했던 1960년엔 여성 1인당 평균 6.1명의 아이를 낳았다. 한국전쟁 이후 복지는 미국에서 들어오는 구호품 이외엔 전무하다시피 했고, 그럴듯한 직장은 가뭄에 콩 나듯했다. 성 평등은 지금과 비교도 할 수 없는 차별 사회였다. 독재와 4·19혁명, 5·16군부쿠테타로 불안했다. 나라가 누란의 위기에 처한 구한말과 일제에 의해 처참하게 지배당한 식민 시대, 한국전쟁, 그 이후 계속된 독재 등 정치, 경제, 사회가 엉망인 시대에도 출산율은 높았다. 그런 전쟁 통에도 사랑은 했고, 난리 통에도 아이들은 낳았다.

인구학자 맬서스(1766~1834)는 식량은 산술급수적으로 느는데, 인구는 기하급수적으로 늘어서 식량 문제를 야기한다고 했다. 리처드 도킨스(1941~)도 40년 전《이기적 유전자》에서 "커다란 인간 산더미가 마침내 우주를 향해 광속으로 팽창해 우주의 끝에 도달할 것"이라고 인구 팽창을 경고했다. 그런 주장은 21세기엔 모두 허무맹랑한 것이 되었다.

여전히 후진국의 출산율은 높지만, 어느 정도 배고픔이 해소되면 출산율이 급격히 저하된다. 세계의 합계 출산율은 2010~2015년 2.5명으로 1970~1975년 4.44명에 비해 무려 43.7퍼센트가 감소했다. 출산율 저하는 세계적인 현상이다. 유엔에 따르면 하루 1.9달러 미만으로 살아가는 절대빈곤자 수가 1990년 18억 5천만 명에서 2013년에는 7억 6700만 명으로 감소했다. 절대빈곤자 수가 급속히 감소한 만큼 먹을 것이 풍족해지고 있다. 그러나 먹을 게 풍족해지면 출산율이 늘어나는 동물들과 달리 인간의 출산율은 거꾸로 급감하고 있다.

　이런 심각한 오류는 어디에서 기인했을까. 인간은 빵으로만 살 수 없다는 점, 즉 식량의 문제가 아니라 다분히 심리적인 원인이 작용하고 있다는 것을 도외시한 데 따른 것이다. 그 심리적 고통을 낳은 원인은 자본주의적 환경에 있다. 싱글로 살아가는 비율은 먹고 살 걱정에서 해방된 유럽이 훨씬 높다. 독일, 노르웨이, 덴마크, 핀란드에서는 1인 가구가 전체 가구의 40퍼센트가 넘는다.

우린 다르게 살기로 했다

또 하나의 혁명,
포유류에서의 이탈이 시작되었다

현재를 4차 혁명 시대라고 한다. 4차 혁명으로 인한 경제적 변화만큼 중대한 변화가 바로 '인간의 탈포유류 현상'이다. 포유류의 라틴어 맘마mamma는 젖가슴이란 뜻이다. 어린 시절 엄마는 젖을 줄 때 '맘마 먹자'고 한다. 젖을 먹이는 어미는 본능적으로 목숨을 걸고 새끼를 보호하고, 새끼는 어미의 보호를 받고 안정감을 느끼며 자라는 것이 포유류의 특징이다.

　　엄마는 100만 년 전에도 10만 년 전에도 1만 년 전에도 1천 년 전에도 다른 포유류와 다름없이 온 신경을 새끼에게 쏟았다. 그러나 자본주의가 도래하면서 경쟁이 가속되고, 아기에 대한 엄마의 집중도가 현저히 떨어지면서 오랜 세월 공고하게 '맘마'로 유지되어온 연결고리에 심각한 균열이 발생했다. 한국은 그 균열이 훨씬 단시간에 벌어졌다.

고향 마을 출신 지인은 1960년 초 처음 서울에 올라와서 영등포 시장에 나가 노점을 차려 장사를 했다. 부부는 막 젖을 뗀 아들과 태어난 지 몇 개월밖에 안 된 딸을 두고 나가야 했다. 둘이 나가서 온종일 일을 해야 겨우 입에 풀칠을 할 수 있었다. 그래서 그 어린 아기들 발에 줄을 묶어 문고리에 매어두고, 방에 밥과 물을 담은 그릇을 놓은 채 시장으로 향했다고 한다. 부부가 장사를 끝내고 돌아와 보면 밥과 물그릇은 엎어지고 아기들은 얼굴과 몸에 밥풀을 덕지덕지 묻히고, 문을 향해 나오다 줄이 서로 엉켜 울다 눈물과 콧물이 굳은 채로 잠들어 있었다고 했다. 부모들이 살기 위해 고군분투하는 사이 부모로부터 온종일 떨어져 포유류로선 상상키 어려운 상실감을 아이들이 겪은 셈이다. 큰아들이 백혈병에 걸려 고생하더니 50대에 숨졌다는 소식을 얼마 전에 듣고 아기 때 트라우마가 병에 영향을 미친 것은 아닐까 하는 생각에 마음이 아팠다.

어른이 되어서도 극복하기 힘든 분리 공포

정도의 차이는 있지만 급격한 성장 시대 이런 상실감은 보편적이다. 신문사의 한 후배는 어린 시절 직장 맘인 엄마가 곁에 없어서 늘 우울했다고 고백했다. 언젠가 엄마가 보고 싶어서 찾아 나섰는데 가도 가도 논밖에 없어서 논 한가운데 서서 울던 기억이 또렷하다고 했다. 한 여자 후배도 부모님이 맞벌이였는데, 시골 할머니 집에 데리고 가서는 자기만 떨어뜨려놓고 가버리곤 했을 때의 아픔과 쓸쓸함을 마흔이 넘은 지금도 떨쳐버릴 수 없다고 한다. 아무리 서너 살 아이라도 알아듣게 얘기하고 설득하면 좋으련만 엄마, 아빠는 매번 아이의 관심을 다른 데로 돌려놓고는 한순간에 내빼곤 했다. 어린 그는 엄마, 아빠와 오빠로부터 자기만 홀로 떨어지지 않기 위해 눈을 동그랗게 뜨고 있었지만, 온 식구들이 쓰는 속임수에 잠시 한눈을 팔면 언제나 엄마, 아빠는 사라지고 없어서 마을 동구 밖까지 종종걸음으로 쫓아갔다가는 울며 되돌아오곤 했다. 그로 인해 대학 시절 교환학생으로 캐나다에 갔을 때도 분리 공포로 두 달 동안 거의 잠을 자지 못할 정도로 두려웠다고 한다.

우리 시대 많은 부모는 노후 준비도 못하고 자식 뒷바라지하다가 노년을 맞았다. 그런데 자식들이 엉뚱한 소리를 한다. "누가 그러라고 했냐"는 것이다. 먹이고 재워가며 학비와 학원비 대느라 허리가 휜 부모는 억장이 무너진다. 배우자도 없이 홀로 자식을 돌본 경우라면 더욱더 기가 막힐 수밖에 없다. 자식은 부모가 먹고사니즘을 위해 자식을 버려두고 떠났다가 뒤늦게 나타나 감 놔라 배 놔라 한다면서 "내가 외롭고 힘들어 울고 있을 때 엄마, 아빠는 도대체 어디에 있었느냐"고 울분을 토한다. '밥 먹여주고 등록금, 학원비만 대주면 다냐'는 것이다. 부모는 물질과 경제적 헌신을 얘기하고 있는 반면, 자식 세대는 그로 인해 겪은 정신적 고통을 호소한다. 수백만 년의 인류사에서 이 시대만이 겪는 각별한 세대 간 간극이 아닐 수 없다. 즉, 굶어죽지 않기 위해 올인해야 했던 부모 세대와 생계에 엄마를 빼앗긴 자식 세대 간의 간극이다.

정신적 트라우마를 호소하는 자식에게 부모 세대는 "배부른 소리한다"고 치부한다. 자신에게 가장 큰 고통을 준 대상이 서로 다른 것이다. 젊은 세대도 부모 세대가 얼마나 윗세대, 즉 할아버지, 할머니를 모시면서 가족을 먹여 살리기 위해 고군분투했는지를 모르지 않는다. 고생한 부모에 대한 한없는 연민도 있다. 한부모였다면 더 말할 나위가 없다. 그럼에도 내면에 부모에 대한 분노가 휴화산처럼 잠재돼 있어 서로 떨어져 있을 때는 그리워하면서도 정작 만나면 알 수 없는 분노가 폭발하는 경우가 적지 않다. '분리 트라우마를 준 데 대한 원망' 때문이다.

어린 시절 엄마의 돌봄을 받지 못하면 안전 기지를 상실한다

인간은 일차적인 욕구가 해결이 안 되면, 즉 배가 고프면 오직 먹는 데 온 신경을 쓰게 된다. 그러나 식량을 비축한다고 모든 고통이 일거에 해결되는 게 아니다. 그 이후에도 많은 고통이 있으며, 또 다른 욕구가 생기게 마련이다.

일차적 생존 욕구가 해결되면 정신적 욕구로 이행된다. 특히 아기에게 가장 중대한 것은 안전이다. 아기에게는 안전을 지켜주는 절대자, 즉 신이 바로 엄마다. 윗세대는 당장 먹고 살 게 없었기에 일차적인 욕구에 매진했지만, 그 이후 세대는 굶어죽을 일은 거의 사라져 가는 고통의 종류에 들지도 않는다. 그들에겐 생존 이후의 욕구, 즉 '엄마'가 가장 중대했고, 모정의 상실과 결핍이 가장 큰 트라우마가 되었다. 행동심리학자들은 어린 시절 형성된 안전 기지가 평생 동안 안정적인 삶에 영향을 준다고 한다. 안전 기지란 내게 무슨 일이 일어나도 지켜주는 엄마가 있다는 믿음을 통해 형성된다.

1960년대 미국의 심리학자 해리 할로우가 태어난 지 몇 시간밖에 안 된 원숭이들을 어미와 완전히 격리시켰다. 고립된 원숭이들은 나중에 원숭이들 곁으로 보내도 다른 원숭이들과 놀지도 않고 성적 충동을 보이지도 않았다. 할로우는 또 여덟 마리의 새끼 원숭이를 태어나자마자 어미로부터 격리시킨 뒤 두 '모형 어미'를 제공했다. 하나는 철사로 칭칭 감긴 모형이었고, 다른 하나는 부드러운 천으로 만든 것이었다. 네 마리는 철사 모형에서, 다른 네 마리는 천 모형에서 젖을 먹게 했다. 그런데 어느 모형에서 젖을 먹든 상관없이 여덟 마리 모두 젖을 먹는 한두 시간을 제외하면 평균 15시간을 천 모형에 매달려 보냈다. 철사 모형에서 젖을 먹는 원숭이도 한 손은 뻗어 천 모형과 맞닿은 채 젖을 먹었다. 이 실험은 생존이 가장 시급할 법한, 젖을 먹지 못하면 곧 사망에 이를 어린 아기조차 먹이보다 엄마의 따사로운 품을 더 갈구한다는 것을 보여준다.

아이 때 보살핌을 제대로 받지 못하면 애착 시스템에 이상이 생겨 '회피형 인간'이 되기 쉽다고 한다. 어려서 보살핌을 제대로 받지 못하고 믿음을 배반 당하는 일이 반복되면 사람을 잘 믿지 못하고, 더 상처 입지 않기 위해 관계를 회피하게 된다는 것이다. 어려서 엄마와 애착이 형성되고 정서를 공유해 기쁨을 맛보면 타인과의 정서 교류에서 오는 즐거운 체험 때문에 늘 쉽게 타인과 교감하지만, 일찍이 단절과 차단을 경험하면 타인과 관계 맺는 것을 두려워하게 된다. 그런 두려움으로 '나는 아무에게도 사랑받지 못한다'는 불신이 내장되는 것만큼 큰 불행이 있을까. 회피형 인간은 개인주의와 도시화, 핵가족화 증가에 따라 급격히 늘었다. 농경 사회의 대가족 사회에서는 그 수가 극히 희박하다. 따라서 혼인율과 출산율 저하는 경제적 요인만이 아니라 회피형 인간의 증가라는 심리적 요인을 간과해서는 안 된다.

아기들에겐 생물학적 엄마만이 엄마는 아니다. 하지만 아이들은 엄마를 대체해온 '엄마들'로부터도 분리됐다. 여기서 '엄마들'이란 전통 사회에서 사정이 있어 아이를 돌보지 않더라도 아이를 대신 보살필 대가족과 친인척, 마당, 놀이터를 말한다. 급격한 도시화로 대가족과 고향 마을이 붕괴되기 전에는 엄마만이 아니라 더 큰 엄마인 대가족과 마을공동체가 있었다.

도시화와 핵가족화는 너무도 급작스럽게 진행됐다. 인간이 수백만 년간 사회적 동물로서 익숙해진 공동체가 한순간에 빙하가 녹듯 녹아 이들이 디딜 안전판이 사라져버린 것이다.

어린 시절 엄마만 잃지 않았다면

경남 양산 죽산 기슭에 있는 '성모울타리'라는 공동체에 가보면 어린 시절 엄마를 잃어버린다는 것이 어떤 의미인지 알 수 있다. '이레우리밀'이라는 빵 공장을 하며 성모울타리에서 함께 사는 40여 명 대부분은 교도소 출소자들이다. 이 공동체를 설립한 하용수 원장도 경남 일대 터미널에서 주먹을 휘두르던 깡패 두목이었다. 10대부터 소매치기로 소년원을 드나들던 그는 폭력과 도박으로 교도소를 제 집 드나들듯 하며 도박과 마약에 빠져들었다. 그러면서 '터미널파 오야붕 싸움'의 주인공으로 신문 1면을 장식하기도 했다. 그는 마약에 중독돼 친형이 자살하고, 주변 친구들이 간경화로 대부분 젊어서 죽는 것을 보고 살길을 찾아 성당에 갔다가 약물중독에서 벗어났다고 한다. 그 뒤 28년 전부터 교도소에서 출소해 터미널 주위를 맴도는 건달들을 약물과 도박에서 건져내기 위해 하나둘씩 모아서 함께 살게 된 것이 성모울타리의 출발이었다.

부산에서 태어난 하 원장은 네 살 때 전남 구례의 이모 집으로 보내져 부모와 떨어졌다. 어려운 가정 형편 때문이었다. 엄마와 가족과 떨어져 암울한 어린 시절을 보낸 그는 초등학교 3학년 때 부산으로 돌아왔지만, 장사에 바쁜 부모는 먹고살기에 급급해 미처 5남 2녀를 돌볼 겨를이 없었고, 그는 그때부터 건달들과 어울려 소매치기에 빠져들었다.

성모울타리에는 폭력과 강도, 살인 등으로 10년형, 15년형, 22

성모울타리공동체 사람들은
'이레우리밀'이라는 빵 공장에서 일한다.
구성원 대부분이 고도소 출소자들로
아픔이 큰 만큼 서로를 의지하고 치유하며 살아간다.

년형을 살고 나온 이들도 있다. 하 원장의 부인과 장남, 그리고 입양한 두 자녀까지도 성모울타리에서 함께 살고 있다. 하 원장은 외부 사람들이 두려운 시선으로 보는 공동체원들에 대해 '정에 굶주려 속정이 훨씬 깊은 사람들'이라고 감싼다.

성모울타리엔 교도소 출신이 아닌 안병년 씨도 있다. 그는 남편이 사망한 뒤 터미널에서 장사를 하면서 하 원장의 도움을 받은 인연으로 성모울타리에서 20년 전부터 함께 산다. 일흔이 넘은 안씨는 대부분의 공동체원의 엄마뻘이어서 40~50대를 '아이들'이라고 부른다. "험한 범죄를 저지른 사람들과 어떻게 같이 사느냐"는 주위의 물음에 그는 이렇게 답한다.

"같이 안 살아봐서 그래요. 아이들이 얼마나 착한데요. 우리 공동체에 살다 간 출소자들이 수백 명인데, 하나같이 아기 때 엄마를 잃었거나, 버려졌거나, 엄마가 재혼하면서 혼자 됐더라고요. 만약 엄마만 있었으면 우리 아이들의 90퍼센트는 절대 교도소에 갈 일이 없었을 거예요. 엄마를 잃어버려서 의지할 데 없어 방황하고 집을 나가니 그리 되어버린 거예요. 저도 몇 번이나 이곳을 나가려다가도 이 아이들이 눈에 밟혀서 못 나가요. 어려서 엄마를 잃은 아이들이 다 내 자식 같아요. '엄마가 있었으면 저리 안 됐을 텐데…' 생각하면 눈물이 나지요. 아기 때 엄마가 얼마나 중요한지 이 아이들을 보면 뼈저리게 느끼지 않을 수 없어요."

외부 사람들이 도저히 함께 살아갈 수 없을 것으로 예단하는 출소자들이 서로 의지하며 안심하고 살아가는 것은 공동체가 아니면 있기 어려운 일일 것이다.

대가족과 공동체의 상실이 준 재앙

우리나라에서 도시 지역 거주 비율은 1960년엔 40퍼센트 미만이었으나 1990년에는 81.95퍼센트로, 2017년엔 91.82퍼센트로 늘었다. 농촌 마을에서는 부모가 농사일이나 다른 일을 하더라도 많은 형제자매와 할머니, 할아버지, 삼촌, 고모, 친척, 이웃집 아줌마, 아저씨, 형, 누나 등 제2, 제3의 안전망이 있었다. 엄마가 아니라도 누군가는 아이를 지켜보는 대가족과 마당이라는 천연의 안전망이 있었다. 이 안전망이 오직 엄마에게만 지워지는 부담을 덜게 했다. 설사 엄마를 잃더라도 엄마를 대신할 제2, 제3의 엄마가 있는 셈이었다. 내 지인 중엔 어려서 부모의 이혼을 겪고, 엄마와 떨어져 살아야 했음에도 잘 자라 결혼하고 아이도 낳아 행복하게 사는 이들이 있다. 그들에겐 이모나 할머니 등 엄마를 대신한 이들의 사랑과 돌봄이 있었다.

그러나 엄마와 대가족을 빼앗긴 채 제대로 돌봄을 받지 못한 이들은 분리공포로 홀로 떨어지는 것에 두려움을 느낀다. 그뿐 아니라 인간에 대한 신뢰를 잃어 관계를 회피하고, 이로 인해 타인들과 함께 어울리는 것도 더욱더 힘들어진다. 그래서 홀로 있어도, 함께 있어도 괴로워지는 것이다.

　　어린 시절 엄마에게 제대로 돌봄을 받지 못한 상처를 가장 빨리 치유케 하는 이 역시 엄마다. 땅에서 넘어지면 땅을 짚고 일어서야 한다. 그러나 이미 성인이 된 이들이 다시 아기로 돌아가 엄마의 젖을 먹으며 안전 기지를 찾을 수는 없다. 엄마란 생물학적 마더만이 아니라 '따사로운 품'을 포괄한다. 엄마와 가장 유사한 품이 바로 공동체다. 그 공동체가 바로 '사회적 엄마'다. 따라서 어른이 되어서도 엄마를 대신할 수 있는 공동체를 안전 기지 삼아 어린 시절의 트라우마를 치유하고 인간에 대한 신뢰를 회복할 수 있다. 그래야 관계를 회피했던 이들이 마음을 열고 관계 맺기에 나설 수 있고, 결혼과 출산할 용기와 자신감도 가질 수 있다. 저출산 극복의 길은 바로 여기에 있다. 따라서 공동체가 사는 것이 국가가 사는 길인 셈이다.

　　이제 엄마들이 아기를 두고 일터로 나가는 일은 더욱 늘어날 것이다. 아기를 위한다며 엄마를 아기 곁에 묶어둘 수도 없다. 오히려 오랜 세월 육아 부담을 홀로 감당해야 했던 직장맘들을 위해서도, 그들의 아이를 위해서도 사회적 엄마인 마을공동체가 가장 좋은 대안이 될 수 있다.

　　돌봄을 제대로 받지 못해 안전 기지를 상실한 이들이 우선 쉽게 선택할 수 있는 것은 숨는 것이다. 타인들 앞에 나서는 데는 상당한 용기가 필요하지만 일단 숨는 것은 가장 쉽게 할 수 있기 때문이다. 그러나 숨는 것은 더 큰 문제를 야기하는 시초다.

우리나라에서 은둔형 외톨이가 증가하고, 자살률이 OECD 국가 평균의 약 2.5배에 달하는 사실이 이를 말해준다. 전문가들은 만약 자살자가 속내를 터놓을 사람이 단 한 명이라도 있다면 자살을 실행하지는 않는다고 말한다. 트라우마와 고립은 생명까지 앗아갈 정도로 위험하다. 고립은 생명을 앗아가는 문제로서만 아니라 개인의 행복권을 박탈하는 데도 심각성이 크다.

한국인은 엄마만 바쁜 일터에 빼앗긴 게 아니라 친구도 뺏겼다. 경쟁 교육이 친구를 동지가 아닌 적으로 만들었다. 적으로 둘러싸인 인간이 행복할 리 없다. 공동체에 함께한 사람들조차 불안과 두려움, 아픔이 무의식에 켜켜이 쌓였기에 '따로'의 삶과 '같이'하는 삶 사이에서 방황하곤 했다. 은혜공동체에서 만난 정혜영 씨도 "사람이란 늘 피곤하고 귀찮은 존재라고 생각했다"고 한다. 다른 사람들 비위를 맞춰야 하는 것도, 이웃집에 밤늦게 빈손으로 가는 것도, 다른 사람이 불쑥 오는 것도 피곤했다. 친구의 방문을 냉정히 끊지는 못하나 혼자 있는 게 편했다. 혼자 있으면 외롭지만 그건 견뎌내야 한다고 생각했고, 혼밥·혼술이 편했다. 이를 이해해주는 사람도 별로 없어 다가오는 사람들도 쳐내곤 했다는 정혜영 씨는 어린 시절의 아픔과 은혜공동체에서 체험을 진솔하게 고백했다.

"어릴 때부터 엄마는 감정 기복이 심했어요. 마음에 안 들면 세게 밀어내곤 했지요. 그런 일을 겪으면서 사람들을 피곤하게 생각하게 된 것 같아요. 그러다 보니 공동체에 들어와서도 힘들었어요. 그런데 언젠가 공동체원 부부랑 제주도 여행을 갔었죠. 그때도 사람들과 어울려 지내는 게 편치는 않았어요. 혼자 여행했으면 하는 마음이 컸죠. 주변 사람들을 신경 쓰고 싶지 않았어요. 그런데 그 부부가 하루 먼저 제주도를 떠났어요. 그들이 가고 나면 '이제 아무 눈치도 안 보는 내 세상이 왔다'며 시원할 줄 알았는데 그게 아니었어요. 갑자기 눈물이 나면서 텅 빈 것처럼 마음이 허전해지더군요. 재미있는 텔레비전을 보고 있다가 갑자기 정전이 되어버린 느낌이었어요. '내가 왜 이러지'하고 당혹스러웠어요. 서로를 위해 에너지를 써주는 사람들과 있다 보니, 내면은 그게 좋았던 거더라고요. 오랫동안 사람들을 피곤하게 느낀 것은 배려해주는 사람들을 만나지 못해서였겠지요. 아직도 사람을 귀찮아하는 무의식이 없어지지는 않았어요. 그러나 공동체에서 함께하면서 즐거운 추억의 데이터가 쌓이다 보니 사람을 밀어내는 힘이 갈수록 약해지는 것이 느껴져요."

외로움은
흡연과 알코올중독만큼 해롭다

인간은 고립을 가장 두려워하기에 누군가와 연결되고 만나기를 갈망한다. 인터넷은 만남을 너무도 쉽게 만들었다. 생후 한 달 만에 입양돼 외톨이로 자란 스티브 잡스는 인간들을 연결하고 싶어 스마트폰을 발명했다. 그것은 단절의 아픔을 딛고 누군가와 연결되고 싶은 잡스 개인의 꿈이기도 했을 것이다. 그의 꿈대로 세상과 단절돼 친구한 명 없는 사람도 SNS에서는 수백 수천 명의 친구를 손쉽게 만들수 있다. 그 연결이 가족과 마을, 공동체 같은 걸 대체할 수 있을까. 스마트폰이나 인터넷은 외로움을 다소 위로해줄지언정 심층의 외로움을 달래주긴 어렵다. 오늘날 홍대 앞과 강남역 일대 등 아날로그적 장소로 나와 배회하는 이들은 상당수가 디지털 세대다.

얼마 전 영국이 체육·시민사회장관을 '외로움' 담당 장관으로
겸직 임명했다. 영국 내 '조콕스 고독위원회'가 2017년 12월 발표한
보고서에 따르면 외로움은 하루에 담배 15개비를 피우는 것만큼 건
강에 해롭다. 위원회는 '고독이 개인적 불행에서 사회적 전염병으로
확산됐다'면서 고독을 질병으로 규정했다.

　　외로움에서 벗어나 다른 사람과 친밀하게 지내는 게 얼마나
중요한지를 보여주는 조사가 있었다. 하버드대학이 1938년부터 79
년간 724명의 삶을 추적 연구해 인간의 육체적·정신적 건강과 행복
이 인간관계의 친밀함에 달려 있음을 밝혀낸 것이다. 이 연구에 따르
면 삶을 가장 윤택하게 만드는 것은 좋은 인간관계이고, 사람을 죽음
에 내모는 것은 외로움이었다. 4번째 연구 책임자였던 월딩거 박사는
"가족과 친구, 공동체와의 관계를 중시하는 사람들이 더 행복하고 성
공적인 삶을 영위했다"며 "인간관계가 좋은 사람은 건강했고, 더 장
수했다"고 밝혔다. 그는 "조직 생활이나 결혼 생활을 하면서도 외로
움을 경험할 수 있다"며 "외로움은 흡연이나 알코올중독만큼 강력하
다"고 설명했다. 연구팀은 친구의 숫자보다 친밀도가 중요하다고 강
조했다. 옆에 누군가 있다 하더라도 앙숙처럼 다투며 고통을 주고받
는 당사자끼리 함께 있는 것은 따로 있는 것만 못하다는 것이다. 월
딩거 박사는 "주변인과 갈등 속에서 생활하는 것은 건강에 나쁘다"며
"다툼이 심한 부부보다 이혼한 사람이 건강할 수 있다"고 설명했다.

결혼하거나 친밀한 관계를 가지면 치매 발생률이 60퍼센트 낮다

외로움이 병을 낳는 것과 달리 결혼이나 친밀한 관계가 건강에 도움이 된다는 것이 연구로 밝혀지고 있다. 영국 러프버러대학의 에프 호헤르보르스트 생물심리학 교수 연구팀이 52~90세 6천 677명을 6년 동안 조사한 바에 따르면 친밀한 관계가 알츠하이머 치매를 막는 데 크게 도움이 됐다. 조사 기간 내 220명이 치매 진단을 받았는데, 친밀한 관계를 지속적으로 맺은 사람은 치매 발생률이 60퍼센트가량이나 낮았다. 이에 비해 독신 남녀는 치매 발생률이 35~44퍼센트로 높았다.

경제적으로 상류층에 속한 이들이라고 혼삶에 문제가 없지는 않다. 아주 가까운 한 지인은 경제적으로, 사회적으로 상위 1퍼센트 이내에 들만큼 성취를 이룬 분이다. 그는 20년 전쯤 이혼을 했고, 자녀들은 모두 외국에 있어 홀로 서울의 대저택에 살고 있다. 얼마 전 그는 건강검진으로 장에 용종이 생긴 것을 알게 되었다. 병원에서 시술을 위해 보호자를 데려오라는데, 아무리 둘러봐도 마땅한 사람이 없어서 애를 먹었다. 현대인은 하나같이 바쁘니, 가족이나 공동체원이 아니면 그런 사소한 부탁을 할 사람이 마땅치 않은 게 현실이다.

고독할 수는 있지만
고립되어서는 안 된다

내가 좋아하는 수많은 철학자, 예술가들의 상당수는 독신이었다. 플라톤, 다빈치, 칸트, 베토벤, 고흐…. 외로움은 이들에게 창조적 영감을 자극했다. 그들이 밤하늘의 별처럼 외롭게 피워낸 사유와 철학과 예술을 어떻게 사랑하지 않을 수 있겠는가. 그것들은 지금도 상처 입은 영혼들을 어루만져준다. 그러나 별 같은 사람들의 삶이 행복했다고 말할 수는 없다.

　　나는 그동안 '홀로' 사는 수도자, 수행자, 출가자들을 많이 만났다. 오지 토굴과 암자와 봉쇄수도원들을 찾아 전 세계를 다니고, 외롭게 내면의 사욕편정과 싸우며 치열하게 구도하는 이들을 만났다. 10년, 20년, 어떤 이는 30년 넘게 홀로 살고 있었다. 수많은 생을 지나도 짐승과 다름없는 습관의 골짜기를 벗어나지 못하는 인간에게 처절한 수도자와 수행자가 피워낸 것은 인류에겐 어두운 바다의 등대와도 같다. 하지만 진리를 추구한다 하더라도 고립의 결과로 외곬수가 되거나 정신건강도 챙기지 못한 이들이 많다는 점 또한 간과해서는 안 된다. 반대로 동굴에서 나와 열린 마음으로 타인과 어울려 산다면 정신건강이 잘못될 가능성은 거의 없다.

인간은 인간 속에서 단련되고, 인간 속에서 치유되는 것이 현실적이다. 특히 인간은 속성상 홀로 살 수 없는 종이기에 더욱 그렇다. 배가 난파돼 섬에 갇혀 지낸 로빈슨 크루소가 27년간 오직 인간에 대한 그리움, 인간과 함께하기 위한 열망, 인간의 세계로 돌아가기 위한 희망 하나로 버텨냈듯 인간은 현재 홀로 살든 같이 살든 내면은 인간 세계를 지향하고 있다는 점을 부인하기 어렵다.

고독할 수는 있지만 고립되어서는 안 된다

나는 홀로 히말라야 트레킹을 다니고, 홀로 산에 들어가 명상하기도 했다. 히말라야를 홀로 온종일 걷다 보면 절해고도에 서 있는 듯한 외로움이 눈바람보다 차갑게 가슴을 파고든다. 불과 며칠 전까지만 해도 복잡한 서울, 번잡한 일상, 수많은 인간 군상이 없는 곳으로 훌쩍 떠나는 게 꿈이었건만, 그 며칠의 이별 만에 그 지겹던 인간 군상이 도리어 그리워지곤 했다. 히말라야의 압도적인 경관조차 고개를 돌려 감탄을 나눌 이가 없으면 외로움을 더할 뿐이었다. 그 거대한 경관

우린 다르게 살기로 했다

보다 무인지경에서 그리운 것은 인간의 형상, 인간의 목소리였다.

한국에서 은자로 살았던 대표적인 인물이 법정 스님이다. 《오두막 편지》, 《홀로 사는 즐거움》 등 그의 저서의 제목만 들어도 은둔 수행자의 고적이 느껴진다. 그런 그조차 이렇게 말한다.

"홀로 사는 사람은 고독할 수는 있어도 고립되어서는 안 된다. 고독에는 관계가 따르지만, 고립에는 관계가 따르지 않는다."

깊은 산속에서 만난 은자들도 오랜만에 대하는 손님에게 처음엔 데면데면하다가도 고였던 말길이 일단 터지면 객을 결코 놓지 않으려는 듯 밤을 새워 이야기했다. 하산할 때는 등에 그들의 외로운 눈망울이 맺혀 발걸음이 무거웠다. 그 아픔이 말해주었다. 영적 등불을 밝히기 위해, 영적 진보를 위해, 고준한 예술을 낳기 위해 홀로 살아가는 이들에게 경의를 표하는 것과는 별개로 절대 다수의 인간은 고립되어서는 살아갈 수 없고, 결코 행복해질 수가 없다는 것을.

싱글이 마을과 공동체에서 어울릴 수 있게 도와야

미혼여성가구가 2018년 144만 가구로 10년 전에 비해 무려 47.8퍼센트 증가했다. 이 가운데 20~30대가 70퍼센트다. 이렇게 늘어가는 싱글들이 고립되지 않아야 한다. 타인과 어울릴 수 있도록 스스로도 노력하고, 정부도 적극 지원해야 한다. 홀가분하다는 이유로 혼삶을 택해도 그로 인해 치러야 하는 대가는 만만치 않다. 한국형사정책연구원KIC 분석에 따르면 1인 가구 밀집 지역이 비밀집 지역보다 범죄 발생률이 2~3배나 높다. 특히 20~30대 여성 1인 가구는 범죄에 대한 두려움이 특히 높았다. 또 1인 가구는 다인 가구에 비해 거주지 이동이 잦고, 상당수가 월세로 거주하는 등 주거비 부담도 컸다.

　　서울시가 1인 가구 500명을 대상으로 조사한 내용에 따르면 대체로 혼삶에 만족하지만, 10명 가운데 6명이 경제적 문제로 고민했다. 26.2퍼센트는 건강을, 25.8퍼센트는 노후 생활을 걱정했다. 통계 수치로 봐도 1인 가구가 전반적으로 다인 가구에 비해 취약하다. 국회예산정책처 자료에 따르면 50대 1인 가구의 소득은 233만 원으로, 다인 가구 1인당 소득 298만 원의 78퍼센트에 그쳤다. 60대는 더 적은 134만 원으로 다인 가구 1인당 소득 226만 원의 60퍼센트에 불과했다. 노년층 우울 의심률도 1인 가구가 39.9퍼센트로 다인 가구 21.6퍼센트보다 두 배 가까이 높다. 젊은 시절엔 건강하고 활동력이 있어 경제력이 뒷받침되지 않아도 어느 정도 화려한 싱글을 꿈꾸면서라도 살아갈 수 있지만, 나이가 들수록 꿈과는 멀어져 가는 게 싱글의 현실이다.

　　싱글일수록 마을공동체살이에 함께할 수 있도록 두 팔을 벌려 도와야 한다. 싱글도 외롭지 않고 행복해져야 한다. 싱글이 더 이상 사회적으로 왕따를 당해서도, 공동체에서 분리되어서도 안 된다는 뜻이다. 그들도 우리 공동체에서 함께 행복해져야 할 사람들이다.

공동체 속에서
살아가는 혼삶족들

홀로 살던 42세 남성이 자살한 지 보름 만에 발견됐다는 기사 아래엔 '남 일 같지 않다'는 댓글이 있고, 유난히 많은 이가 공감을 표시했다.

아직까지는 고독사가 뉴스가 되지만, 머지않아 고독사는 너무도 일상적이라 뉴스 가치조차 없어질지 모른다. 1인 가구 비중이 급증하는 추세에서 당연한 이야기다. 요새는 싱글과 돌싱 등 이른바 다양한 사람을 껴안으려는 공동체도 생겨나고 있다. 혼삶족도 친구나 이웃의 필요가 절실한 만큼 공유 주택에도 관심이 커지고 있다.

소행주공동체는 현재 1호부터 10호까지 있는데, 그중에는 여자 싱글끼리만 모여 사는 집이 있는가 하면 성소수자들끼리만 살아가는 집도 있다. 사회적 편견을 딛고 서로를 위로하면서 의지하며 살아가는 것이다. 약자와 소수자일수록 서로 힘이 되어주는 공동체가 필요하다. 더욱 바람직한 것은 공동체에서 싱글이나 돌싱이 편견 없이 함께 살아가는 것이 아닐까.

하지만 홀로 살아가던 사람은 공동체살이가 두렵다. 그런 혼삶족이 공동체에서 살아보면 어떨까.

부모 이혼, 아빠의 알코올중독 상처로 대인관계가 두려웠다

먼저 은혜공동체의 싱글이다. 은혜공동체 멤버 중 싱글이 있다. 2012년부터 서울 경희대학교 앞 은혜공동체 인근에 남성 싱글 넷, 여성 싱글 넷, 돌싱 가족 등 15명이 집 세 채를 얻어 공동체 가정을 꾸렸다. 여성 싱글 넷은 방 3개 딸린 집에서 둘씩 방을 쓰고, 방 하나는 공동 서재로 사용했다. 넷 중 유일한 20대로 스물셋에 싱글연합가정에 함께한 막내는 처음에는 언니들과 함께 사는 게 힘들었다고 고백했다. 다섯 살 때 부모가 이혼해서 아빠와 오빠와 셋이 살았는데, 알코올중독인 아빠와 불안한 어린 시절을 보낸 때문인지 사람들과 어울리는 게 어려웠다. 그래서 이곳에 들어와서도 언니들과 잘 어울리지 못하고 방에서 혼자 머문 적이 많았다.

"피해의식이 많다 보니 감정이 잘 조절되지 않고, 자기 연민에서 못 빠져나와 많이 울기도 했죠. 나만의 공간에서 쉴 수 있는 집에서 살다가 연합가정에 온 뒤부터 방 밖에 나가면 사람들을 마주하는 게 두려웠어요. 분명 대인관계에 대한 오랜 두려움을 극복할 기회였지만, 숨고 싶은 마음이 컸던 거지요. 계속 그렇게 살 수는 없다는 생각이 들었습니다. 인간관계의 두려움을 극복하려고 노력하니, 언니들도 이해해주고 응원해주었어요. 두렵거나 긴장이 되어도 견뎌내며 어울려보니 사람들이 더는 두려워할 존재가 아니더라고요. 그런 경험이 쌓이면서 점차 내성이 생겨가는 거 같았어요. 그렇게 조금씩 조금씩 언니들에게 마음의 문을 열고 함께하면서 이웃과 함께하는 데서 오는 불편보다 즐거움이 크다는 것을 알아가게 됐죠."

은혜공동체 멤버들은 박민수 대표 부부와 심리 상담을 통해 자신을 객관화하며 무의식에서 올라오는 마음을 보게 된 것이 관계 개선에 큰 도움이 되었다고 한다. 그렇게 마음을 들여다보니 쓸데없는 두려움에서 벗어나고 그 이후 관계가 훨씬 수월해졌다.

부딪히면서 친밀해진 관계, 이젠 떠날 수 없다

변호사로 서울 서초동의 로펌에 다니는 이지연 씨도 관계의 중압감을 떨쳐버리는 데 심리 상담이 큰 도움이 되었다고 한다. 이씨가 싱글연합가정에 합류한 건 경희대학교 로스쿨에 재학할 때였다.

"부모님과 살다가 독립해 기숙사에서 살았어요. 낮엔 공부에 지쳐

은혜공동체는 다수의 싱글과
동거 커플, 이혼 가정 등 다양한 사람이
공동체의 품에서 함께한다.

서 밤이 되면 편히 쉬며 재충전하고픈 마음이 있었지만 기숙사는 안락감이 별로 없었어요. 룸메이트들이 원해서 한 방을 쓰는 형편도 아니니 속마음을 털어놓는 것도 쉽지 않았지요. 부모님과 살 때나 기숙사에서 살 때나 친구들은 항상 있었지만, 피상적인 관계에 그쳤던 거 같아요. 그런 관계들을 계속 이어가야 하나 하는 피로감도 있었고요. 사람들과의 관계에서 좋다, 행복하다는 느낌이 없어서 그랬던 것 같아요. 공동체에 들어와선 처음엔 집안 어딜 가나 친구들이 내 어색한 표정을 보고 있는 것 같고, 싫어도 어쩔 수 없이 같이 있어야 한다는 게 부담이었어요. 그러면서 관계를 맺는 법을 하나하나 배워가는 거 같아요. 시간이 흘러 룸메이트들과 친밀해지니 이젠 공동체를 떠날 수 없게 됐네요. 앞으로도 계속 함께 살고 싶어요."

싱글연합가정에 살던 4명은 빠짐없이 함께 서울 도봉동 은혜공동체 공유 주택에 2017년 입주했다. 지금은 이들 모두 50명가량의 대식구와 한 집에서 사는 공동체살이에 재미를 붙이고 있다. 이씨는 "만약 남자 친구를 사귄다 해도 공동체에서 계속 살고 싶어요. 남자 친구가 공동체에서 함께 살고 싶지 않다면 결혼하기 어렵다는 생각이 들 정도"라고 했다. 그만큼 공동체에서 떠날 수 없는 몸이 되었다는 얘기다.

내 욕구를 조절하고 상대 욕구에 맞추기를 터득하니 관계가 쉽다

드라마 보조작가인 정영경 씨는 처음엔 돈을 아끼기 위해 싱글연합가정에 합류했다. 그러나 덤으로 오는 이로움이 컸다. 외로움을 많이 타는 편인 그는 혼자 살 때는 답답해도 얘기할 사람이 없어 서글펐는데, 이곳엔 집에 늦게 들어와도 누군가 있으니 힘이 됐다. 늘 좋지만은 않았다. 서로 이기심이나 욕구가 부딪히는 문제는 해결하기가 쉽지 않았다.

그도 심리 상담을 받으면서 자기 감정에만 빠져 있지 않고, 상대를 이해하는 쪽으로 돌아서려고 노력했다. 그러자 갈등하던 상대에 대한 이해가 깊어져 오히려 그와 더 끈끈해지는 기분이 들기까지 했다.

"한창 관계가 삐걱거릴 때 마음속으로 머리끄댕이를 잡은 적도 있었어요. 청소 하나만 봐도, 누구는 시간 맞춰 해야 한다고 하고, 나는 다 함께 해야 한다고 해서 불편해진 적도 있었죠. 다툼이 일어나면 '나는 문제는 없다'고 생각해 열을 받곤 했는데 대표님이 '너도 잘못했다'고 해서 내 문제였구나를 새삼 깨달은 적도 있어요. 제 문제를 마주한 후에 상대와 다시 얘기하고, 부족한 게 있으면 말끔해질 때까지 두 번 세 번 대화를 하기도 했지요. 그렇게 5년 정도 한 집에서 살다 보니 타인과 함께할 때 어떻게 해야 행복해지는가 감이 생기네요."

정씨는 그 과정에서 자기 욕구를 조절하고 상대방의 욕구와 맞춰가면서 살아가는 법을 터득했다. 이제 더 많은 식구와 사는데도 부담스럽지 않고, 너무도 즐겁다.

공립학교 음악 교사인 정현아 씨도 싱글연합가정에서 살면서 초창기에는 싸우기도 했지만, 갈수록 대화가 긴밀해지고 깊어지면서 이게 바로 행복이구나라고 느꼈다. 집에 들어오면 항상 누군가가 있고, 대화가 시작되면 저 깊이까지 갈 수 있는 게 너무나 충족감이 크다. 넷만 살다가 이곳으로 옮겨오면서 상당한 변화가 생겼다. 식구가 넷에서 50명으로 늘었기 때문이다.

"대화 상대가 많아지고, 놀 거리가 너무 다양해졌어요. 책 보고, 함께 밥 먹고, 놀고, 술 마시고… 처음엔 걱정도 됐죠. 아이들이랑은 살아본 적이 없었거든요. 옆에서 아이를 돌보고 있으면 나도 지나치지 못해 봐줘야 할 것 같았어요. 하지만 다 기우더군요. 함께 사는 아이들은 어른들 통제에 잘 따르고, 자기들끼리 잘 놀아요. 아이들에겐 아이들 세상, 어른에게 어른들 세상이 있어요. 2층은 아이들 출입 금지 구역이에요. 이 집에서 그런 공간도 필요하겠다는 생각으로 만든 거지요. 2층에선 조용히 작업을 할 수 있죠. 그런 공간까지 확보되니 생각했던 것보다 좋은 게 많네요."

우린 다르게 살기로 했다

동거 커플도 편견 없이 마주하는 곳

은혜공동체엔 동거 커플도 있다. 문화예술강사인 김보라 씨는 남자 친구와 만난 지 10년이 됐고 6년을 같이 살았지만, 밖에선 동거 사실을 시원하게 꺼내지 못했다. 아버지는 개 두 마리랑 살고 있는 줄만 안다. "왜 아직 결혼을 못했냐, 돈이 없어서 못했냐"는 말을 들으면 답할 말을 찾지 못했고, 동거하고 있다고 솔직하게 말하면 당장 결혼하라고 채근해서 말을 꺼내기도 힘들었다. 공동체에서는 동거 커플에 대해서도 자신의 선택을 존중해주고, 있는 그대로 바라봐 부담 없이 즐겁게 살아가고 있다.

은혜공동체에는 아이가 없는 신혼부부도 있다. 공동체 내 대안학교 교사인 정설 씨는 예전에 비해 아내와 대화 시간이 많이 줄었지만 생활은 오히려 역동적으로 바뀌었다고 한다.

"삶이 더 활력 있다고 할까요. 아내와 보내는 시간이 좀 짧아졌지만 더 집중하게 돼요. 짧지만 애틋하기도 해요. 같이 살면서 생각만큼 타인을 신경 써야 하는 건 아니더라고요. 그런데도 스릴 있어요. 전반적으로는 더 만족합니다. 여기 들어올 때는 아내가 걱정을 많이 했어요. 그런데 막상 들어오니 괜한 걱정이었어요. 둘이만 살때는 아내가 저를 많이 기다렸어요. 그런데 이곳에서는 나를 찾기보다는 이웃들과 즐겁게 지내다 보니 더 자유로워졌지요."

송보영 씨도 "아이가 없어도 공동체 아이들이 주는 즐거움이 있다"며 "전에는 남편이 늦게 들어오면 서운했는데, 이곳에선 재밌는 일이 많아져 남편만 기다리는 일은 없다"고 했다.

이혼 가정 아이들을 삼촌 이모가 되어 껴안는 사람들

은혜공동체엔 이혼 가정도 있다. 다수의 싱글과 동거 커플, 이혼 가정 등 다양한 사람이 공동체의 품에서 함께한다. 고등학교 과정인 아들 둘과 함께 회기동에서부터 은혜공동체 멤버로 살아온 돌싱은 이혼 전엔 집이 무덤이었고, 그나마 회사로 나가면 숨통이 트였다면, 지금은 회사에 있는 동안에도 빨리 돌아오고 싶을 만큼 공동체가 천국 같다고 했다. 그는 이혼녀나 이혼 자녀에 대한 편견 때문에 아빠 없는 아이로 키우는 게 두려웠다. 그런데 공동체에서 많은 삼촌들이 모두 아빠 노릇을 해주고 보듬어 아이들이 구김살 없이 큰 것이 무엇보다 행복하다. 아이들도 상처 없이 자라 너무 고맙다고 한다.

이런 사례는 남다른 화합을 보이는 소행주에도 있다. 소행주 1호 5주년 행사 때 한 자리에 모여 지난날을 얘기할 때 이혼 가정의 딸이 나와서 "다른 곳이었다면 이혼 가정에 대한 편견으로 더 힘들게 살아야 했을지 모른다. 그러나 소행주 가족들이 따뜻하게 보듬어줘 잘 지낼 수 있었다"며 눈물을 흘려 모두 함께 눈물바다가 되기도 했다. 그게 공동체의 힘이다.

요즘은 이혼율이 높아 한부모가정이 많다. 아이들은 엄마와 아빠가 헤어져 한부모와는 떨어져 살 수밖에 없는 사실만으로도 고통스러운데 편견과 차별까지 가해진다면 이를 감당하기란 어렵다. 여전히 우리 사회는 돌싱이나 한부모가정 아이들에 대한 편견이 적지 않다. 아이 없이 살아가는 부부에 대해서도 이를 당연한 가족의 한 형태로 받아들이지 못하는 사람이 많다. 결혼해서 아이가 있고, 부모가 다 있는 가족만이 정상이고 나머지는 비정상이라고 생각한다. 그런 편견이야말로 공동체적 삶이 가장 필요한 그들이 마을이나 공동체에 어울리지 못하게 한다.

그런 어려움에도 일단 공동체로 들어간 싱글이나 돌싱, 한부모가족은 상처를 극복하고 위로를 얻는다. 당사자도 편견을 두려워하지 말고 공동체 삶에 적극 나설 필요가 있다. 아이가 없는 부부는 아이 가진 부모들이 모든 화제를 아이 위주로 끌고 가니 함께하지 못하다 보면 더욱 소외되기 마련이다. 그런데 공동체에 함께하는 40대 후반 딩크족은 동네 아이들이 이모, 삼촌이라고 불러주며 따르니 아이를 낳지 않고도 아들딸이 생긴 것처럼 행복하고 즐겁다고 고백했다. 마음을 닫아버리면 누구도 다가오기 어렵다.

함께 살면서
배운 것들

요즘은 외동도 많고 형제자매가 많아봐야 두셋을 넘는 경우가 별로 없다. 많은 형제자매 속에서 자랐던 수십 년 전과 달리 요즘 젊은이들이 타인과 함께 살아가는 데 어려움을 겪는 건 당연하다.

싱글에게 공동체 훈련의 기회를 제공하는 곳이 바로 밝은누리다. 서울 강북구 인수동 밝은누리 멤버 150명 가운데는 싱글이 35명이나 된다. 여성 비혼자 여섯 집, 남성 비혼자 세 집에서 싱글 서너 명씩이 살아간다. 이곳은 서너 명이 모두 한 방에서 잔다는 게 독특하다. 남은 방은 서재나 휴식 방, 옷 방으로 공유한다. 모든 방을 함께 쓴다. 거실과 부엌은 말할 것도 없다. 프라이버시를 보호하기 위해 최대한 각방을 쓰려는 게 젊은이들의 추세인데 이곳은 반대다.

우린 다르게 살기로 했다

밝은누리는 공동체를 한몸살이라고 부른다. 한 방에 부대끼면서 한 몸으로 사는 연습을 하기 위해 불편하더라도 한 방을 쓴다. 싱글이지만 타인과 함께 사는 훈련을 해보는 것이다. 이곳에 합류하는 이들은 밝은누리에서 운영하는 공동체지도력훈련에서 1년 동안 일주일에 한 번 3시간씩 교육을 받는다. 그리고 타인들과 함께 살고 싶다는 뜻을 실행해보려고 작정하면, 이곳에 와서 한몸살이를 시작한다. 계속 같은 사람들끼리만 사는 것도 아니다. 1년에 한 번씩은 룸메이트를 바꿔 살아본다. 이런 과정을 거쳐 이들은 대부분 타인과 함께 살아갈 자신감을 얻어 결혼을 하고 출산까지 한다니 놀라운 일이다.

심지연 씨는 자유롭게 살고 싶어 부모님으로부터 독립해 혼자 1년간 살았다. 그런데 혼삶이 생각만큼 행복하지 않았다. 처음엔 분위기도 내며 밥을 해 먹기도 하고 초도 켜보았는데, 나중엔 심심하니 거울 보고 혼자 얘기하고, 혼자 먹으니 밥도 맛이 없었다. 사는 것도 불편했다. 그때는 요리 1인분도 잘 안 팔았다. 먹는 것도 부실해지고 재미가 없었다.

홀로 살며 마음껏 즐기리라 생각하던 그가 밝은누리에 들어와 결혼도 하고 아이까지 낳아 기르고 있다. 밝은누리에서 싱글과 한집살이를 하면서 그런 삶이 예비됐다.

싱글 공동체는 누구라도 상처를 방치하지 않는다

한 방을 쓰다 보니, 친구들을 속속들이 알게 되는 것이 신기했다. 누가 비염이 있고, 누가 어디가 안 좋은지도 알았다. 상대를 깊이 알아가다 보면 그가 남들이 일할 때 집안일을 하지 않고 쉬고 있더라도, 불러서 함께하게 해야 할 때인지 그냥 쉬게 둬야 할 때인지 감이 왔다. 심지연 씨는 말한다.

"한번은 비혼자집에서 2명이서 산 적도 있어요. 그때는 결혼해서 살면 이런 느낌이겠구나라는 생각이 들더군요. 나중엔 함께 사는 게 얼마나 재밌는지, 신혼여행 갔을 때보다 한 방 친구 넷이서 간 여행이 재미있더라고요(웃음). 둘이 아닌 넷이 되면 그만큼 삶이 풍성해지고 다양한 경험을 하게 돼요. 하루 어떻게들 보냈는지 이야기도 나누고, 크고 작은 고민도 들어주기도 하고, 저녁에 배드민턴도 치고, 즉각 노래 한 소절 뽑기도 하고요. 부모님와 함께 살 때는 요리 하나도 제대로 할 줄도 몰랐어요. 라면 끓이고, 계란프라이하는 게 전부였는데 비혼공동체방에서 함께 살다 보니 웬만한 건 할 수 있게 됐어요. 어느 정도 살림을 할 수 있게 된 후에 결혼하니 좋더라고요. 주위 친구들은 결혼하고서도 살림 때문에 다투기도 하는데, 우리 둘은 각자 공동 생활을 하면서 갈고닦아 살림에 빈틈이 적어졌죠. 그만큼 서로 잔소리 할 일이 없어지고요."

남성비혼공동체방에서 살다가 심지연 씨와 결혼한 장철순 씨는 함께 살면서 힘든 것을 회피하지 않고 어려움을 극복하는 경험이 생겼다고 했다. 혼자 살 때와 달리 같이 살 때는 그냥 내버려두는 법이 없다. 고독하게 상처 속에서 곪아가게도, 잘못된 삶의 습관을 계속하게도 두지 않는다. 그렇게 하면서 자기를 알아가고, 다른 삶에 참여하고 개입하면서 함께 성장해간다. 그것이 같이 사는 이유다. 그는 "공동체는 선배들로부터 삶의 지혜와 경험을 배우는 게 큰 강점이다"라고 말했다.

"대학 시절엔 부모님을 떠나서 사는 게 마땅하다고 생각했어요. 친구랑도 살고, 혼자 자취도 했죠. 외롭지는 않았어요. 그런데 취업이라든가 삶의 문제에 있어서 또래 친구들끼리 만나면 넋두리만 하지, 해결점도 없어서 답답하더라고요. 아는 게 없으니 속수무책이고, 가장 중차대한 고민에서 각자도생해야 한다는 게 힘들었어요. 그런데 이곳에는 중심축이 있고, 지혜와 경험을 가진 선배들이 있어 큰 힘이 되고, 나도 그런 선배가 되고 싶다는 생각이 들었어요. 이젠 홀로 사느냐 함께 사느냐는 선택의 문제가 아니라는 것을 절실히 깨달았지요. 설사 싱글로 살더라도, 혼자 고립되지 않고 다른 사람들과 어울려 함께 살아야 한다는 것. 그것이 모든 인간이 가야 할 삶의 방향이라는 걸 확신해요."

자유롭게 살다가 밝은누리에 들어와
결혼에 이르는 사람들도 있다.

ⓒ 밝은누리공동체

밝은누리 남성비혼공동체방 멤버들과
여성비혼공동체방 멤버들.
한 몸으로 사는 연습을 하기 위해
불편하더라도 한 방을 쓴다.
싱글이지만 타인과 함께 사는
훈련을 해보는 것이다.

ⓒ 밝은누리공동체

공동체엔 이미 내 고민을 거친 경험자들이 즐비하다

싱글인 김채진 씨도 바로 그 점이 공동체에서 살아가는 이유라고 했다. 그는 3년 전 밝은누리 여성비혼지집에 들어오기 전까진 대학교 기숙사에서 살다가 친구들과도 살아보았다. 적게는 3명, 많게는 5명이서 살았다. 학생 때는 워낙 바쁘고 어울려 다니느라 외로운 걸 몰랐다. 대학가 근처에 사니 친구들과 동아리 멤버들도 자주 놀러왔다. 그런데 또래 대학생들만 모여 지내니 삶에 답이 안 나오는 게 문제였다. 미래가 불투명하고 불안을 겪는 청년들끼리만 어울리다 보니 어떻게 살 것인지에 대한 답이 없어 답답했다. 직장을 구해서 제대로 살 수 있을지, 앞으로 인생이 어떻게 될지 모든 게 막연하고 불안했다. 지금은 결혼한 사람들, 아이 키우는 사람들, 직장에 다니는 사람들을 보면서 결혼하면 저렇겠구나, 아이를 낳으면 이렇겠구나, 직장에서도 이렇게 하면 더 잘 지낼 수 있겠구나를 눈으로 보면서 알게 돼 막연한 불안을 떨쳐버릴 수 있고 풍족함이 커졌다. 김채진 씨 얘기다.

"한 방에서 서로 관계가 깊어지면서 다른 새로운 차원의 자유를 느끼게 됐어요. 피곤한 몸을 이끌고 퇴근했는데도 누군가 내 이야기를 들어줄 때, 얘기할 곳 없이 혼자만 삭여야 했던 부자유와는 비교할 수 없는 자유가 느껴졌어요. 또 혼자 있을 때는 정작 내 자신을 몰랐더라고요. 나를 봐주는 사람이 없으니, 내 상태를 알 수 없었어요. 내가 정신적으로 건강한지 어떤지도 알 수 없었죠. 그런데 한 방에 같이 살면서는 내 상태를 봐주는 사람이 있어서 나에 대해 자각할 수 있게 되데요. 내가 어떤 삶을 살고 싶은지, 내가 어떤 사람인지를 알게 되었어요. 그것이 진정한 자유 아닌가요? 이곳에 오기 전엔 심리 상담을 받아도 내 내면의 문제를 잘 깨닫지 못했어요. 그런데 한 방에 사는 친구들과 얘기를 하면서 깊은 내면을 표현하고 그렇게 내면의 아픔이 드러나니 아픔을 극복할 수도 있더라고요. 예전엔 더불어 사는 삶은 자신이 없었어요. 남들과는 못살 것 같다는 기분이 들곤 했지요. 지금은 달라요. 부모님도 공동체에 관심을 가지기 시작했어요. 부모님도 노후를 불안해하세요. 할머니를 요양원에밖에 못 맡기는 상황이거든요. 대안을 찾기 어렵잖아요. 돈과 시간이 있는데도 그렇더라고요. 공동체에선 나이가 들어도 요양원에 가지 않고 함께 살아갈 수 있잖아요."

불통과 갈등을 겪으면서도 관계를 배운다

2013년 밝은누리에 온 고경환 씨는 비혼자 방에서 결혼 전까지 2년을 살았다. 이곳에 오기 전엔 아버지랑 둘이서 살았다. 그는 어릴 때부터 혼자 지내는 것을 즐겼다. 영화도 혼자 보는 것을 좋아했다. 혼자 있어도 불편하지 않았고, '남에게 피해 안 주고 각자 잘 살면 되지'라고 생각했다. 위로 누나가 둘 있지만 홀로 지낼 때가 많았다. 그는 형제 공동체 방에 이사 오고 나서 자신에게도 형과 동생, 또래 친구들이 생겼다는 게 신기했다. 가을에 이사 와서 하룻밤 자고 새벽녘에 일어나니 방에 자기 말고도 3명이 더 자고 있었다. 평생 방을 혼자 쓰다가 너무 이상하고 어색했다. 굉장히 인상적인 기억이었다. 같이 사는 것은 혼자 사는 것과는 달랐다.

"이사 온 지 얼마 안 되었을 때였어요. 자기 밥그릇은 스스로 치우자는 원칙이 있었어요. 나도 그릇이나 컵은 바로바로 잘 치운다고 생각했는데, 함께 살던 친구는 그렇게 안 본 모양이에요. 컵을 사용하고 책장에 뒀는데, 친구가 '이러면 안 된다'고 말해 지나치게 참견한다 싶더라고요. 나름 잘한다고 했는데 지적질 당한다는 생각에 억울했던 거지요. 대화를 해보려고 했지만 말이 안 통한다는 느낌 때문에 서글퍼졌어요. 그런데 그 이후 그 친구가 성실하게 살아가는 것을 유심히 지켜보니 그 친구를 더 많이 이해하게 됐고, 진심을 알게 됐죠. 그 일이 결과적으로는 그 친구에 대한 신뢰를 더하게 했어요. 사소한 갈등을 그냥 덮지 않고 부대끼면서 신뢰가 더 깊어지고 관계가 튼튼해져요. 같이 살며 힘든 일을 같이 얘기하다 보면 금방 상대방의 기운을 공감하는 사이가 돼요."

'인간이란 원래 외로운 건가?' 싶었는데, 아니더라

결혼 10년 차인 김현기 씨는 밝은누리에서 싱글끼리 한집살이를 하는 게 생각했던 것보다 재미있었다. 김현기 씨의 말이다.

"워낙 다른 사람들인데 한 방을 쓰다 보니 잠버릇까지 모두 알게 돼요. 처음 들어왔을 때는 마을 공동 밥상이 없어서 집집마다 밥을 해서 먹었어요. 퇴근 시간은 각자 다르니 아침이라도 같이 먹자고 밥을 차리고 이것저것 만들어 먹는 게 재미있더라고요. 부엌일도 서로 나눠서 하니까 살림도 익숙해졌어요."

김나경 씨는 2011년에 들어와 독신자 집에서 5년간 살다가 2016년 결혼했다. 어려서 홀로 미국으로 조기 유학을 갔다. 중학교 3학년 때부터 대학 1학년 때까지 기숙사에서 살았고, 그 이후 6년간은 자취했다.

"늘 외로웠어요. 인간은 원래 외로운가보다 이렇게만 생각했지요. 그러다 대학을 졸업한 후 미국에서 교회 청년부 청년들과 어울리며 잘 지내는 게 좋았는데, 그런 관계도 지나가는 인연이고, 지속적이지 못한 게 아쉬웠죠. 이곳에 와서 영원히 함께할 수 있는 이들과 지속적인 깊은 관계를 맺은 데서 안정감을 느낍니다."

회사원인 이계진 씨는 가족과 살다가 2015년 가을에 이곳에 들어왔다. 그는 군 장교 출신이다. 이곳에 오기 전까지는 셰어하우스

에 살며 유흥비로 꽤 많은 돈을 썼다. 이곳에 오면서 씀씀이가 크게
줄었다.

함께 살면서 나를 알게 됐다

자기중심적이고 폐쇄적으로 살다가 타인들과 같이 사니 서로
오해가 생겨 곤란할 때도 있었다. 셰어하우스에 살 때만 해도 상대
방이 싫으면 안 보면 됐는데, 한 방에서 지내면 할 수 없이 계속 봐야
하니, 서로에게 충고하면서 삶에 간섭할 수밖에 없었다. 그러면서 자
신을 새롭게 발견했다. 이계진 씨의 말이다.

"모여 살기 전에는 나를 객관화해 보지 못했어요. 여기서 요리다
운 요리를 처음 해보았는데, 사람들이 너무 맛있다고 칭찬해주고
잘 먹어줘서 '내가 한 요리가 정말 맛있나. 내가 요리를 잘하나'라
는 생각을 처음 하게 되었죠. 친밀한 조언도 참 좋았어요. 회사에
서 어려운 일을 당하고 선배나 상사한테 시달리거나 고민이 있을
때 집에 와서 풀어놓고 얘기하면 직장 다니는 형이 '그거 아무 일
도 아니다' '이렇게 해봐라'라고 얘기해줘 그날 밤 모처럼 단잠을
잤어요. 코고는 소리가 짜증 날 때도 있긴 해요. 그럴 때는 귀마개
를 끼고 자요. 코고는 소리가 시끄러우면 짜증부터 올라왔는데,
오래 지내다 보니 '저 형이 힘든 일이 있었나' '무슨 일로 피곤한
가'라고 생각하게 되더군요. 혼자만 살면 누군가를 이해하려고 생

각도 못 했을 텐데 같이 살다 보니 마음이 쓰이고 인간에 대한 이해가 깊어지는 거 같아요. 더 많은 인간을 잘 이해할수록 삶의 만족도가 높아져요. 공동체 방에 들어간 지 2년이 넘으니 친구들이 이구동성으로 내가 웃음과 여유가 많아졌다고 하네요."

4부

해외 공동체를
가다

1. 병든 개인과 세상의 치유자들

50대 중반,
몸의 반란이 시작되었다

나도 벌써 50대 중반이 됐다. 기자가 된 지도 30년이 다 되어간다. 엇비슷한 또래 기자 10명이 10여 년 전 같이 책을 낸 적이 있는데, 이를 계기로 1년에 서너 차례씩 만나 저녁을 먹곤 한다. 얼마 전 모임에서는 다들 자리에 앉자마자 "어디 아픈데 없냐"는 안부로 시작된 화제가 병 고백 릴레이로 이어졌다. 한 사람은 오십견이 심해져 팔을 들 수 없다고 하고, 다른 하나는 당뇨병으로 눈 수술을 몇 차례 받았는데 자칫 실명할 수도 있다고 했다. 또 하나는 통풍이 너무 심해 통증을 견디기 어렵다고 했다. 그런 이야기만 한 시간쯤 하다 보니 우울해져 '이제 우리 아픈 이야기 좀 그만하자'고 누군가 제안했고, 모두 동의했다. 그런데 한참 이야기를 하다 보니, 다시 아픈 이야기로 돌

우린 다르게 살기로 했다

아가 있었다. 아픈 곳이 있으면 온갖 신경이 그쪽으로 쓰이듯, 다들 몸 상태가 좋지 않으니 화제가 자꾸 그쪽으로만 갔다.

1980년대 후반이나 90년대 초반에 나름 '언론고시'를 통과해 부지런히 살아온 이들 중에선 고위직에 오른 이도 있다. 미래가 보이지 않는 청년들이 보기엔 부러울 수 있다. 그런데 그런 이들이 모여 만신창이가 된 몸의 고통이나 호소할 줄 누가 상상이나 했을까.

하루는 모처럼 강남에 사는 고교 동창을 만났다. 이들은 기자와는 비교할 수 없는 고액 연봉자들이다. 이들이 뜬금없이 간호조무사 자격증 얘기를 했다. 한 친구는 이미 자격증을 땄고, 다른 친구는 시험을 준비하고 있단다. "이 나이에 무슨 간호조무사 시험이냐"고 묻자, 서로 점심을 같이 하다가 한 친구가 간호조무사 시험을 봤다고 하자, 다른 친구도 "그거 괜찮겠다"며 시작했다고 했다. 친구는 '오늘 잘릴지 내일 잘릴지 모르고 50대에 아무것도 안 하고 놀기엔 너무 불안한데 이 자격증이라도 따놓으니 든든하다"고 했다. 이 나이로 은퇴해 자영업을 하지 않는 이상 경비원 말고는 할 게 없으니, 간호조무사 자격증을 따면 동생이 운영하는 병원에서라도 일을 할 수 있다는 것이다.

그 말을 들으면서도 믿기지가 않았다. 한 친구는 세계적인 대기업 임원이고, 다른 친구는 외국계 건축설비회사 이사로 둘 다 억대 연봉자들이다. 한국 청년층(만 15~24세)의 취업률은 27%로 OECD 평균 취업률 41.4%에 비해 크게 떨어진다. 대기업 취업은 하늘의 별

따기다. 그 대기업 신입사원 가운데 1%만이 임원이 된다. 암 투병 사실까지 회사에 감추고 죽도록 일해서 임원에 오른 친구조차 퇴직 후 불안 때문에 간호조무사 자격증을 따야 할 정도라면 다른 사람들은 어찌 살란 말이냐는 소리가 절로 나왔다.

몸의 반란을 치료하러 떠난 해외 대안 공동체들

자본주의적 적자생존에서 승리한 그들조차 불안에서 벗어날 수 없다면 그런 승리를 위해 죽기 살기로 뛰는 것은 무슨 소용이 있을까. 우리는 누구도 안전하지 않은 불안의 강을 건너고 있다. 그 격류의 강을 건널 때 고수라면 최대한 짐을 가볍게 할 것이다. 히말라야 트레킹이나 배낭여행을 떠날 때도 여행의 고수는 백만 년 만에 한 번 쓸까 말까 한 짐을 넣어 '무거워 미치겠다'고 징징대면서 질질 끌고 다니는 미친 짓은 하지 않는다.

미친 사람 투성이인 세상에서 모처럼 미치지 않은 사람들을 찾아 나설 기회가 내게도 생겼다. 순전히 몸이 반란을 일으켜준 덕이었다. 나는 자가면역 이상으로 등 통증이 생겨 8년 정도를 고생하고 있었다. 등 통증이 심해지면 염증이 눈까지 번졌다. 국내 유수의 대학병원을 다녀도 눈 충혈을 없애는 정도의 처방만 할 뿐 근본적인 치료 같은 건 아예 생각도 안 했다. 몇 개월간 눈을 뜨기 어렵게 되자 휴직을 하지 않을 수 없었다. 병원에 가도 일시적으로 통증을 덜어주는 마취주사나 진통제를 처방할 뿐이었다. 양방에서 방법이 안 보이자 한방과 온갖 대안적인 치료를 찾아 나섰다. 침, 벌침, 자석, 뜸, 사혈, 부항, 운동 치료, 경락 마사지, 안마까지 할 수 있는 건 다 해보고, 먹을 수 있는 건 거의 먹어봤지만 차도가 없었다. 도무지 살 길이 없는 자본주의의 병이 내 몸으로 현시한 것만 같았다.

그래서 찾은 곳이 태국의 불교 공동체인 '아속'이었다. 경남 산청 기독교대안학교인 민들레학교 김인수 교장 선생님이 매년 학생 10여 명을 데리고 한 달씩 살고 오는데, 꼭 한 번 가보라고 권유하던 게 생각났다. 아속에서는 관장을 통해 몸의 독소를 빼내 건강을 되찾게 해주는데, 내가 그곳 사람들처럼 맨발로 시골길을 거닐고 해독까지 하면 몸이 좋아질 것 같다는 거였다. 아속으로 간 게 해외 공동체 순례의 시발이 됐다.

대안 공동체들은 현대 문명의 병폐를 인식하고, 근본적인 삶의 변화를 꾀하고 있다. 몸에 대해서도 눈이 아프면 눈병 치료약만을 주는 대증요법식 처방만 내리는 서양의학과 달리 독소를 빼 몸을 정화시켜 활력과 건강을 되찾게 하는 근본적인 접근법을 썼다. 아속에서 어느 정도 효과를 보고, 아유르베딕 자연 치유법으로 유명한 인도 오로빌까지 갔다. 치유 순례가 공동체 순례로 이어진 것이다.

'컬트'로 비난할 수 없는
공동체 선구자들

2000년 밀레니엄을 앞두고 〈한겨레〉에서 '새 시대 문명 시리즈'로 공동체에 대해 다룬 바 있다. 유럽에서 시작된 대안 공동체 운동을 현지 취재해 보도했다. 이때 받은 감동을 잊지 못해 세계 10여 개 공동체에서 직접 살아본 사람들의 글을 모아 《세계 어디에도 내 집이 있다》는 책을 기획한 적도 있었기에 언젠가는 공동체에 몇 주일이라도 꼭 살아보고 싶은 열망이 있었다. 그런데 대안 없던 병이 대안 공동체에 머물 기회를 주었다.

　　1년의 휴직 기간 동안 태국의 5개 아속공동체와 인도의 오로빌, 미국의 브루더호프공동체 네 곳, 일본의 야마기시공동체 두 곳과 애즈원 등을 체험했다. 한국에 돌아온 뒤엔 우리나라의 공동체들과 공동체성이 있는 마을을 하나씩 둘러보았다.

외국에서 공동체라고 할 때는 자연 마을이 아니라 어떤 목적을 가지고 함께 모여 사는 마을을 말한다. 자기 욕망을 실현하기 위해 애쓰는 자본주의 삶의 잔인성과 파괴성을 보고 대안을 선택해 사는 마을이다. 대부분 남다른 가치하에 모여 사유재산도 가지지 않은 채 한 가족처럼 살아간다. 이 정도 되려면 종교적 귀의 이상의 가치 전환이 필요하다. 우리나라 같은 욕망 사회에선 부자는 말할 것도 없고, 별로 가진 게 없는 사람일지라도 자기 것을 내놓으라고 하면, '안 들어가고 말지'라며 뒷걸음칠 가능성이 높다.

우리 눈에는 지금부터 소개하는 아속이나 브루더호프 같은 공동체가 너무 이상적일 수 있다. 가지 않은 길을 가는 창조적 소수를 경애의 눈으로 바라보기보다는 쳐다보기가 버거우니 '돌아이'로 치부할 수도 있다. 탁류에서 노는 자신을 정당화하려 오히려 이상적 공동체들을 컬트쯤으로 희화화할 수 있다. 공동체를 시작한 이들은 우리가 결단하지 못할 때 결단했고, 그 실험을 앞장서 행한 선구자다. 모든 세상이 자본주의 홍수에 휩쓸려 이기적 성장만을 추구하며 온갖 생명을 멸종 위기로 몰아넣고, 이번 세대만 살고 말 것처럼 자원을 고갈시키며 바다에까지 쓰레기 더미를 쏟아부을 때 이들은 '이래서는 지구가 천 개라도 남아날 수 없다'면서 다른 삶을 살고 있다. 그러니 이들을 '컬트'로 비난할 것이 아니라 경애의 마음으로 배워야하고 찬양 고무해도 부족하다.

이상향은 장소가 아니라 가치의 전환

그들의 삶이 시사하는 바가 적지 않다. 공동체라고 유토피아적 모습만 있을 리가 없다. 그곳도 사람들이 살아가는 곳, 당연히 싸우고 지지고 볶는 과정이 있기 마련이다. 하지만 그들이 새로운 가치, 새로운 삶을 추구하면서 인간·사회 실험을 하고 있기에 우리는 훨씬 시행착오를 덜 겪고 나아갈 수 있다. 그들의 시행착오는 비난해야 할 사항이 아니라 감사해야 할 것들이다.

아속이나 브루더호프 사람들은 혁명가라고 아니할 수 없다. 이기적인 유전자를 지녔다는 인간에게 이런 삶이 가능하다는 것이 인류의 희망이다. 일본의 애즈원은 인간이 규정한 고정관념을 다 비운 채 '인간이란 존재는 과연 어떤 존재인지' '인간이 과연 명령과 규범, 상하 위계가 없이도 살아갈 수 있는지'를 실험하고 있다.

괴테의 말처럼 여행이란 목적지에 도착하기 위해서가 아니라 여행 자체를 위해서다. 우리는 그들이 목적지에 도달했느냐를 따져 묻기보다는 그들이 지향하는 바를 봐야 한다. 그들의 삶이 혁명적이긴 하지만 예수처럼 십자가에 매달려야 한다거나 석가처럼 처자식까지 버리고 무소유로 거리로 나서기를 요구치는 않는다. 독립운동이나 프롤레타리아 혁명처럼 자신과 가족의 안위를 던질 것도 요구하진 않는다. 그 무엇보다 가족과의 삶을 소중히 여기며, 가족과 친구, 이웃들과 행복하게 살아가면서 하는 혁명이니 혁명 치고는 특이하고 유쾌한 혁명이다.

공동체의 삶은 유토피아적인 측면이 있다. 하지만 칼 융은 이상향을 추구하는 것도 내면 생활의 투사라고 했다. 내적 만족이 없는 사람이 자신의 정서적 좌절감을 공동체가 채워줄 것이라고 기대한다는 것이다. 지금부터 소개하는 곳은 좌절감을 채워줄 만큼 화려해 이상향이 아니라, 그런 욕망과 집착조차 놓아버리고 삶의 가치관을 달리 했기에 이상향이 되었다.

이상향은 장소라기보다는 가치의 문제다. 즉, 삶의 목표를 어디다 두느냐다. 여기가 아닌 거기에 가고 싶다는 욕구의 바퀴만 헛돌리는 게 아니다.

여기서는 그들의 시행착오조차 가감 없이 보여줄 예정이다. 순탄하기만 한 가정사는 현실이 아니듯 문제가 없는 공동체란 없다. 문제가 없어야 한다는 환상이야말로 가장 큰 문제일지 모른다. 인간이나 공동체나 시련을 통해서 성장하는 것은 만고불변의 진실 아닌가. 문제가 두려워 또는 헤어지는 것이 두려워 사랑 한 번 못 해보는 무료한 바보가 되기에는 생이 너무나 아깝지 않은가.

2. 환희의 비결은 타인을 위한 삶:

태국 아속

아속의
여러 모습

아속은 환희라는 뜻이다. 특히 '고통이 없는 상태'의 환희다. 몸이 아프면 누구나 배부른 돼지가 되긴 어렵다. 괴롭기에 자신을 철학하게 된다. 환희롭기는 어렵다는 의미다. 내 몸도 아팠지만 환자는 나만이 아니다. 세상이 아프다. 그러니 물을 수밖에 없다.

　이 세상은 이토록 발전하고 마천루가 솟고 물건이 넘치고 네온사인이 휘황찬란한데, 정작 다수는 왜 지하방에 갇힌 죄수처럼 부자유스럽고 어둡고 괴로운 것일까. 지구상에서 매일 3만 7천 명씩 굶어 죽는데도, 소수 권력자와 부자의 욕망만은 왜 암처럼 무한 성장할까. 인간의 욕망은 어떤 도덕도, 어떤 종교도, 어떤 투쟁으로도 끝내 초월할 수 없는 것일까. 하지만 이런 물음엔 메아리마저 없다.

'어차피 세상은 그런 것 아니냐'며, 부서지고 깨진 상처를 안고 현실에서 도피하기 위해 공동체를 찾는 사람도 있다. 그러나 모순을 자각하고, 암흑 속에서도 가슴속에 타오르는 등불 하나만은 결코 꺼트릴 수 없어 공동체를 찾고 만들어가는 이들도 있다.

방콕에서 차로 10시간가량 떨어진 태국 중서부 시사켓에 있는 시사아속이 그런 곳이다. 처음 아속에 간 건 건강에도 도움이 될 것이라는 권유 때문이었다. 그래서 그들의 독특한 건강법이 우선 관심사였다. 처음 5일간은 아속의 방식에 따라 단식과 관장을 했다. 그렇다고 몸만 챙길 수만은 없다. 공동체에서는 구경꾼은 허용되지 않는다. 공동체 사람들은 관객이 되기를 원치 않는다. '일단 문 안에 들어오면, 일상사를 함께하라'는 게 대부분 공동체가 방문자들에게 요구하는 일이다.

단식과 관장을 하면서도 노동을 했다. 단식을 한다고 누워만 있지 않고 조금씩 일을 하는 게 활력을 위해 도움이 되는 듯도 했다. 그렇게 단식과 노동을 병행하는 동안 컨디션이 회복되기 시작했다. 관장을 통해 몸 안에 오래도록 쌓여 있던 독소들이 빠져나오면서 맑아진 느낌이 들었다. 그리고 나니 아속을 좀 더 차분하게 살펴볼 마음의 여유가 생겼다.

아속은 불교 국가인 태국에서 주류 불교의 타락을 정면으로 비판한 단체다. 국왕조차 함부로 할 수 없는 불교 국가에서 불교 권력의 타락을 비판하는 것은 계란으로 바위 치기와 다름없는 짓이었다. 그러면서도 오늘날 태국의 주류도 무시할 수 없는 5개 공동체 마을을 포함한 아속 왕국을 만드는 기적을 이뤄냈다.

군 장성 출신으로 출세 지향적이던 정치인 잠롱 스리무엉 전 방콕 시장을 청백리가 되게 한 것도 아속이다. 잠롱의 멘토가 바로 아속의 창시자 포틸락 스님이다. 그건 놀라움의 시작일 뿐이었다. 논밭에서 일하면서도 웃음꽃을 잃지 않는 학생들, 아무 대가 없이 타인을 위해 헌신하는 공동체원들의 일거수일투족이 더 경이로웠다.

잠롱 전 방콕 시장이 함께하는 공동체

시사아속은 20여만 평의 드넓은 마을이다. 공동 홀과 공동 식당, 학교 등이 모여 있는 센터를 중심으로 마을 사람들의 집들과 공장, 학교, 숲, 논밭이 방사선으로 뻗어 있다. 어떻게 이런 한적한 시골에 기상천외한 이상을 품은 공동체가 생겨 40여 년을 지속할 수 있었을까.

공동체는 '이상' 없이 시작하기도 어렵지만, '이상'만으로는 지속될 수 없다. 공동체에서도 먹어야 하고, 입어야 하고, 자야 한다. 많은 공동체가 중도에 파산한 것은 갈등 때문이기도 하지만, 의식주 해결 같은 현실 능력이 없어서이기도 하다. 공동체도 이윤 창출이 필요하다.

시사아속 게스트하우스 2층에서 내려다보면 건너편엔 허브 약을 만드는 간이 공장과 그 약을 파는 가게가 나란히 있었다. 게스트

시사아속은 20여만 평의 드넓은 마을이다.
공동 홀과 공동 식당, 학교 등이 모여 있는 센터를 중심으로
집들과 공장, 학교, 숲, 논밭이 방사선으로 뻗어 있다.

하우스와 허브 공장 옆 한편엔 어디선가 줄기째 잘라온 꽃들이 수북히 쌓여 있었다. 장미처럼 줄기에 가시가 달린 빨간 꽃이다. 도로엔 줄기에서 잘라 햇볕 아래 널어놓은 선홍빛 꽃들이 융단처럼 깔려 있었다.

게스트하우스 앞엔 아침이면 학생들이 대여섯 명씩 와서 꽃을 잘랐다. 아이들과 어울려 나도 꽃을 자르다 보니, 그곳이 첫 일터가 되었다. 줄기에 달린 가시에 찔리지 않게 조심만 하면, 일은 어려울 게 없었다. 아이들은 아침에 2시간가량 수다를 떨며 그 일을 하고 돌아갔다. 그러면 허브 공장의 아주머니 몇 분이 와서 그 일을 대신했다. 그들도 동남아시아인 특유의 여유가 있었다. 목가적인 일터는 아이들의 출입이 금지되는 외부 공장들과는 다르다. 공장에 다니면서도 아이들과 함께 출근할 수 있다. 아이들은 일하는 엄마 주위에서 친구들과 뛰어논다.

며칠 뒤엔 분위기를 바꿔 허브 세제를 만드는 곳에서 일해보았다. 샴푸를 플라스틱 병에 담고 라벨을 붙이는 일이었다. 몇 번 해보니 속도가 붙어 한나절에 할 일을 두시간 만에 끝냈다. 그러면 그들은 새 일감을 가져오지 않고, 이제 쉬어도 좋다고 했다.

솔선수범할 뿐 강요하지 않는 어른들

시사아속엔 유치원과 초등학교, 중·고등학교, 기술학교 등 학교가 3개 있다. 유치원과 초등학생 대부분은 이 공동체에서 사는 집 아이들이다. 그러나 중·고등학교와 기술학교 학생 대부분은 외지에서 왔다. 학비만이 아니라 먹고 입고 자는 것 일체를 공동체에서 해결해준다. 거저먹는 것은 아니다. 시사아속 내엔 작은 공장이 여러 개 있다. 공동체 안뿐 아니라, 차로 10~20여 분 거리에도 여러 개 있다.

　　40명 안팎의 중·고등부와 기술학교 학생도 많은 일을 했다. 공부를 위해 모든 것에 열외인 한국의 아이들과는 너무 달랐다. 새벽이면 유치원생까지 빗자루를 들고 나와 거리를 쓸거나, 강당과 화장실을 청소했다. 그들에게서 일을 싫어하는 기색이 없다. 그 비결은 무엇보다 노동을 강제하지 않는 데 있는 듯 했다. 공동체 외곽의 논에서 볏짚을 거름으로 뿌릴 때였다. 서너 명의 아이는 볏짚을 싣고 카레이서처럼 논을 질주했다. 나머지 아이들과 선생님은 차로 싣고 온 볏짚이 흙과 섞이도록 곡괭이로 긁었다. 어떤 아이들은 볏짚을 친구에게 뿌리며 서로 뒤쫓고 뒹굴어대고, 어떤 아이들은 서서 수다를 떨고, 한 아이는 바닥에 주저앉아 있었다. 선생님이나 다른 아이들은 상관치 않았다. 일하는 사람은 최선을 다했지만, 놀 자유를 만끽하는 아이들도 있었다. 아이들은 대강당에서 수업도 놀이처럼 했다. 교실엔 웃음과 소음이 진동했다. 공동체 가장자리엔 드럼과 기타, 북 등을 갖춘 야외 음악실이 있었다. 아이들은 자주 그곳에 모여 신기를 발산했다. 한국의 많은 아이가 새장에 갇힌 새라면, 이들은 스스로 살아가고 즐기는 법을 배우는 숲속의 새들 같았다.

모든 공동체원이 자유분방한 건 아니었다. 그곳엔 하루에 한 끼만 채식으로 식사를 하고, 헌신적으로 일하는 스님과 수녀들이 있었다. 한번은 학생들을 따라 농장에 가보니 교장 선생님이자 수녀인 아수가 큰 밭에서 홀로 일하고 있었다. 그런 말 없는 실천적 삶이 아이들의 모델이 되어주는 듯 했다.

촌장격인 아뺌이나 아수는 출가 비구니가 아니었고 유니폼을 입지도 않았다. 그들은 맨발로 다니며, 새벽부터 밤늦은 시간까지 일을 했다. 그런데도 내가 두 시간 이상 쉬지 않고 일을 하면 아뺌은 가만히 다가와 "힘들지 않느냐"며 "쉬고 싶을 때는 언제든 쉬어도 좋다"고 말해주었다.

이윤이 아니라 타인을 위해 물건을 만들고 판다

시사아속 정문 옆엔 대형 마트가 있다. 시사아속이 운영하는 곳이다. 시사아속에서 생산하지 않는 의류나 생필품도 판매한다. 마트 옆엔 우리나라 시골 5일장 같은 장이 있다. 아속에서 생산한 야채 등 농산물을 판매하는 곳이다. 시골의 읍이나 면 소재지도 아닌데도 이곳 마트엔 멀리서까지 손님들이 찾아온다. 먹고 살 걱정은 안 해도 되겠다 싶었는데, 그게 아니다. 아속의 경제 철학은 이윤을 남기지 않는 것이다. 장사를 하면서 이윤을 남기지 않는다니, 이상치고는 너무나 허황해 보였다.

아속공동체는 '부니욤 네트워크'로도 불린다. 그들의 경제 원리가 '부니욤(공덕주의)'이다. 공덕은 아름다운 세상을 만들기 위한 선행이다. 종교조차 '공덕 없이도 단박에 깨달으면 부처가 된다'느니 '선행 없이도 믿기만 하면 천국에 간다'는 신념이 대세다. 각 종교에선 정당성을 지닌다 해도 인간의 이기적 욕망에 편승하는 논리가 아닐 수 없다. 성인은 운명을 아는 것을 넘어 운명을 만들어간다고 한다. 서로 돕는 공덕과 선행이 확산되지 않고, 이기적 욕망의 약육강식만이 지배하는 세상은 지상천국이 아닌 지상지옥이 될 게 뻔하다.

공동체란 인간은 홀로 살 수 없다는 평범한 진리에서 시작된다. 사람뿐 아니라 태양과 공기와 물과 농산물과 다른 존재들의 은혜가 없이는 한순간도 생명을 이어갈 수 없다. 그래서 혼자만의 깨달음, 혼자만의 구원은 공동체적 생명 원리에 반한다. 많은 공동체가 자신만이 뭔가를 얻겠다며, 이웃들과 단절된 폐쇄성을 보이기도 한다. 그러나 아속은 철저하게 열려 있다.

아속은 경제 행위도 이윤을 얻기 위함이 아니라 이웃에게 봉사하기 위해서 한다. 그래서 원가와 판매가의 차이를 최소화하는 것을 최고로 여긴다. 원가를 공개하고, 농산물은 원가 이하에 팔거나 거저 준다. 명절 때는 모든 식품을 1바트에 판매한다. 1바트는 우리 돈으로 30원가량으로, 태국에서도 과자 하나 사먹기 어려운 푼돈이다. 아속은 이윤을 높이려 할수록 부도덕해지고 영적 손실을 피할 수 없는 반면, 자기의 탐닉을 최소화할수록 '영적 이득'이 증가한다고 여긴다.

갈망과 혐오를 벗고 대가 없이 헌신하는 승려와 수녀들

아속은 갈망과 혐오에서 벗어나는 실천을 가장 중시한다. 시사아속 입구엔 '의·식·주·약'이라고 쓰인 입간판이 있다. 사람에게 필요한 것들이다. 아속이 생산하는 것 가운데 소비주의에 부화뇌동하는 제품은 없다. 하나같이 삶의 필수품뿐이다. 사람들은 허영을 채우려 소비를 늘리며 생명을 죽이고 지구를 파괴하고 있지만 아속인은 많이 팔아 많이 남기고 많이 소비하려는 갈망에서 벗어나는 소박한 삶을 몸소 실천한다. 이런 모범이야말로 '영혼의 약'이다. 이들은 자신의 생산품들로만 삶을 영위하는 자족경제를 꾸린다. 그리고 그 혜택을 이웃과 나눈다.

아속공동체 안엔 다양한 이들이 함께하고 있지만 아무런 대가도 받지 않고 헌신하는 승려와 수녀, 이에 동조하는 많은 공동체원이 있다. 그래서 허황돼 보이는 부니욤 경제가 실현된다. 이토록 싼 가격으로 물건을 공급하고 봉사하면서도 공감하는 이들이 늘어 더 커지고 풍요로워지고 있다.

2008년 금융 위기로 아시아 전체가 기우뚱할 때조차 아속은 조금도 어려움 없이 발전해 자족경제의 힘을 보여줬다. 부니욤 네트워크는 현재 30개의 공동체와 9개의 학교, 6개의 채식 레스토랑, 4개의 유기농 비료공장, 3개의 쌀 방앗간, 2개의 허브 의약품 공장, 하나의 병원, 160헥타르의 농장을 갖추고 있다. 결실은 아속만의 것으로 끝나지 않았다. 1990년대 푸미폰 국왕이 농업 국가 태국의 자족경제를 강조하기 시작했다. 그러자 태국 교육부는 아속의 학교들을 모델로 지정해 서양 추종 교육이 아닌 태국다운 대안교육을 본받도록 했다. 또 포틸락의 추종자인 잠롱 전 방콕 시장이 탁신 총리의 경제 자문이 되면서 금융 위기로 파산 위기에 몰린 농민을 위한 '빚 탈출 프로젝트'를 실시해 농민을 5일씩 아속에 보내 교육시켰다. 무려 30만 명이 아속에서 자연 농법과 자급자족 방식 등을 터득해 고향으로 돌아갔다.

많이 벌어 많이 쓰면서도 더 못 벌고 더 못 써 안달하며 괴로운 보통 사람과 달리 아속인은 적게 벌어 적게 쓰고 많이 베풀었다. 그러면서도 환희에 젖은 표정을 보니, '거위의 꿈' 노래가 절로 흘러나왔다.

"버려지고 찢겨 남루하여도 / 내 가슴 깊숙이 보물과 같이 간직했던 꿈… / 늘 걱정하듯 말하죠 / 헛된 꿈은 독이라고 / 세상은 끝이 정해진 책처럼 / 이미 돌이킬 수 없는 현실이라고 / … / 난 난 꿈이 있어요 / 그 꿈을 믿어요."

나누고, 비우고,
실천하는 승려들

아속은 포틸락을 비롯한 출가자들이 모태가 된 공동체다. 태국이나 미얀마, 라오스, 캄보디아 등 동남아시아 불교 국가에선 아직도 스님이 새벽에 탁발하는 문화가 있다. 아속에도 탁발 문화가 있다. 하지만 그 탁발 음식을 스님들끼리만 나누는 바깥의 방식과 아속의 나눔 방식은 달라도 너무 다르다.

아속에서도 스님들이 새벽 6시쯤 온 마을을 돌며 탁발한다. 공동체 사람들은 정성 들여 만든 음식이나 과일과 빵 등을 가지고 길가에 나온다. 사람들은 스님들이 기러기처럼 줄 지어 가면, 바루에 공양물을 담아준다. 스님들은 공양받은 음식을 마을 한가운데 담마홀로 가져와 식탁 위에 올려 뷔페처럼 차려놓는다.

식탁엔 스님들이 탁발해온 음식만 차려지는 게 아니다. 식사 때가 가까워지면 어른, 학생 너나 할 것 없이 공동 부엌에 우르르 몰려가 누구는 야채를 썰거나 다듬고, 누군가는 양념을 빻고, 누군가는 밥을 해 뚝딱 늘어놓는다. 쌀국수와 숙주나물이 곁들어진 팟타이, 빨간 국물의 똠얌꿍, 파파야 샐러드인 솜땀 외에도 밭에서 방금 솎아와 삶은 야채들로 푸짐했다. 친환경적이고 맛깔스런 음식을 먹는 재미가 보통 쏠쏠한 게 아니었다.

스님들이 먼저 음식을 바루에 담아가도 90%가량은 남아 있다. 그러면 누구나 와서 음식을 접시에 담아 먹는다. 그것만이 아니다. 집에서 요리를 해 먹기 어려운 노인은 도시락 통을 가져와 점심과 저녁까지 싸간다. 개개인은 몇 스님에게 공양을 올렸을 뿐인데, 그 공양물이 공동체 전체를 먹이는 잔치가 된다. 현대판 오병이어의 기적이다. 공양을 올리는 사람들도 누구나 가져가기 쉽게 1인분씩 비닐봉지에 담아 공양을 올린다. 시사아속에선 더 푸짐한 음식을 마련해 빈민가에 가서 잔치를 베풀곤 한다. 스님에게 공양을 올리는 게 결국 모든 이와 나누며 공덕을 베푸는 자선이 된다.

아속다운 것은 어찌 보면 먹는 것보다 잘 비우는 데 있다. 시사아속은 병든 몸을 디톡스(해독)하는 관장으로 유명하다. 시사아속의 공동 화장실은 구조가 독특하다. 변기 말고, 벽 쪽에 콘크리트 침대가 있다. 화장실 밖 빨랫줄엔 디톡스 통 수백 개가 걸려 있다. 패트병 밑동을 잘라내고 뚜껑에 얇은 고무호스가 달린 통이다. 시사아속

새벽 6시가 되면 스님들이 온 마을을 돌며 탁발한다.
스님들은 공양받은 음식을 마을 한가운데인 담마홀로 가져와
뷔페처럼 차려놓는다.
그러면 누구나 자유롭게 와서 접시에 담아 식사한다.

사람들은 화장실 침대에 누워 혼자 관장을 한다. 정제수가 담긴 통과 연결된 미니호스를 항문에 넣어 물이 장에 흘러들어가게 한 다음 변을 눈다. 아속 사람들의 얼굴이 그처럼 맑은 것은 채식 때문이기도 하지만, 디톡스 덕인 듯도 하다. 그들은 시시때때로 관장을 했다.

몸과 마음의 독소를 배출한다

나도 아속에서 사나흘이 지나자 디톡스에 들어갔다. 시사아속의 촌장 격인 수녀 아뺌이 디톡스 전문가다. 보통 4~5일간 단식과 동시에 하는 디톡스의 전 과정은 그의 지시에 따른다. 새벽에 코코넛 오일을 한 입 가득 머금고 20분간 있다가 뱉는 것을 시작으로 하루세 번 '리턱'이란 노란 가루를 효소에 타 마시고 저녁엔 레몬즙 등을 마신다.

단식과 함께 매일 관장을 하기 때문에 며칠이 지나면 변의 양은 현저히 줄고 염소 똥처럼 동글동글한 변이나 기름이나 거품과 같은 독소가 배출된다. 그러면 아뺌이 그 변을 막대기로 저어보고 몸 상태에 대해 얘기해준다. 단식과 관장 후 변을 보면 그동안 어떤 음식을 먹고, 술·담배를 어느 정도 하고, 어떻게 살아왔고, 어디가 안 좋은지를 알 수 있다고 했다.

인근에 사는 가난한 할머니도 나와 함께 디톡스를 했다. 그때 게스트하우스엔 중국 광저우에서 온 밍웬이라는 30대 여성이 머물고 있었다. 그는 발에 습진이 심해 아시아 전역으로 용하다는 곳들을 찾아다니다 방콕에서 50만 원가량을 주고 디톡스를 했는데, 원조인 이곳에서 무료로 해주자 "여기서 할 걸"하며 아쉬워했다. 최근 시사아속을 다녀온 민들레학교 김인수 교장 선생님에 따르면, 태국에서 의료법이 강화돼 시사아속에서는 디톡스 프로그램을 중단했다고 한다. 대신 아쌤에게 배운 이가 인근에 치유센터를 만들어 우리 돈 10여만 원으로 4박 5일 디톡스 프로그램에 참여할 수 있다고 했다.

5일간의 단식과 디톡스를 끝내니, 뱃살도 들어가고 날아갈 듯 가뿐했다. 단식 후 처음 먹은 게 호박죽이다. 피줌 수녀가 만든 것이었다. 피줌도 아쌤처럼 방콕에서 대학에 다니다 아속공동체에 합류했다. 정치학도로 정치인이 되고자 했던 명문가의 재원이 세속적 삶을 포기하고 출가자와 같은 길을 걷겠다고 하자, 처음엔 가족의 반대가 컸다. 방콕의 산티아속에서 30여 년간 활동하며 포틸락을 보좌해온 피줌은 몇 년 전부터는 실무에서 은퇴해 시사아속공동체에 내려와 살고 있었다. 그러나 그냥 쉴 피줌이 아니었다. 피줌은 새벽이면 죽을 쒀서 자전거를 타고 식사를 준비하기 어려운 노인 집부터 보온병에 담은 죽을 돌린다. 그 호박죽은 천상의 맛이었다.

승려들의 솔선수범이 조화의 원천

시사아속의 아침은 새벽 5시에 시작됐다. 그 아침 어른, 아이 할 것 없이 빗자루로 길을 쓸며 청소하는 이들의 모습에서 내 의문도 쓸려나가기 시작했다. 그 노동의 현장엔 승려들도 누구나 다름없이

우린 다르게 살기로 했다

함께하고 있었다. 그뿐이 아니었다. 출가자들은 직접 마당을 쓸고, 돌을 나르고, 건물을 고치는 궂은 일을 마다하지 않았다. 남방 불교권인 태국에서 통념상 출가자들이 일을 하는 것은 상상키 어렵다. 그저 신자들이 주는 보시와 공양이나 받으며 살아가는 것이 출가자의 일상이다. 아속은 달라도 너무 달랐다. 아속 내 일반인의 집들은 멋 들어졌지만, 승려들은 판자 몇 개 얽어놓은 오두막인 쿠티에서 자고, 철저히 하루 한 끼만 먹고 살았다.

아속은 승려와 일반인이 어우러져 살아간다. 승려가 주인이고, 신자는 객으로 느껴지는 한국의 사찰 공동체와도 다르다. 5개 마을을 비롯한 아속공동체엔 갈색 승복을 입은 출가 비구와 비구니 100여 명 외에도, 승복을 입지는 않지만 무소유를 실천하며 헌신하는 독신 여성들로 '수녀' 격인 30여 명의 시카매트, 가족들과 함께 아속마을에서 살아가는 사람들, 아속의 공장에서 일만 하는 노동자들, 밖에서 살지만 아속에 교사로 참여하는 사람들, 아속에서 살지만 직장은 밖으로 다니는 사람들, 이토록 다양한 사람이 어우러져 살아간다.

시사아속에서 일하며 지낸 지 얼마 되지 않아 그토록 다양한 부류가 한 울타리에서 조화를 이룰 수 있는 힘의 원천이 승려들의 솔선수범에서 나온다는 것을 알았다. 보통의 지도력이란 카리스마적 권위를 얘기한다. 물론 40여 년 전 아속 깃발을 든 포틸락은 카리스마가 있는 인물이다. 그러나 카리스마는 사이비 교주에게도 있다. 진정한 권위란 도덕으로부터 나온다.

포틸락이
선택한 삶

포틸락이 시사아속에 들른 것은 시사아속에 머문 지 보름이 지나서였다. 그때 포틸락 스님이 예고 없이 하루를 묵었다. 80대 노승인 그가 시사아속에서 묵는 건 드문 일이었다. 포틸락은 깡마르고 뼈 위에 살갗만이 씌워진 듯했으나 눈빛만은 형형했다. 포틸락이 맨발로 탁발을 한 뒤 설법을 위해 마루로 올라서기 직전이었다. 수돗가에서 흙 묻은 맨발을 씻기 위해 가사를 들어올렸다. 언뜻 보이는 종아리는 쭈글쭈글한 노인의 것이 아니었다. 힘줄이 불끈 솟은 80대 노승의 종아리에서 혁명가의 결기가 엿보였다. 인간 세상의 이기적 욕망에 홀로 맞서 싸우는 작은 거인의 모습이었다.

　　그는 태국의 주류 교단이 가장 껄끄러워하는 인물이다. 한국

우린 다르게 살기로 했다

에선 승단의 타락을 비판하는 자 자신이 더욱 탐욕에 차 자신의 욕망을 채울 수 없는 분노를 표출하기에 공감을 얻지 못할 때가 많다. 포틸락은 철저한 계율과 무욕, 무소유로 출발한다. 계란으로 바위를 치는 것이 아니라, 무욕으로 탐욕과 맞선다.

포틸락은 세상의 혁명을 외치기 전에 자신을 먼저 혁명했다. 그는 7남매의 장남으로 태어났다. 그가 어렸을 때 부친은 가족을 버리고 가출했다. 어머니는 열 살 때 세상을 떴다. 그 아래로 6명의 동생이 있었다. 소년 가장인 그에겐 험진 세파를 홀로 뚫고 나가야 하는 무거운 짐이 지워졌다. 그는 온갖 일을 하며 동생들을 돌봤다. 예술가가 되려는 자신의 꿈도 포기하지 않았다. 예술 대학을 마치고 애초 그림을 그렸던 그는 작곡가와 텔레비전 프로그래머로 데뷔했는데, 단기간에 태국 최고가 됐다. 눈부신 성과였다. 그는 방콕에서 호화로운 주택에서 살며 최고급 차를 굴렸다. 근근이 생계를 이어온 6명의 동생도 그의 돌봄으로 부유한 삶을 누렸다.

그런데 태국 안방에서 스타로 절정의 인기를 누리던 어느 날 그는 머리를 밀어버렸다. 그리고 채식주의자가 되어 맨발로 걷기 시작했다. 그는 "부와 명성과 안락이 왕자 고타마 붓다를 정복할 수 없었듯이 나 또한 정복할 수 없었다"고 했다. 그가 하얀 옷을 입고 나타나 방송 일을 그만두기로 했다고 선언하자 모두 미쳤다고 했다.

명상을 했다면 깨달음을 실천해야 한다

그는 욕망이 아닌 다른 삶의 방식을 제시했다. 그러나 불교 국가인 태국에서 승려도 아닌 젊은 전직 방송 엔터테이너의 말을 진실로 받아들일 사람은 없었다. 그는 자신에게 승복은 중요치 않지만, 사람들에겐 승복이 중요하다며 출가를 단행했다. 출가 전 어떤 결심을 했건 출가 후엔 승복으로 얻는 대접에 빠져 한 생을 보내고 마는게 출가자의 일생이 되기 십상이다. 그러나 그는 당연한 행보에서 또 벗어났다. 그는 2년이 되자 명상을 마쳤다고 했다. 공부를 마쳤다는 뜻이다. 드디어 명상과 진리를 삶에서 증명해 보일 때가 되었다고 선언했다. 그는 승가에서도 미친 중 취급을 받았고, 파문당했다.

"높은 자리에 있는 고승은 쓸모가 없습니다. 그들은 영적 구원도 얻지 못했고 부처님의 가르침도 잘못 이해하고 있습니다."

왕조차 거스를 수 없다는 불교 주류 승단에 그는 정면으로 맞섰다. 그는 종교를 빙자해 탐욕을 채우는 타락을 가장 크게 꾸짖었다. 그는 "당근은 이미 많은 사람이 사용했기에 내가 사용할 것은 회초리다"라며 "나는 아기들이 잠들게 요람을 흔들어주는 보모가 아니다"고 했다. 그는 자신이 먼저 깨어 있기 위해 하루 1식만 하며 계율에 철저했고, 아속의 다른 승려 모두 그렇게 하도록 했다. 그는 "너무도 강한 악의 흐름에 맞서야 하기 때문에 엄격할 수밖에 없다"고 했다.

〈방콕포스트〉의 한 기자는 "태국에서 구호품을 업자에게 팔아넘기고, 미신을 이용해 돈을 벌고, 화려한 집에서 살면서 비싼 차를 타고, 보시금을 빼돌리는 승려에게 포틸락은 가장 껄끄러운 인물이다. 그는 성상을 숭배하지도 않고 어떤 미신적인 예식도 배제하고 자신에게 철저하며 이웃에게 헌신한다"고 했다. 그러면서 "포틸락이 어떤 삶을 살든 주류 교단의 권위에 도전하지만 않았다면 아무 문제도 없었을 것"이라고 덧붙였다.

불교에서 고요히 마음을 챙기는 승려들은 그나마 존중받을 만하다. 포틸락은 한 발 더 나아갔다. 어느 정도 명상을 하면 삶 속에서 명상하며 붓다가 말한 무욕의 평화 세상을 실현해가야 한다고 강조한다.

당신은 지금 어떤 그림을 창조하고 있는가

외국 방문객이 포틸락을 만나는 경우는 거의 없었지만 운 좋게도 노 혁명가를 만나 이야기를 나눌 수 있었다. 그에게 먼저 왜 출가자들이 이곳에서는 명상을 하지 않고, 노동까지 하느냐고 물었다. 그것이 밖의 승려와 아속 승려의 가장 큰 차이점이었기 때문이다.

"모든 순간이 명상입니다. 일이야말로 명상이지요. 매순간 일하면서 일거수일투족에서 명상해야 합니다. 아무것도 하지 않고 온종일 생 전체를 명상만 하는 것은 베이비나 하는 것입니다."

포틸락 스님.
작곡가이자 방송 프로그래머로 부유한 삶을 누리다
어느 날 갑자기 머리를 밀고 승려가 되었다.
철저한 계율과 무욕, 무소유로 출발했다.
종고를 빙자해 탐욕을 채우는 타락을 가장 크게 꾸짖었다.

그가 말한 베이비란 명상 초보자를 뜻했다. 처음엔 젖을 먹지만, 좀 더 자라면 세상의 거친 음식을 먹으며 소화해내야지 끝내 젖만 먹을 수는 없다는 것이다. 이어 "왜 공동체를 만들었느냐"고 물었다. 그가 답했다.

"고타마 붓다가 말한, 삶을 사는 곳이 있어야 합니다. 말만이 아닌, 가르침만이 아닌 곳. 벗어날 수 없다고 생각하는 이기심에서 벗어나 살아가는 그런 곳 말입니다."

그에게 "아속을 이처럼 성공적으로 일구었는데 왜 태국 밖까지 널리 알리지 않느냐"고 물었다.

"우리 자신이 먼저 아속답게 사는 게 중요합니다. 그래야 다른 사람을 도울 수 있지요. 우리 스스로가 단단해지면 저절로 더 많은 사람을 도울 수 있습니다."

이제 공동체 밖 세상 얘기로 나아갔다. 다음은 그와의 문답이다.

돈이 전부인 세상이 됐습니다. 그게 행복의 첫째 조건이라고 생각하기 때문이지요. 그것으로 행복해질 수 없는지요?

"그 상태로 행복하다면 그대로 두세요. 그러나 물질로도 행복해질 수 없다면 물질의 힘이 아닌, 마음의 힘을 길러야 합니다."

어떻게 해야 행복해질 수 있나요?
"욕망에서 벗어나 현재에 만족할 수 있어야 합니다."

짓궂게도 이번엔 내 욕구를 드러내 보이며 그를 실험했다.

포틸락이나 아속에 대한 책을 낼 수 있게 출판권을 줄 수 있는지요?

오직 태국어로만 말하고 통역을 통해서만 소통했던 포틸락이 이번만은 영어로 답했다.

"아웃 오브 차지(돈은 필요없다)."

'뭘 그런 걸', '얼마든지 갖다 쓰라'는 표정이었다. 허락도 필요 없다는 뜻이었다. 무소유를 말하는 사람들도 내면에는 소유욕과 명예욕이 있을 수 있다. 그는 아니었다. 불교에선 현세를 욕망이 지배하는 세상, 즉 욕계라고 한다. 욕계에선 재단할 수 없는 모습이다.
　그는 오래전 예술가의 일을 떠났다. 그러나 그는 진정한 예술을 시작한 것 같았다. 관념이나 허구가 아닌 예술, 실상 세계에서 이상을 하나씩 실현해가는 '삶의 예술' 말이다. 현실에 굴복해 구태를 답습하고 모사하는 데 바쁜 욕계의 슬픈 '삶의 예술가들'에게 포틸락의 삶이 묻는다.

'당신은 지금 어떤 그림을 창조하고 있는가.'

진정한 베풂으로
명소가 된 시사아속

시사아속을 나오는 날이었다. 이른바 선진국 객들이 거저 얻어먹는 게 좋아 보이지 않아 기부금을 내놓았다. 그런데 아뻠이 돈을 돌려주는 게 아닌가. 아속에는 그가 누구라도 일곱 번 방문하기 전엔 기부를 받아서는 안 된다는 규정이 있다고 설명한다. 아속에선 손님들이 기부하는 것보다 함께 노동하며 참여하는 삶을 더 원한다고도 덧붙였다.

시사아속에서의 생활은 건강에도 큰 보탬이 된 데다 많은 영감을 주었다. 포틸락까지 만났으니 더 바랄 게 없었다. 방문 목적을 초과 달성한 것을 기뻐하며 놀아도 좋을 터였다. 병가를 낼 때 '1년은 쉬기만 하며 건강을 챙긴다'고 다짐까지 했으니 말이다. 그러나 내 직업병이 그리 두지 않았다. 아속을 더 알고 싶고, 더 보고 싶고, 더 확인하고 싶은 궁금증이 발동하고 말았다. 결국 아속에서 가장 큰 공동체인 라차타니아속으로, 치앙마이의 아속 레스토랑으로, 최초의 아속공동체인 바톰아속으로, 방콕의 산티아속까지 아속공동체의 지부들을 휩쓰는 또 다른 여행이 시작됐다.

아속은 우본라차타니와 치앙마이, 바톰, 방콕 등 6곳에 아속 레스토랑을 운영하고 있다. 치앙마이 아속 레스토랑은 시내에서 차로 30분가량 떨어져 있다. 그런데도 외국인까지 모여들어 장사진을 이룬다. 우리 돈으로 1천 원 정도면 다른 식당에선 1만 원을 내고도 먹기 어려운 채식 요리들을 먹을 수 있다. 대신 음식은 자기가 담아 오고, 먹은 식기도 직접 씻어야 한다. 아속에서 어른, 아이 할 것 없이 자기가 먹은 식기는 직접 씻는 것처럼 손님들도 그래야 한다.

방콕에서 차로 1시간 반 거리인 바톰아속공동체에 가자 공동체가 텅 비다시피 했다. 연말이 되면 태국 전역의 아속공동체 사람들이 1백만 평이나 되는 우본라차타니아속공동체에 모여 함께 보낸다. 젊은이와 학생들은 모두 그곳에 가고, 노인과 승려와 수녀 몇 명이 남아 있었다.

하루 한 끼만 먹고 일하던 스님의 눈물 어린 편지

게스트하우스 옆엔 수녀 할머니 한 분이 살고 있었다. 그는 낮엔 이 공동체 정문 옆에 있는 아속 레스토랑에서 봉사했다. 새벽부터

아속에선 함께 노동하며
참여하는 삶을 추구한다.
공동체 일원들이 음식을 준비해놓으면
먹을 사람이 직접 담아오고,
먹을 시기도 직접 씻어야 한다.
아속에선 어른, 아이뿐만 아니라
손님들도 그래야 한다.

집에서 음식을 요리해 스님들께 공양을 올리고는 나를 불렀다. 음식을 가져가라는 것이다. 정성스런 음식을 매일매일 받아먹자니 송구해서 어찌할 바를 몰랐다.

바톰아속 정문 앞엔 아속 레스토랑 말고도 아속 슈퍼도 있고, 건너편엔 아속이 운영하는 대형 마트도 있다. 정문 옆에는 호수가 있어서 가장 경치가 좋은 땅엔 과일이나 커피, 채소 등을 파는 노점상이 그득했다. 아속 땅인 그곳을 가난한 사람들에게 무료로 내줘 장사를 할 수 있게 해준 것이다. 그래서 이 근처에서 쇼핑도 하고, 식사도 하고, 군것질도 하고 호숫가에서 쉬기도 할 겸 먼 곳에서도 차를 끌고 찾아오는 사람이 적지 않았다. 아속의 베풂으로 이 거리가 고을의 명소가 되었다.

바톰아속에서 가장 잊을 수 없는 이는 비구니인 까오 스님이다. 아침이면 그와 함께 출가자들의 오두막인 쿠티 구역에 수북이 쌓인 낙엽을 쓸었다. 식사를 하고는 함께 바나나 나무를 거름으로 만들기 위해 잘라서 토막 냈다. 조그만 까오 스님은 가냘프기 그지없었다. 하루 한 끼만 먹으니 힘도 없어 보였다. 그와 함께 바나나 나무를 썰면서 오래도록 함께 머물렀다. 스님의 쿠티엔 살림살이라고 할 만한 게 없었다. 치약, 칫솔, 조그만 담요, 그릇과 수저 하나가 전부였다. 어떻게 저리 살아가나 싶을 정도로 단출했다. 한 끼만 먹고 참새처럼 야윈 몸으로 일을 하면서도 어떻게 저토록 평화로운 미소를 지을 수 있을까. 그의 평화와 헌신에 아무것도 보답할 게 없다는 사실에 마음이 아렸다.

바톰아속을 떠나던 날, 꺄오 스님이 남몰래 눈물을 훔쳤다. 그는 단풍잎 모양의 편지지에 '나의 아들아'로 시작되는 편지를 주었다. 그가 내 나이를 알지 못해서든, 종교적인 수사이든 상관이 없었다. 그는 아무리 보아도 대자대비한 관세음보살의 심성을 지녔기에 '아들아'라는 말이 전혀 어색하지 않았다. 그 편지지엔 아인슈타인의 말이 적혀 있었다.

"참된 종교는 일상의 삶을 떠나 있지 않습니다. 선량함과 정의를 품고, 한 사람의 완전한 영혼과 함께하는 것입니다."

3. '나'로 살면 누구나 천재:

인도 오로빌

세계에서 가장 큰
공동체 마을

신화와 소설과 꿈…. 이들의 공통점은 허구라는 점이다. 즉, 현실이 아니라 인간이 의식적으로든 무의식적으로든 만들어낸 가짜다. 그러나 이 가짜를 진짜로 만들어가는 게 인간의 역사다.

남인도 첸나이에서 3시간 거리에 있는 폰디체리의 오로빌 또한 그렇다. 오로빌은 25평방킬로미터, 즉 600만 평으로 세계에서 가장 큰 공동체 마을이다. 한 마을이라기보다는 인류 공동체라는 목표로 만들어지고 있는 '계획 도시'다. 한 프랑스 여성의 꿈에서 시작된 오로빌은 혼자 꾸면 꿈이지만, 여럿이 함께 꾸면 현실이 된다는 것을 보여준다.

황무지에서 공동체를 일군 것만으로 신화랄 수는 없다. 외관만 보자면 서울 강남이 천지개벽한 것과 비교할 때 변화랄 게 없다. 1968년 첫 삽을 뜬 지 50년이 다 됐지만, 비가 오면 통행조차 어려울 만큼 질척대는 곳이 적지 않으니 발전 속도는 지렁이처럼 늦다.

45개국에서 온 2500명이 한 곳에 모여 산다는 사실만으로 경이롭다고 할 수는 없다. 미국 맨하탄엔 전 세계에서 온 160여만 명이 모여 있으니 말이다. 오로빌에서 부나 고도성장을 바라는 건 우물가에서 숭늉 찾는 격이다. '마더'로 불리는 프랑스 출신 설립자 미라 알파사(1878~1973)는 "우리는 다른 이들이 하는 일을 하기 위해 이곳에 있는 게 아니다"라며, "우리는 다른 이들이 할 수 없는 일을 하기 위해 이곳에 있다"고 했다.

'오로빌의 영혼'이라는 '마트리 만디르(어머니의 전당)'를 보면, 이들의 존재 방식이 보인다. 1971년에 공사를 시작해 최근에야 완성돼 지구상에서 가장 볼 만한 건축물 중 하나로 꼽히는 이 명상센터는 오로빌리언들의 성소다. 너무 쉽게 접하면 그 가치를 모른다고 여긴 탓일까. 관람이 꽤 까다롭다. 방문자센터에서 예약을 하고, 당일 함께 모여 영상물을 관람한 뒤 버스를 타고 가서도 침묵을 지키며 줄을 서 들어가야만 한다.

오로빌의 정신을 상징하는 오로빈도(1872~1950)는 "인간이 아직 이르지 못했으나 이르러야 할 어떤 경지가 있다"고 했다. 마트리 만디르는 영적 진화를 위해 발사대 위에 있는 우주선 같다. 내부엔 어떤 종교적 성소에서도 보기 어려울 만큼 경건하게 서 있는 오로

오로빌은 세계에서 가장 큰 공동체 마을이다.
1971년에 시작돼 최근에야 완성된 '마트리 만디르(어머니의 전당)'는
지구상에서 가장 볼 만한 건축물 중 하나로 꼽힌다.

빌리언이 지키고 있다. 뇌 속을 걸어 마음의 심연으로 걸어가는 듯하다. 중앙엔 직경 70센티미터의 거대한 크리스털이 있다. 어둠 속에서 오직 그 수정 위로만 한줄기 빛이 내려온다. 방문자들은 고요히 앉아 침묵한다. 약육강식의 악다구니로 빼앗긴 평화를 되찾아 영적 고향으로 돌아가기 위한 침묵이다.

국가·인종·종교를 초월해 5만 명이 함께 살아보자

마트리 만디르를 중심으로 산업 구역, 주거 구역, 문화 구역, 국제 구역으로 뻗어나간 오로빌은 마치 '신시神市'를 연상케 한다. 오로빌은 '동트는 새벽'이란 뜻의 프랑스어aurore와 시ville의 조합이다. 마더의 멘토이자 영적 파트너였던 오로빈도의 '오로'와 시市의 조합으로도 읽힌다.

오로빈도는 인도 캘커타에서 부유한 의사의 아들로 태어나 일곱 살에 영국으로 건너가 캠브리지대학을 졸업하고 벵갈국립대학 초대학장을 지냈다. 인도 독립운동에 투신하다 국사범으로 체포된 그는 감옥에서 깊은 영적 체험을 했고, 그 체험을 토대로 〈사비트리〉란 대서사시를 썼다. 그는 또 몸 운동 위주의 아사나를 넘어 전인적인 영적 변화를 위한 '통합요가integral yoga'를 주창했다.

오로빌엔 이를 기리고자 2004년에 지은 '사비트리바반'이 있다. 마트리 만디르와 함께 오로빌의 양대 영적 장소로 꼽히는 이곳에서 '통합요가 이론과 명상 실습 워크숍'에 참가했다. 이론을 설명 들고 잔디밭에 나가 옆 사람과 짝을 지어 눈을 감고 공을 주고받았다. 그렇게 10분가량이 지나자 눈을 감고도 상대가 주는 공을 척척 받아냈다. 상대방도 마찬가지였다. 마음의 눈이 떠지면서 이심전심이 된 것이다.

오로빈도는 서른여덟에 아내와 헤어져 폰디체리에 은거했다. 1920년부터 프랑스령 폰디체리에 머물던 프랑스 국적 유대인 마더는 오로빈도를 만난 뒤 그를 멘토로 삼아 새로운 의식을 탄생시킬 오로빌의 건설을 구상한다. 오로빈도는 1950년 세상을 떴지만 마더는 이 원대한 꿈을 1968년 첫 삽을 뜸으로써 구체화한다. 착공식엔 124개 국에서 가져온 흙을 묻고, '오로빌은 전체 인류의 것이며, 끝없는 교육과 지속적인 진보, 그리고 영원히 늙지 않는 젊음의 장이 될 것'이라는 헌장을 채택했다.

프랑스에서 기성세대의 가치관과 권위주의 체제에 도전하며 청년 문화 운동을 이끌던 68세대가 대거 오로빌에 동참했다. 이들은 스스로를 '디바인 Divine·신성한 아나키스트'라고 불렀다. 오로빌은 오로빈도 사후 절대적 존경을 받던 마더가 1974년 세상을 떠난 뒤 내홍을 겪고 만다. 오로빈도를 스승으로 모신 마더가 있을 때에는 오로빌과 오로빈도 아쉬람 사이에 문제가 없었지만, 마더 사후 오로빌은 아쉬람이 도움은 주지 않고 간섭만 한다며 독립을 원했다. 아쉬람 쪽에서는 유럽에서 온 자유분방한 히피들이 오로빈도 성인의 뜻을 따르려던 애초 설립 취지를 거부하고 히피 왕국을 만들려는 게 아니냐며 독립을 거부했다. 오로빌 내부에서도 독립파와 반독립파가 싸워 투옥되는 이들까지 나왔다. 중립을 선언한 사람들조차 배신자로 낙인찍혀 돌팔매질 당했다. 급기야 오로빌을 떠난 이들까지 생겼고, 다시 돌아온 이들도 그때의 상처에 대해서는 기억하고 싶지도 않다고 말한다.

다툼 끝에 1988년 인도 국회가 오로빌재단 법을 통과시켜 오로빌재단을 공식적으로는 인도 중앙정부에서 관리하지만 매년 30억 원가량을 지원하며 행정자치권을 부여했다. 상당한 특혜를 준 셈이다. 오로빌은 상임위원회와 국제자문위원회, 주민의회 3개 기구가 함께 이끄는데, 주민 참여율이 저조해 소수가 오로빌 전체의 방향을 좌지우지하는 데 대한 고민도 적지 않다.

초기 정착자들은 황무지를 일구느라, 또 이런 산전수전을 겪느라 힘든 세월을 보내야 했다. 이제는 대부분 숲에 둘러싸인 정원 딸린 저택에서 살고 있다. 오로빌은 산골살이와 달리 공연과 배움, 사교의 기회까지 풍성하다. 다만 5만 명을 수용할 공동체를 구상한 오로빌에서 초기에 황무지를 개간하며 애쓴 멤버들은 한 집이 1천 평가량의 부지에 집을 지을 수 있었지만, 이제 합류하면 그런 부지를 받기는 어렵다. 뉴커머들은 단독주택에 살기는 어렵고, 이제는 빌라 등의 공동주택에 들어가야 한다. 빌라 입주비는 6천만 원 정도다. 기존에 단독주택에 살던 이들이 고국에 돌아가거나 장기 외유를 떠날 경우엔 그 집들을 임대해 살 수 있다.

돈 없이도
배울 수 있다

방문자들은 오로빌 내에서 49개의 게스트하우스와 28개의 홈스테이를 예약해 이용할 수 있다. 가격은 거리와 시설에 따라서 다르지만, 나는 우리 돈으로 1만 원 정도인 500~600루피에 만족스런 방을 구했다. 게스트하우스엔 조리 시설도 완비되어 시장을 봐 음식을 해 먹을 수도 있고, 공동체 안팎에 있는 다양한 음식점이나 베이커리, 카페 등을 이용해도 된다. 공동체가 워낙 넓어 걸어다니기는 어렵고 대부분 스쿠터를 빌려 타고 다닌다. 홈페이지나 방문자센터가 워낙 훌륭해 이용에 별 불편이 없다. 오로빌 안에선 방문자도 참여할 수 있는 승마와 요가와 힐링, 마사지, 침 등 치료 프로그램이 다양하다. 공동체 밖에 비해 가격이 비싼 편이다. 오로빌에 1천 명가량의 인도인이 산다고는 하지만, 오로빌을 이끄는 주류는 유럽 등 서구인이다. 그러니 오로빌 밖과 물가 차이가 상당하다. 하지만 일단 이곳에 살기를 원하는 뉴커머로 등록하면 대부분의 혜택을 거저 이용할 수 있다.

오로빌엔 조그만 수공예나 목공예 공장, 농장 등 크고 작은 일터가 200여 개 있다. 하루 6시간, 일주일에 36시간 일하는 게 원칙인데, 일을 더 많이 하거나 자기 일터의 수익이 좋다고 돈을 더 가져가는 구조가 아니다. 애초 자산이 많은 사람은 자원봉사자로만 일을 한다. 그렇지 않으면 '메인터넌스'라는 기초 생계비를 신청한다. 그러면 의료보험비 등을 면제받고, 솔라키친에서 제공하는 점심을 무료로 이용하고도 월 8500루피, 우리 돈으로 약 15만 원 정도의 돈이 나온다.

오로빌은 기본적으로 자원봉사자의 도시다. 오로빌에 들어오는 사람들도 인도 정부에서 자원봉사자 비자를 받아 정착한다. 사람들은 다른 곳엔 없는 꿈의 공동체를 실현하기 위해 모인다. 오로빌리언들은 공동체 내 병·의원도 대부분 돈 없이 이용할 수 있다. 헬스케어센터엔 서양 의사뿐 아니라 인도 전통의 아유르베딕 의사도 있다. 나도 등 통증을 치료하기 위해 아유르베딕 의사와 면담을 하고 약을 받았다.

자기를 발견해 개성을 발현하는 곳

오로빌은 무엇보다 아이들의 천국이다. 학비는 무료다. 학교

오로빌 안에서는 방문자도 참여할 수 있는
다양한 문화행사가 열린다.
요가와 힐링, 마사지 등 치료 프로그램도 다양하다.
ⓒ 오로빌 홈페이지

에는 선생도, 아이들도 이름만 부를 뿐, '교장 선생님'이나 '선생님' 같은 호칭도 없다. 시험과 상벌도 없다. 마음껏 놀고, 억압받지 않고 자기를 발견하고 자기를 발현하게 한다. 깊은 내면의 자아가 존재의 중심에 서도록 도와주는 것이다. 전 세계에서 온 다양한 친구가 금수 저든 흙수저든 상관없이 함께 어울려 다양한 언어를 사용한다. 오로 빌엔 세계적 수준의 음악가와 화가, 의사, 음악 감독, 건축가 등이 적 지 않다. 아이들은 이들에게 무료로 개인 지도까지 받는다.

솔라키친에 점심을 먹으러 갔다가 한국인 허혜정 씨를 만났 다. 오로빌엔 한국인 장기 거주자들이 33명 있다. 2002년부터 살고 있는 고참인 그는 국제 구역에 인류 공동체 교육과 교류의 장으로 활 용할 동북아센터와 코리아파빌리언을 짓는 사업을 추진 중인 코디 네이터다. 허씨의 초대를 받아 독일인 남편 볼커가 설계한 그의 집에 가보았다. 자연과 인간과 건물이 서로를 감싸주면서도 구속하지 않 는 듯 조화롭고 평안한 집이었다. 볼커는 따로 건축을 공부한 적이 없다. 오로빌에 20여 년째 살며 명상을 하고 채식주의자로 살아온 그 가 설계한 건축물을 보면, 창조란 외부에서 배우는 게 아니라 내면에 서 발현되는 것이란 확신을 갖게 된다.

허씨는 오로빌에서 두 자녀를 길렀다. 오로빌에서 자란 아이 들 다수가 대학 교육을 받으러 세상에 나갔다가 다시 오로빌로 돌아 오는데, 간혹 '적응하는 데 실패한 것 아니냐'고 묻는 한국인이 있다. 그는 그런 말을 들으면 당혹스럽다.

"오로빌에서 잘 안 쓰는 말이 있습니다. 바로 '실패'입니다. 하다가 안 되면 그걸 다시 하라는 뜻으로 생각하지요. 안 되면 안 되는 것으로 그냥 둡니다. 보완해서 다른 시도로 이어지기도 하고요. 다양한 창조성이 실험되지만, 실패, 성공을 단정하지는 않습니다. 한국에선 모난 돌이 정 맞는다지만 오로빌에선 모난 시도가 많아요. 다양한 꿈이 시도되지요. 중요한 것은 어떤 시도를 통해 개인이건 사회건 의식이 성장하고 변화되느냐 하는 겁니다. 한국은 교육도 경쟁의 강박관념 때문에 빨리 성취하는 것을 중시하고, 끊임없이 남과 비교하고 자식이 잘되는 것을 내 가치를 이룬 것으로 착각하며 살 때가 많습니다. 그래서는 행복할 수 없지요. 이게 올바른 방식이 아니라고 깨닫지 못하면 사회는 변화될 수 없습니다."

강기태 씨는 오로빌에서 한국인 최신참이다. 그는 삼성 계열사에 10년간 다니며 술과 담배에 찌들어 건강까지 망가지자 직장을 그만두고 얼마 전 과감히 오로빌에서 살기로 작정했다. 그는 한때 한국의 산골로 귀농하려 했다. 자연으로 돌아가서 몸과 마음을 추스르고 싶어서였다. 그런데 지인의 시골집에 머물면서 너무 적막한 삶이 힘들었다. 농촌에서는 어울릴 사람과 즐길 문화가 태부족해 살기 어려울 것 같았다. 그런데 오로빌은 아름다운 자연뿐 아니라 수준 높은 문화까지 향유할 수 있고, 만나보고 싶은 사람도 적지 않았다.

그는 어린 시절부터 음악다운 음악을 하고 싶은 욕구가 컸다.

그런데 한국에선 누군가에게 보여주려는 생각으로 악기와 노래를 배웠기에 그 과정이 노동이 되었는데, 이곳에선 박치건 음치건 개의치 않고 자기만의 파동에 집중하고 자기 느낌 그대로 연주할 수 있었다. 그러다 보니 내면의 감성을 깨워 치유가 되고, 사람과 자연에 감사하게 되고, 저절로 예술가가 되는 것 같았다.

　　허혜정 씨와 볼커의 아름다운 집에서 저녁을 보낸 뒤 게스트하우스로 돌아올 때였다. 인도는 전기 사정이 좋지 않아 오로빌도 가로등이 없어 캄캄했다. 스쿠터를 타고 나오다 길을 잃었다. 한참 올라가니 밀림 같은 숲이 나왔는데, 아무리 가도 불빛조차 없었다. 칠흑 같은 숲에서는 금방이라도 야생 호랑이가 튀어나올 것 같았다. 방향을 돌려 한참을 가자 멀리서 불빛 하나가 보였고 곧이어 한 청년이 다가왔다. 어디를 찾느냐고 물어 게스트하우스 이름을 말하니, 그는 그 깊은 밤 먼 거리인 게스트하우스 앞까지 데려다주었다. 마음대로 자란 것 같은, 어른들을 미덥게 하지 못할 것 같은 자유분방한 풍모였다. 그 청년이 그날 밤 길을 잃고 헤매던 나를 마트리 만디르의 수정처럼 밝게 인도해주었다.

4. 지상에 만들어가는 천국:

미국 브루더호프

저 푸른 초원 위에
그림 같은 집들

미국 뉴욕에서 차로 3시간 거리인 우드크레스트 마을에 도착했을 때는 새벽 2시가 넘은 시간이었다. 그런데도 다행히 한 남자가 기다려 어둠 속에서 반갑게 손을 내밀어준다. 우드크레스트에 머문 17일간 시종일관 불편함이 없도록 뒷바라지해준 호스트 글렌이었다.

    우드크레스트행은 때마침 방학을 맞은 딸과 함께였다. 현지인 두 가족과 함께 사용하는 2층 게스트하우스엔 나와 딸이 각자 쓸 방 하나씩과 식당이 딸려 있었다. 식당엔 과일과 과자들이 담긴 바구니가 놓여 있었다. 날이 밝아 밖에 나오니 신세계였다. 푸른 하늘 아래 골프장처럼 드넓은 잔디밭이 펼쳐졌다. '저 푸른 초원 위에 그림 같은 집'들이었다. 디즈니랜드나 에버랜드처럼 상업용 세트가 아닌 실

우린 다르게 살기로 했다

제 사람들이 살아가는 집들이었다. 네댓 가족씩 함께 살아가는 집의 크기는 어떤 일을 하느냐가 아니라 가족 수에 따라 정해진다. 초원 위에 이웃들을 초대해 바비큐 파티를 준비한다. 그 사이 아이들은 할아버지, 할머니들과 공놀이를 하고 있다. 아이들은 맨발로 뛰어다니다가 다람쥐처럼 나무 위에 올라갔지만 말리는 어른도 찾아볼 수 없다. 분명 우드크레스트는 첫 걸음인데도 기시감이 든다. 영화 〈반지의 제왕〉에 나오는 호빗 마을이나 〈웰컴 투 동막골〉 마을 같은 영화 속 모습과 다름이 없어서다.

도착 다음날 아침부터 초대가 이어졌다. 호스트인 글렌과 아델 부부 가족이 첫 번째다. 집도, 옷도 소박함 그 자체다. 그런데도 바깥세상에서 본 어느 누구보다 여유가 있어 보인다. 바깥 사람들의 갈증과 갈망이 이들에겐 없어 보인다.

브루더호프는 월요일부터 금요일까지 5일은 일하고, 토·일요일은 쉰다. 하지만 그들의 배려와 사랑은 주말에도 쉬는 법이 없다.

특급 리조트 같은 곳에서 이어지는 바비큐 파티

주말이 되자 글렌과 아델과 함께 산책길에 나섰다. 우드크레스트는 30여만 평은 돼 하루 이틀에 다 둘러볼 규모가 아니다. 게스트하우스 뒤쪽으로 돌아가자 왼쪽엔 그네와 놀이터가 있다. 아니, 그곳만이 아니라 사방이 놀이터다. 오른쪽엔 특급 호텔에나 있을 법한 어린이 전용 풀장이 있다. 언덕을 오르자 동물 농장이다. 노새와 조

브루더호프공동체 전경.

푸른 하늘 아래 드넓은 잔디밭이 펼쳐져 있다.

아이들에겐 사방이 놀이터다.

ⓒ 브루더호프공동체

랑말뿐 아니라 승마용 말도 있다. 웃는 듯한 입 모양새를 지닌 돼지
와 총천연색의 새들이 한 우리에서 놀고 있다. 젖소와 양들은 언덕
위를 자유롭게 오간다. 아이들은 틈만 나면 다가와 동물들과 어울린
다. 가끔은 노새와 조랑말을 타고 동네를 한 바퀴씩 돈다. 노새와 조
랑말도 아이들과 함께하는 산책을 즐기는 듯 표정이 낫낫하다.

　　　동물 농장 주위엔 텃밭 농장들이 있고, 그 사이로 숲 산책로
가 이어진다. 톱밥을 깔아놓아 길이 융단처럼 부드럽다. 삐져나온 나
뭇잎 사이로 손가락보다 작은 도마뱀이 고개를 내민다. 글렌은 그 도
마뱀을 손의 손 위에 올려주면서 감촉을 느끼도록 한다. 손도 매끄럽
고 화려한 도마뱀을 볼 때마다 다시 만지고 싶어 한다. 여러 갈래로
이어진 숲길은 인공이 아닌 자연로다. 언덕을 지나면 평지가 나오고,
지루하다 싶으면 다시 굴곡진 길이 나타난다. 이 숲에서 때론 야생
곰과 사슴이 나타난다. 그 길 공터엔 캠프장과 바비큐장이 있다.

　　　동물 농장에서 직선거리로 3백 미터쯤 지나면 숲이 끝난다. 평
평한 잔디밭 아래 호수다. 호수 전면엔 아이들이 놀기 적당한 수영장
이 있다. 차디찬 모래 백사장까지 깔려 있다. 아이들이 첨벙 첨벙 물
장난을 하는 개와 함께 공놀이를 하면서 연신 함지박처럼 입을 벌려
웃는다. 아이들 수영장 둘레로 수심이 깊은 호수 가운데까지 나무 갑
판이 연결돼 있다. 특급 리조트의 수영장 시설 못지않다. 호수 안쪽은
어른과 청소년의 공간이다. 이곳에서 갈고 닦은 실력이 만만치 않다.
공중돌기를 하며 다이빙을 하는 폼이 영락없는 물찬제비다. 다른 갑

판에선 낚시를 하는 이들도 있다. 근처 잔디밭과 숲 사이 캠핑장에서 어느 가족은 마시멜로를 굽고, 어떤 가족은 얼음 상자에 담아온 햄 소시지와 고기를 구워 먹는다. 나도 주말에 초대받은 가족들과 이곳에서 수영을 하고는 캠핑장에서 미니 파티를 함께한 게 여러 번이다.

300여 명이 살아가는 이 마을에서 점심은 전체가 함께하고, 아침과 저녁 식사는 가족 단위로 먹는다. 음식은 마을 가운데 공동 식당 아래 창고에서 얼마든지 가져다 먹을 수 있다. 곡류와 빵, 야채, 과일, 고기, 우유, 계란 등 없는 게 없다. 공동체원들은 공동 창고에서 음식물을 가져다가 아침과 저녁식사를 가정별로 해 먹는다. 이곳을 찾은 뒤 며칠 뒤부터는 나와 딸도 공동 창고에서 재료를 받아다가 아침을 해 먹었다. 저녁엔 이웃집에서 초대가 많았지만, 초대가 없는 날은 저녁도 해 먹었다.

부담 없이 다둥이를 낳을 수 있는 이유

개인은 일체 사유재산이 없고, 가진 것이 없다. 그래서 공동체는 부유하고 넉넉하다. 방문자에게도 체류비를 받지 않는다. 다만 노동을 비롯한 일상을 함께하는 것을 당연시한다.

우리가 묵은 게스트하우스와 한 층을 쓰는 40대 후반인 크레스와 헤나 부부는 자녀가 넷이다. 성년이 된 장남 말고, 열다섯 크리스틴과 열세 살 베네사 두 딸에 이어 한 살 박이 막내 스티븐이 있다. 부부가 손주 같은 아이를 낳을 수 있었던 것은 육아의 기쁨은 배가되고, 수고는 온 마을이 함께 감당해주기 때문이다. 아침 식사 후 마을 공동 육아방에 데려다주면 육아 전문가들이 자신의 아기처럼 돌봐준다. 크레스가 일하는 공장과 헤나가 일하는 공동 부엌이 집에서도, 탁아방에서도 걸어서 3분 거리다. 언제든 아기를 볼 수 있어 온종일 한 집에 사는 것처럼 마음을 놓는다. 크레스와 헤나는 오후 5시면 퇴근한다. 일터가 마을 안에 있어서 출퇴근에 시간을 허비하지 않는다. 일을 끝내면 온전히 가족만의 시간이다. 일주일에 한두 번은 가족끼리, 또는 이웃을 초청해 가든에서 바비큐 파티를 한다. 주말이면 야외 수영장에서 놀거나 인근 산이나 강으로 캠핑을 간다.

브루더호프공동체 마을의 일상이 도시인이 보기엔 매일매일 소풍 같다. 게스트하우스 같은 층에서 지내고 있는 하이너 가족은 마을 변호사이기도 하다. 그는 오늘날의 브루더호프를 만든 요한 하인리히 아놀드의 손자다. 이웃집에 사는 하이너의 동생 리처드는 대학을 가지 않고 간호 보조원 과정을 공부했다. 형제는 하는 일이 다를 뿐 마을 안에서 대우에 어떤 차이도 없다. 형은 다섯 살, 일곱 살 두 아이를, 동생 리처드는 여섯 살부터 두 살 터울로 세 아이를 두고 있다. 이 공동체의 수입원은 세계적인 브랜드인 '페이서'라는 장애인 보조기구 공장이다. 이곳엔 대졸 출신 노동자도 즐비하지만 대표인 델프는 고졸이다. 이곳에서 직위는 상하 관계가 아니다. 전문성이나 적합성에 따라 일을 맡을 뿐이다.

야생 곰을 만나고 온 딸

주말에 친구들과 캠핑을 간 딸이 다음날 이른 아침 돌아와선 "밤에 야생곰을 보았다"며 흥분한다. 캠프파이어를 하는데, 뒤에서 킁킁대는 소리가 나서 누군가 장난을 거는 줄 알았는데, 뒤돌아보니 곰이었다는 것이다. "곰을 보고 모두 뒷걸음을 쳐 2층집으로 올라갔다"며 "조금만 늦었으면 다시 아빠를 못 볼 뻔했다"고 무용담을 늘어놓는다. 그런 일이 이곳에선 다반사인지, 조심해야 한다는 경고도 없다. 언젠가는 맨발로 다니다가 가시에 찔린 아이가 아프다며 울었다. 우리나라였다면 얼른 신발을 신기고 다시는 맨발로 내보내지 않을 법한데, 그 엄마는 가시를 빼주고는 '이제 괜찮다'며 다시 맨발로 가게 한다. 아이 일에 호들갑스럽지도, 유별나지도 않은 것이 특별해 보인다.

낮 12시엔 모든 공동체원이 공동 식당에 모여 식사를 한다. 서빙하는 이들은 미리 식사를 하고 음식을 나른다. 매일 바뀌는 메뉴는 호텔을 방불케 한다. 돼지고기 메뉴가 적지 않지만, 돼지고기 알레르기가 있는 내겐 소고기나 닭고기 같은 다른 메뉴가 배달된다. 너무도 특별한 배려가 황송할 정도다.

먼 산과 가까운 숲, 잔디가 한눈에 들어오는 야외 식당은 조망이 그만이다. 식사 전에 일체의 악기 없이 부르는 찬송은 자연과 어울린다. 주말 저녁엔 잔디밭에 식탁을 펼쳐 더욱 특별한 만찬을 즐긴다. 무대에선 오케스트라가 연주된다. 악기를 연주하는 이들은 모두

낮에 공장에서 함께 일하던 동료들이다. 노을과 함께 평화롭게 어울리는 형제들의 가슴을 파고드는 오케스트라의 화음 속에 어떤 임재가 느껴진다.

이곳에서 공동체원들의 관심과 배려를 벗어날 길은 없다. 우선 초대가 잦다. 월요일부터 금요일까지는 아침 7시 30분부터 오후 5시까지 공장에서 함께 일해 아침 초대는 없지만, 저녁 초대는 적지 않다. 이웃과의 친교는 의례가 아니라 중요한 일상이다.

집과 식당, 일터가 한 마을에 있어 시간이 허비되지 않는다

공장이나 공동 식당 등 일터가 집에서 도보로 3~4분 이내 거리에 있어 일하는 시간 외엔 온전히 가족과 보낼 수 있는 셈이다. 옆방에 사는 하이너와 같은 사무실에서 일하는 변호사 존은 세 아이 말고도 가족이 하나 더 있다. 바로 큰 셰퍼드다. 부인 리나는 치과의사다. 이 마을에서는 변호사나 의사라 해도 따로 돈을 더 벌 일도 없고, 대우가 특별하지도 않다. "바깥세상에서는 연봉도 높을 텐데, 왜 아무것도 받지 않고 여기서 이렇게 사느냐"고 묻자 그는 이렇게 반문한다.

"여기서 행복하면 된 거 아닌가요?"

나는 세계 9개의 브루더호프 마을 가운데 가장 먼저 설립된 영국의 다벨브루더호프에 세 번이나 방문했다. 하지만 당일이나 1박 2

우린 다르게 살기로 했다

일 방문이어서 그들 속에 들어가 삶을 경험해보기엔 너무 짧은 시간이었다. 브루더호프는 서로가 긴밀히 연결돼 있어 다른 마을에 산다 해도 살아가는 모습과 일과는 거의 같다. 다벨이 무소유 기독교 공동체로서 영적인 느낌이 강했다면, 우드크레스트나 메이폴리치 등 미국의 브루더호프 마을들은 훨씬 밝고 활기차다. 땅 넓은 미국에서 드넓고 멋진 자연 경관을 갖춘 데다 개방적인 미국 분위기가 가미된 듯하다.

대부분의 공동체가 드높은 이상에도 경제적 자립에 어려움을 겪는 데 비해 브루더호프는 풍요를 구가한다. 행운이다. 브루더호프는 '플레이씽스'라는 어린이 장애인용 목재 장난감과 페이서라는 장애인용 전동휠체어를 고급 브랜드화 하는 데 성공했다. 고급 브랜드 공장을 운영하는 데도 공장 근로자 누구도 월급이 없다. 이 모든 풍요가 자신을 비운 무소유와 헌신에서 비롯된 것이다. 그들이 누리는 기쁨과 평화까지도.

사랑과 헌신,
노동이 함께하는 천국

"인생의 가장 지속적이고 긴급한 질문은 다른 사람들을 위해 당신이 무엇을 하고 있느냐다."

브루더호프공동체 홈페이지(www.bruderhof.com)에 올라 있는 인권 운동가 마틴 루터 킹 목사의 말이다.

신문에 브루더호프 방문기를 연재할 때였다. 브루더호프공동체를 천국처럼 그린 기사를 내보내고 나서 우려되는 바가 있었다. 브루더호프 정신이 간과될 수 있기 때문이었다. 아니나 다를까. 브루더호프에서 기사를 보고 연락이 왔다. 풍요로운 겉모습만 보이는 것을 원치 않는다는 메일이었다. 브루더호프다운 반응이다. 브루더호프의 모토는 자신만 행복해지는 게 아니다. 오히려 그들의 목표는 사랑과 헌신이다. 그들에게 행복은 그런 비움에서 나오는 보너스다.

다른 기독교 교단이나 수도원에 가면 교리와 계율이 많다. 그러나 브루더호프엔 단 하나의 계율만 존재한다. '서로 사랑하라'가 그것이다. 다른 어떤 것도 이 유일한 법을 훼손해서는 안 된다. 그런 박애정신이 아니었다면 브루더호프가 초기부터 수난을 자초했을 리 없다.

브루더호프는 1920년대 독일의 대학 개신교 선교 단체 지도자였던 에버하르트 아놀드와 동료들이 창립했다. 아놀드가 독일에서 오갈 데 없는 장애인이나 고아들을 돌본 게 시작이다. 브루더호프가 막 시작될 당시 독일에 히틀러가 등장했다. 초기 히틀러의 인기는 대단했다. 기독교 지도자들조차 파산한 독일을 구원하기 위해 하나님이 보내준 지도자라고 추켜세울 정도였다. 그러나 아놀드가 보기에 히틀러는 자신의 뜻을 침략과 폭력과 살육으로 관철하려는 인물이었다. 아놀드는 히틀러에게 '사랑하는 형제 히틀러여 그러면 안 됩니다'라는 편지를 보냈다. 그것도 한 번이 아니라 여러 번 보냈으니 무사할 리 없었다. 결국 공동체는 나치에게 쫓기는 신세가 됐다. 인근 소국 리히텐슈타인으로 숨어들었지만 그곳도 나치가 장악해 갈 곳이 없었다. 그 와중에 위기에 처한 공동체와 형제들을 위해 노심초사하던 아놀드는 다리가 부러졌고, 수술을 받던 중 52세로 사망했다.

아놀드의 부인과 자녀, 공동체원들은 이후 영국의 시골 다벨에 정착했다. 그러나 세계대전이 터지면서 당시 독일인이 다수였던 브루더호프 사람들이 독일의 스파이 아니냐는 비난이 고조되었다. 그들은 고국 독일로도, 연합국들의 나라로도 갈 수 없는, 오도 가도 못하는 신세가 되었다. 결국 남미 파라과이까지 이주해 밀림을 떠도는 신세가 되었다. 50여 년 전 아놀드의 아들인 요한 하인리히 아놀드가 미국에 건너와 크게 성장하기 전까지 브루더호프도 오랜 고난의 세월을 감당해야 했다. 그 뒤 브루더호프의 무게중심은 미국으로 이동했다.

공동체에서 노동은 숨 쉬는 것과 같은 일상

바깥세상에선 일 안 하고 돈을 쓰고만 살거나, 최소한만 일하고 많이 노는 삶을 '팔자 좋다'며 부러워한다. 하지만 이곳에선 반대다. 결코 그런 삶이 행복하다고 보지도 않고, 존경하지도 않는다. 이곳에서 일을 할 수 없는 장애인이거나 연로한 이들은 배려와 사랑을 가장 많이 받는다. 그러나 일을 할 수 있는 사람은 누구나 일 하는 게 당연하다. 손님도 마찬가지다. 따라서 삶의 현장인 브루더호프가 '놀고먹는 휴가지'는 될 수 없다.

나도 도착 다음날부터 공장에서 함께 일했다. 이 마을에 사는 3백여 명 가운데 1백 명 가까운 사람이 이 공장에서 일한다. 아이들과 학생, 노인과 공동 식당과 세탁실에서 일하는 이들을 빼고 주요 노동력 대부분이 이곳에 투입되는 셈이다. 일하는 사람 수는 주문량에 따라서 달라진다. 공장에 주문량이 많을 때는 다른 분야에서 일하는 이들까지 공장에 투입되고, 농장에 콩 수확이 시급해지면 공장에서 일하던 사람들까지 농장 일을 돕는다. 공동체원들은 필요한 곳으로 유연하게 움직인다.

공장은 아침 7시 30분에 시작해 점심 시간인 12시까지, 또 오후 2시부터 5시까지 이어진다. 오전과 오후 중간에 15~20분가량의 휴식 시간이 있지만, 나머지는 온전히 일에 집중해야 한다. 나는 전동 드릴로 나사를 박아 부품을 조립하는 일을 했다. 익숙해질 만하면 다른 일이 주어졌다. 주문량에 따라 일도 달라진다. 유기농 샴푸나 비누를 수작업으로 만들어내던 태국의 아속공동체가 가내수공업 규모라면 이곳은 세계 유수의 기업과 경쟁하는 공장이다. 노동 강도가 장난이 아니었다. 하지만 노동의 목표가 이윤 창출이 아니라 약자를 돕는 사랑의 실현이 되어야 한다는 점이 남다르다.

뙤약볕 아래 노동이 재미있다고?

처음엔 실수가 많아서 옆에서 일하던 톰에게 '나사를 비틀어지고 느슨하게 박으면 안 된다'고 지적을 받았다. 며칠이 지나자 반장 스티브가 엄지손가락을 치켜세울 만큼 능숙해졌다. 하지만 온종일 일하는 건 보통 힘든 게 아니었다. 한 자리에서 하루 종일 서서 일하다 보면 다리가 저려왔다. 그런데 다른 이들은 이런 노동에 이골이 난 듯 조립을 하면서도 콧노래를 부르거나, 따뜻한 눈빛과 웃음을 보내주곤 한다. 주위에는 필라델피아에서 온 청년과 오스트레일리아에

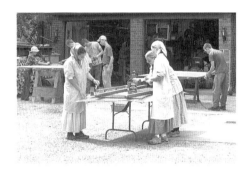

브루더호프에서
일할 수 있는 사람은 누구나 일을 한다.
이 마을에 사는 3백여 명 가운데
1백 명 가까운 사람이 공장에서 일하고,
아이들과 학생, 노인들도 요리,
텃밭 가꾸기 등의 노동에 참여한다.

ⓒ 브루더호프공동체

서 온 부부 등 브루더호프의 다른 마을에서 온 사람들도 있었다. 그들 역시 손님으로 지내는 게 아니라 오는 즉시 한 마을 사람처럼 일을 했다.

　　처음 며칠은 전동 드릴과 망치가 손에 익지 않아 손바닥이 부어오르고 피멍도 들었다. 저녁이면 파김치가 되어 '이렇게까지 해야 하나'라는 생각이 들었다. 아무리 브루더호프가 천국처럼 아름답고 사랑이 넘쳐도, 나 같은 책상물림은 일을 감당 못해 살기 어렵겠다는 생각이 들었다. 2주 이상 노동을 하며 노동에 대한 내 안의 감정이 보이기 시작했다. 평소에도 가끔은 요리를 하고 텃밭을 가꾸지만, 그건 하고 싶을 때뿐이었다. 노동이란 가급적 하고 싶지 않은 것이란 무의식이 내 안에 자리하고 있었다. 푸른 초원과 수영장이 천국이지, 공장은 천국이 아니라고 유아적 삼팔선을 긋고 있었다.

　　하루는 딸에게 멍든 손바닥을 보여주며 엄살을 부렸다. 그랬더니 딸도 애호박 잔가시가 박혀 피가 맺힌 손을 보여주었다. 방문 당시 초등학교 6학년이었던 딸은 오전엔 마을 내 아기들을 돌보는 육아방에서 보조 교사를 하거나 농장에서 일하고, 오후엔 방학을 맞은 또래 친구들과 수영장에서 놀았다. 그런데도 딸은 "난 할 만하고 재밌던데…"라고 한다.

　　"헐. 뙤약볕 아래서 일하는 게 재미있다니!"

　　한국에서 그런 노동을 거의 해본 적이 없는 딸의 반응이 믿기지 않아 다시 물었다. 그랬더니 "여기 애들은 다 그래!"라는 대답이 돌아왔다. 노동을 즐기는 고준한 경지에 오르다니. 또래 집단의 분위기에 쉽게 동화되는 나이여서인지 나보다 삼팔선을 빨리 타파해 일상적인 일을 자연스럽게 받아들이는 딸이 부러웠다.

당당히 한몫을 해내는 일곱 살 마크

한국에선 아이들에게 공부하라며 집안일 등 노동에선 열외시키기 마련이지만, 이곳에선 아이들도 일하는 것이 당연했다. 변호사 하이너는 아침마다 초등학교 1학년 아들 마크와 식사를 준비했다. 마크가 프라이팬에 요리를 하면 뒤에 서서 꼭 필요할 때만 "이렇게 해보면 어떠냐"고 가르쳐주었다. 부엌에서 나오는 쓰레기를 공동 쓰레기장에 버리고 오고, 샤워실에서 나온 수건들을 마을 세탁실에 가져다주는 것도 일곱 살 마크의 몫이다.

노동의 분배는 이웃 간에도 효율적이었다. 가령 식사에 초대를 받으면 설거지는 초대받은 사람들이 했다. 나도 처음 몇 번은 눈치 없이 먹고만 왔지만, 몇 번의 초대를 거치면서 파티가 끝나면 설거지와 청소를 했다. 어린아이조차 자연스레 일하는 것을 보아서 그런지 딸도 한국에서와는 달리 설거지와 청소를 야무지게 해내곤 했다. 감개가 무량했다.

우리 부녀를 여러 번 초대한 호스트 글렌과 아델에겐 귀엽기 그지없는 한 살 박이 아들 숀이 있었다. 식사를 하고 나면, 아델은 의자에 선 숀 앞에 설거지통을 끌어다놓고 소꿉놀이를 하듯 함께 설거지를 했다. 말을 배움과 동시에 일도 그렇게 함께 배운다. 규율도 마찬가지였다. 손이 식사에 초대받은 자리에서 음식이 나오는데도 딴짓을 하면 좌시하지 않았다. 한두 번 경고가 이어져도 장난이 계속되면, 손의 의자를 뒤로 돌려놓고 벽을 쳐다본 채 반성을 하도록 했다. 손은 아직 벌이 무언지 모르기 때문에 고개를 우리 쪽으로 돌려 장난스레 미소를 날리곤 했다. 그 모습을 보노라면 웃음을 참기 어려웠다. 하지만 이들이 아이들을 대하는 방식은 때론 냉정하다 싶을 정도다. 아이들에게 가장 많은 시간과 정성을 들이며 사랑을 듬뿍 주지만, 과보호와는 거리가 멀다. 떼를 쓴다고 봐주는 법도 없다.

노동의 헌신이 있어 초원의 파티가 더욱 즐겁다

가령 옆집 크리스는 늦둥이 아들 스티븐이 한 살 박이임에도 엄격했다. 스티븐은 장난꾸러기이자 울보였다. 크리스와 헤나는 스티븐이 자야 할 시간이 되면 홀로 방에 재웠다. 스티븐을 아기 침대에 누이고, "아빠는 너를 사랑해" 하고 방을 나오면 그만이었다. 스티븐이 '대디'를 목이 터져라 불러도 누구도 대꾸하지 않았다. 언젠가 크리스와 헤나가 이웃집에 저녁 초대를 받아 나간 뒤였다. 스티븐이 울음을 그치지 않아 그 방문을 살짝 열어봤다. 그랬더니 스티븐은 울면서도, 아기 인형에게 아빠가 자기에게 하듯이 "아빠가 사랑하니 울지 마라"고 다독이고 있었다. 그 코흘리개의 모습이 얼마나 귀엽던지 안아주고 말았다. 그의 아빠 같았으면 문을 열어보지도 않았을지 마운트아카데미에서 고교 과정을 배운다.
이곳의 교육 목표는 '공부 잘하는 아이'가 아니라
'하나님을 사랑하고 이웃을 사랑하는 것'이다.

모른다.

우드크레스트에서 차로 20분 거리엔 백 년 넘은 가톨릭 수도원을 사들여 2012년 문을 연 고교 과정 마운트아카데미가 있다. 이곳의 교육 목표도 공부 잘하는 아이를 기르는 게 아니다. '하나님을 사랑하고 이웃을 사랑하도록 하는 게' 첫째 목표다. 설립된 지 얼마 안 된 이 학교가 학력과 스포츠 등 각종 경진대회에서 미국을 휩쓸자 신문에 대서특필되기도 했다. 정작 학교를 취재한 기자가 가장 인상적인 모습으로 꼽은 것은 모든 학생이 대걸레를 들고 학교를 청소하는 모습이었다.

브루더호프에선 요란한 기도를 찾아볼 수 없다. 말 없이 자기 일을 묵묵하게 해내는 그 일이 바로 자기 비움, 자기 수련의 과정이다. 그런 헌신 속에 노동의 피로가 있기에 퇴근 후 잔디밭에서 가족과 이웃과 함께하는 시간이 더욱 달다.

독재의
아픈 역사

브루더호프 사람들은 주말에만 모이는 게 아니다. 점심 시간에 온 마을 사람들이 함께 식사할 뿐 아니라, 평일에도 어른, 아이 할 것 없이 야외에 모일 때가 많다. 따라서 혼자만의 시간이 필요한 내게 '고독의 자유'를 즐길 시간은 그다지 많지 않았다. 호스트 글렌이 우리 부녀를 모임 때마다 데리러 와 슬그머니 빠질 수도 없었다.

　　태국 아속과 인도 오로빌을 거쳐 브루더호프에 오기까지 공동체 마을을 신문에 소개한다는 생각은 하지 않았다. 개인적 관심에 따른 순례 여정으로 여겼기에 '취재'에 민감한 브루더호프 쪽에도 순수한 방문이라고 전했다. 카메라도 휴대하지 않았다. 그러나 우드크레스트에서 생활하면서 이런 삶을 독자에게 전하고 싶다는 생각이 간

절해졌다. 무엇보다도 말이 넘치는 한국 교회와 달리 말 없이 예수 정신을 삶으로 살아내는 그들을 보고는, 그런 열망이 더 커졌다. 그런데 공장에서 일하는 시간 외엔 대부분의 시간을 글렌이 꼭 달라붙어 있어서 사진을 찍기 어려웠다. 브루더호프가 카메라에 경계심이 상당한 건 공동체원들의 초상권을 보호해주고 싶은 배려심 때문이기도 하겠지만, 종교개혁 세력과 나치 정권에 이어 영국에서까지 박해를 받고, 공동체를 컬트(이단)로 음해하는 이들에게 당한 트라우마 때문이기도 한 듯했다.

사진을 찍고 싶은 열망이 컸다는 것은 독자에게 꼭 전하고 싶을 만큼 모습 하나하나가 아름답고도 특별했다는 뜻이다. 한국의 개신교인과 달리 포도주나 맥주를 자유롭게 즐기는 모습도 인상 깊었다. 공동체원 전체가 모이는 모임의 대부분은 언덕 위 잔디밭에서 열렸다. 원으로 겹겹이 배치된 긴 나무 의자에 가족끼리 앉았다.

주일에도 주기도문 암송과 찬송가, 설교 등으로 이어지는 '예배 틀'이 없었다. 노래는 많이 불렀지만, 설교 같은 일방적인 전달은 찾아볼 수 없었다. 모든 공동체원이 자신의 신상이나 생각을 나눴다. 이 마을 3백여 명 가운데 누구도 '무관심' 속에 방치되지 않았다. 모임 도중 영국, 오스트레일리아, 파라과이 등에 있는 브루더호프 마을 공동체원들과 전화를 연결해 안부를 묻기도 했다. 세상에서 가장 고통 받는 이들과 함께하기 위해 재해 지역과 분쟁국에 파견된 형제들과 연결해 소식을 듣는 것도 잊지 않았다. 그럴 때마다 누군가 사망했다거나 아프다거나 사고를 당한 슬픈 소식엔 함께 슬퍼했고, 기쁜 소식은 축하해주었다. 예배나 기도를 위한 시간과 장소에서만 크리스천이고, 그 시간과 장소를 벗어나면 넌크리스천non-Christian과 다름없어지는 게 아니었다. 그들은 일상을 크리스천으로 살아냈다. 일상에서 '사랑'을 나눔으로써 '둘이나 셋이 모인 곳에 나도 함께한다'는 그리스도의 말을 증거했다.

한 사람 한 사람에게 온전히 집중하고 환대하는 지도자

브루더호프의 지도자인 요한 크리스토프 아놀드는 고령으로 거동이 불편했다. 그런데도 사람을 대하는 모습이 감동이었다. 그가 만나는 한 명, 또 한 명에게 온전히 집중하고 온전히 반겼다. 마치 한 사람 한 사람이 그가 따르는 예수 그리스도인 것처럼 말이다. 누군가 그에게 인사하러 다가서면 절뚝거리며 일어서서 마치 죽음에서 돌아온 자녀나 형제를 맞이하듯 반겼다. 상기된 모습으로 걸어가 형제자매를 꼭 껴안곤 했다. 크리스토프는 '용서'에 대해 늘 관심이 깊다. 도저히 용서하기 어려운 사람을 용서하는 '폭력의 고리 끊기(Breaking the Cycle: BTC)' 프로그램을 통해 그는 미국과 영국 사회의 놀라운 변화를 이끌었다.

브루더호프의 주요 리더는 창시자 에버하르트 아놀드 - 요한 하인리히 아놀드 - 요한 크리스토프 아놀드 3대로 이어졌다. 그래서 '공동체 지도자도 아들에게 세습되는 건가' 하는 생각이 들긴 했다.

그런데 2000~2010년엔 아놀드 가와는 무관한 리처드 스콧이 지도자 직을 수행했다는 사실을 알았다. 고통 받는 이들의 눈물을 닦아주던 사람으로 기억되는 리처드 스콧은 우리 부녀를 돌봐준 글렌·아델 부부 가운데 아델의 아버지였다. 평화롭고 고결한 심성을 잃지 않던 아델을 보며, 암으로 세상을 떠난 리처드 스콧의 체취가 느껴졌다.

우드크레스트를 떠나기 전 크리스토프 부부의 집을 찾았다. 벽면엔 크리스토프가 리처드 스콧과 다정하게 찍은 사진이 걸려 있었다. 그가 혈육은 아니지만 공동체원으로서 후임 지도자를 얼마나 사랑했는지 사진에서 느껴졌다. 크리스토프는 역시 그답게 진심 어린 눈빛으로 환대해주었다. 내가 이곳 생활에서 받은 감동을 전하자 그의 부인은 "우린 연약하기 그지없는 사람들"이라고 겸허히 말했다. 귀국 후 얼마 되지 않아 크리스토프가 세상을 떠났다는 소식을 들었다. 참 좋은 분이 우리 곁에 머물다 갔다.

브루더호프에도 독재의 아픈 과거가 있다

브루더호프에서는 지도자들이 군림하지 않는다. 공동체원들을 '섬기는' 모습이 인상적이다. 한국에서 신자를 사익의 도구로 활용하면서도 하대하며 군림하는 종교인을 적잖이 보면서 '성직자란 민주주의와 거리가 먼 것 아닌가' 하는 의구심이 컸기에, 이들의 비권위적인 섬김이 더욱 감동스러웠다.

그런데 공장장인 델프가 때마침 준《꿈꾸는 인생》이란 책을 읽고 감동이 부서졌다. 브루더호프 100년 역사에서 가장 중요한 인물인, 요한 하인리히 아놀드의 전기였다. 그는 크리스토프의 아버지이자 브루더호프의 창시자인 에버하르트의 아들이었다. 그 책 한국어판 표지 날개엔 내가 1999년에 영국의 다벨브루더호프에 방문해 쓴 르포 기사와 함께 내 이름이 실려 있어 놀랐다. 뜻하지 않게 내 기사가 딸린 브루더호프 책을 브루더호프공동체에서 보게 된 것이다. 처음엔 살짝 훑어만 볼 요량으로 집어 들었는데, 눈을 뗄 수 없는 내용이 이어졌다. 브루더호프를 천국처럼 느끼고 있는 내게 큰 충격을 안겨준 흑역사가 담겨 있었다. 에버하르트 사후 지도자가 된 에버하르트의 사위 한스에 의한 독재가 낱낱이 그려져 있었다. 주인공 하인리히는 매형 한스에 의해 파라과이의 밀림으로 귀양 보내져 몇 년간 처자식도 만나지 못하며 죽음의 고비를 넘겨야 했다. 하인리히가 처절히 부서져버린 지옥 같은 삶을 지내는 장면에서는 충격을 감출 수 없었다.

한스가 '성공적인 공동체'란 '장밋빛 성공 신화'를 제시하며 공동체원들을 꼭두각시로 만들고, 오랫동안 부인 외 여성과 부정을 저질렀던 사실마저 공개돼 있었다. 전기 저자는 하버드대학 출신으로, 주인공 하인리히의 외손자인 피터맘슨이었다. 등장인물들은 모두 저자의 외증조부모와 외조부모와 어머니의 형제 등 가족이었다. 즉, 현재 지도자인 크리스토프 가와 모두 연결된 인물들이었다. 피터맘슨의 어머니는 크리스토프 여동생이었다. 저자는 한스가 오랫동안 성공주의와 공동체주의를 내세워 리더라는 직책을 통제 수단으로 사용하며 브루더호프의 초기 정신과 반대로 나아감에도 아무도 저항하지 못한 음울한 역사를 적나라하게 기록했다.

이토록 아름다운 공동체에 그런 독재와 갈등이 있었다는 것도 충격이었지만, 가족의 비사를 세상에 남김없이 공개한 자신감이 놀라웠다. 더욱 놀라운 것은 전기의 주인공 하인리히가 수십 년간 자신을 죽이려 한 독재자에게 협조한 사람들까지 끌어안고 섬기며, 자기 아버지가 꿈꿨던 '오늘날 브루더호프의 하모니'를 이루어갔다는 사실이었다.

뒷담화 말고 당사자에게 솔직하게 이야기하자

그 책을 읽은 후 좀 더 실제적인 브루더호프 속으로 한 걸음 더 들어간 느낌이었다. 브루더호프 사람들은 방문자에게도 속살을 보여주는 것을 주저하지 않았다. 한번은 어느 때와 다름없이 잔디밭의 야외 모임이 무르익었을 때 한 중년 여성이 마이크를 잡았다. 그는 한 이웃 남성의 이름을 거명하며, "술을 마셨으니 운전대를 잡지 말라고 했는데도 운전을 했다"고 말했다. 브루더호프엔 '상대에게 할 말이 있을 때는 뒷담화를 하지 말고 본인에게 직접 솔직하게 말하라'는 불문율이 있다. 그 지독한 흑역사의 갈등을 거치며 배운 지혜일 것이다.

대중 앞에서 상대의 허물을 드러내는 것은 한국적인 정서가

강한 내겐 과해 보이기도 했다. 그 남자도 얼굴이 붉어졌다. 그러나 이내 그도 마이크 앞으로 나와 그 여성에게 "위험에 빠트려 미안하다"며 "조심하겠다"고 했다.

우드크레스트를 떠나기 전날 밤엔 실내에서 어른만 모인 가운데 열린 마을 회의에 참석했다. 외부에서 식자재를 사오는 공급 담당 청년이 "이 정도라면 어느 식당과 비교해도 괜찮은 거 아니냐"고 말했다. 공동체의 누군가가 '요즘 식사가 형편없다'고 문제를 제기한 모양이었다. 우드크레스트에 머물며 음식이 고급 호텔 못지않아 공동체가 너무 잘 먹고 사는 게 아닌가 하는 생각마저 들었기에 그런 문제 제기가 의외였다. 누군가 청년의 말에 반론을 펼치자, 청년은 다시 나와 눈물을 흘리며 "지금 가난한 나라뿐 아니라 미국에도 굶주리는 사람이 얼마나 많은지 아느냐"고 물었다.

브루더호프는 미국의 빈자를 돕고 있다. 소년, 소녀들이 가꾼 채소도 인근 노숙자에게 무상으로 나눠준다. 시리아 난민이 도착하는 그리스를 비롯해 이라크, 요르단, 팔레스타인, 파키스탄, 네팔 등에 형제들을 파견해 난민을 돌보거나 병원이나 집도 지어준다. 이미 그런 일을 모범적으로 하는 자선 단체 16곳에 재정도 지원하고 있다. 이어 중년의 남성과 여성이 잇따라 일어나 "우리 형제들은 이 공동체 안에서 사는 사람만이 아니다"며 "세상 모든 형제들을 위해 욕심을 포기하고 헌신해 지상 천국을 만들어가는 게 우리가 함께 사는 이유 아니냐"고 말했다.

우린 다르게 살기로 했다

브루더호프에선 개인이 받는 월급도, 용돈도 없다. 신용카드도 없다. 개인 통장을 가진 이도 아무도 없고, 통장은 오직 하나만 존재한다. 이곳에서 유일한 통장을 관리하며 식자재를 살 때나 개인이 외출할 때 돈을 지급해주는 회계 책임자가 일어났다. 그는 "우리는 전쟁과 박해, 재해 등으로 고통 받는 사람들을 돕기 위해 늘 아껴 써야 한다고 생각하지 않느냐"고 물었다. 늘 말발이 센 사람들만 말하는 바깥세상과는 다른 회의가 이어졌다. 누구든 일어나서 말했고, 토의는 길었고, 진지했다. 다시 흑역사를 되풀이하지 않기 위해, 나와 다른 타인의 생각도 알기 위해서였다. 하모니란 억누르는 것이 아니라 솔직하게 표현할 때 열린다는 것을 보여주는 진솔한 대화의 밤이 깊어갔다.

5. 불통의 아픈 역사를 딛고 다시 소통하는 사람들:

일본 야마기시

고정관념 없이 열린 자세로
최상의 것을 실현하라

야마기시즘의 뿌리는 야마기시 미요조(1901~1961)란 인물이다. 그는 어린 시절 길가에서 자신이 무심코 던진 물건에 머리를 맞은 한 어른이 머리끝까지 화가 치밀어 자기를 죽일 기세로 달려오는 모습에 큰 충격을 받고, '사람은 왜 화가 나는 것일까'란 의문이 화두가 됐다고 한다. 탐구하고 또 탐구한 끝에 그가 도달한 화의 원인은 '고정관념'이었다. 인간은 주위들은 지식이나 경험, 문화에 의해 '이래야 한다'거나 '이래서는 안 된다'는 고정관념을 갖게 되는데, 자기의 기준에 어긋날 때 분노를 참지 못한다는 것이다. 대부분의 인간은 고정관념이란 틀에 갇힌 감옥의 죄수라는 것을 직시한 셈이다.

한때 사회주의 운동을 주도하다 수배를 받아 양계장에 숨어들었던 그는 그곳에서 '상생의 세계'를 발견했다. 농작물은 인간과 닭에게 먹거리를 제공하고, 인간과 닭은 그 먹거리로 건강해지며 배설물을 거름으로 자연에 돌려줘 순환하며 서로 번영해가는 모습을 본 것이다. 그는 '자신이라는 틀'에 갇히지 않고 상생하는 순환 농법을 보고는 '나, 모두와 함께 번영한다'는 이상을 제시했다. 야마기시즘에 호응이 커지면서 이를 삶에서 실현하기 위한 '실현지'라는 공동체 마을이 일본에 30여 곳을 비롯해 브라질, 스위스, 태국, 독일, 오스트레일리아, 미국 등 50여 곳에 만들어졌다.

우리나라에도 1966년부터 7박 8일의 야마기시즘 특강이 열렸고, 1984년 경기도 화성군 향남면에 산안(야마기시)마을이 세워졌다. 야마기시는 국내 공동체·환경·생명운동과 수련 프로그램에도 큰 영향을 미쳤다. 야마기시 미요조는 자신에 대해서도 교조화를 거부하며 종교를 만들지 않았다. 그는 어떤 진리나 이데올로기라 하더라도 독선적으로 수용하지 말고 무에서 탐구해 '무고정無固定 전진'하며 나아갈 것을 희망했다. 지금은 정당 모임에서까지 따다 쓰는 '연찬研鑽'이란 말은 야마기시즘에서 나온 것이다. 연찬은 '연구해 뚫는다'는 의미다. 이미 정한 결론을 관철하기 위한 '회의'나 대충 논의하다가 '하모니'란 이름으로 얽히고설킨 결론을 맺는 것이 아니라, 뿌리를 캘 때까지 대화해보자는 의미이다.

과연 그의 희망대로 고정관념 없이 열린 자세로 최상의 것을 실현할 수 있을까. 무고정 전진은 고차원 종교뿐 아니라 변화와 혁신

일본 야마기시공동체 중 하나인 가스가야마의 입구.
잘 지어진 건물과 아름다운 정원이 눈에 띤다.

을 부르짖는 기업들까지도 추구하는 '이상'이 아닐 수 없다. 하지만 국가나 종교, 주의는 사랑과 자비, 조화, 행복 같은 이상에서 출발하지만 결국 독선화한 이데올로기만 남아 갈등과 대결, 폭력의 주체가 되기 마련이다.

사린 가스 사건 이후 이어진 분열

도요사토는 한때 3천 명이 사는 세계 최대 공동체의 명성에 걸맞은 위용을 여전히 자랑한다. 대학 캠퍼스나 아파트 단지 못지않게 잘 지어진 건물과 아름다운 정원, 거대한 소 사육장과 야외 경기장, 대농장이 펼쳐져 있었다. 야마기시에서 나와 인근 스즈카에 만들어진 애즈원 커뮤니티가 막 출발한 신생 중소기업이라면, 도요사토는 굴지의 기업이라 할 만했다. 하지만 도요사토도 지금은 500명 규모로 쪼그라들었다. 한때 세계 전자업계 선두였다 몰락하던 소니와 비교할 수 있을까. 소니는 다시 살아나고 있다. 과연 야마기시는 어떨까.

야마기시공동체는 야마기시 미요조가 양계장에서 발견한 상생의 원리를 깨닫는 '야마기시즘 특별강습연찬회'로 출발해 한때 이상 사회 실험의 모델로 여겨질 만큼 주목받았다. 그런 야마기시가 밀레니엄인 2000년 전후 큰 위기를 맞았다.

위기는 엉뚱한 곳에서 찾아왔다. 1995년 아사하라 쇼코 교주의 옴진리교가 일본 도쿄 지하철에 사린 가스를 살포해 13명의 사망자와 5000명의 중경상자를 낳은 충격적인 사건이 터졌다. 그러자 일본에선 공동체 생활을 하는 유사 종교 집단에 대한 경계심이 높아졌다. 야마기시는 어떤 종교 교리나 신념, 아집이 없는 무고정 전진을 주창했지만, 일반인이 보기엔 유사 종교 단체와 별로 달라 보이지 않았던 모양이다. 지난 2009년 발간된 무라카미 하루키의《1Q84》3부작엔 신흥 종교 집단 '선두'와 후카다 교주가 나온다. 그는 호텔방에서 암살 기술자 아오마메에 의해 살해된다. 후카다는 암살 당할 것을 알면서도 태연하게 죽음을 맞을 만큼 카리스마 있는 인물로 그려진다.《1Q84》가 나온 뒤 선두의 배경이 야마기시라는 소문이 돌았다. 그도 그럴 것이 하루키의 와세다대학 스승으로 알려진, 니이지마 아츠요시 교수가 도요사토공동체에 입회한 것이 크게 보도된 적이 있기 때문이다. 니이지마가 사망한 이후에도 부인은 지금까지 도요사토에 살고 있다.

사린 가스 사건 이후 공동체에 대한 비판 기사가 늘었다. 야마기시는 아기들을 한 곳에 모아 함께 양육했다. 밤 10시부터 오전 10시까지는 공복을 유지하는 게 좋다는 '니시 요법'에 따라 초등학생도 아침을 먹이지 않았다. 그런데 이것이 아이들을 억지로 굶기는 아동학대라며 집중 부각되고, 야마기시를 비판하는 여론이 비등했다. 그러자 그 전까지 야마기시의 유기농 제품을 공급받으려 읍소했던 유명 백화점들이 태도를 바꿔 야마기시 제품 판매 코너를 폐쇄하기 시작했다. 이 와중에 거품 경제가 무너져 세수 확보가 절실했던 세무 당국은 야마기시 참여자들의 기부나 무보수 노동을 탈세로 간주해 압박했다. 이 과정에서 야마기시 이후 공동체를 이끌던 리더 스기모토 도시하루가 1999년 도요사토의 포도밭에서 자살하는 사건이 발생했다. 그의 사후 공동체가 무려 수백억 엔을 보유했던 사실이 알려졌다. 그로 인해 스기모토가 공동체를 성장시킨 주역이긴 했지만, 공동체원들의 자유를 제약하며 지나친 내핍 생활로 공동체의 부 축적에만 집중한 것 아니냐는 내부 비판이 제기됐다.

고령화를 대비하는 공동체

가장 비판적인 이들은 야마기시 안에서도 엘리트로 꼽히는 이들이었다. 야마기시즘 특강회를 이끌거나 사상과 교육, 방향을 결정하던 이들이 2000년 '야마기시엔 더 이상 희망이 없다'며 이탈해 스즈카에서 '애즈원공동체'를 시작했다. 야마기시에선 공동체의 방향과 정책을 결정하던 주역들이 자성은커녕 공동체를 비난하고 나갔다며 한탄하기도 했다. 이후 엑소더스 행렬이 이어졌다. 처음 공동체에 들어올 때 전 재산을 헌납한 이들이 그 재산을 돌려달라는 소송을 제기했다. 대법원까지 간 소송에서 처음 낸 재산의 3분의 1가량을 돌려주라는 판결이 내려졌다.

태풍이 휩쓸고 간 도요사토는 의외로 평화로웠다. 어디로도 떠날 수 없는 노인 세대가 많이 남았지만, 자포자기나 슬픔은 보이지 않았다. 아름다운 일본식 정원이 보이는 드넓은 도요사토 공동 식당의 음식이나 분위기도 고급 호텔 레스토랑 못지않았다. 다만 자신이 먹을 만큼 가져다 먹고, 설거지를 스스로 하는 게 다를 뿐이었다. 외부의 비판 이후 아이들에게도 아침 식사를 거르지 않고 먹인다.

더욱 놀라운 변화는 축사의 현대화였다. 도요사토에선 일본에서 '와규'로 유명한 흑소 3천 마리를 기르고 있다. 이 소들의 모든 사육 과정은 자동화했다. 이미 고령 사회인 일본에서도 초고령 사회를 맞아 젊은 노동력이 부족한 공동체에서 추후에도 생산 활동에 지장이 없도록 자동 시스템을 구축한 것이다.

야마기시공동체는 '잘 나가던' 과거와 달리 젊은이가 많지 않다. 도요사토엔 노동력의 주축인 20~50세가 전체의 10분의 1인 51명뿐이다. 이들의 일 부담이 적지 않다. 이들이 우리 돈 10만 원에 불과한 1만 엔의 용돈을 받으며, 개인적 자유를 구가하기는 쉽지 않다. 예전엔 젊은이들은 윗세대를 무조건 따르라는 분위기였지만, 지금은 '귀한 몸'이 된 젊은이에 대한 배려가 크게 달라졌다.

한국의 야마기시(산안)공동체도 젊은이들과의 소통이 공동체 존립을 좌우하는 주요 변수로 떠올랐다. 경기도 화성군 산안마을은 양계를 통해 경제적으로 완전히 자립했다. 그런데 10년 전쯤 이남곡·서혜란 가족이 공동체를 나온 이래 유상용 씨 등 네 가구가 동시에 공동체를 나오면서 큰 위기에 봉착했다. 산안마을도 도요사토처럼 열린 연찬이 되지 않고 지도자 그룹에 의한 독선적 운영에 답답함을 느낀 공동체원들의 이탈이 속출했다. 그로 인해 한동안 침체돼 있던 산안마을도 몇 년 전부터 젊은이 6명이 새롭게 합류하며 다시 활력을 도요사토에선 흑소 3천 마리를 기르고 있다.
젊은 노동력이 부족한 만큼 모든 사육 과정을 자동화했다.

찾고 있다. 공동체 안에서도 젊은 세대와 기존 세대는 생각이 많이 다르다. 기존 세대는 이상적인 마을을 만들기 위해 개인의 욕구를 누르면서 헌신적으로 일하는 것을 당연시했으나 젊은이들은 비록 공동체에 합류했다 하더라도 그런 큰 가치에 개인의 자유를 쉽게 포기하려 들지 않는다. 산안마을의 김현주 대표는 공동체 내 세대 간 차이를 이렇게 말했다.

"요즘은 젊은이들이 공동체에 들어와도 '가치'나 '대의명분' 같은 큰 담론을 싫어하고 '희생하는 것'은 더욱 싫어하죠. 대신 얼마나 재미가 있느냐를 중시해요."

진정한 소통으로
삶을 엮어나가는 사람들

젊은이가 태부족한 도요사토에서 큰 역할을 하고 있는 젊은이가 산안마을 출신 윤성준 씨다. 2009년부터 도요사토에 살며 얼마 전 스위스계 일본인 공동체원 카지야마 하이디와 결혼한 윤씨는 "이곳에서 젊은이들이 외롭지 않도록 젊은이들끼리 모여 일하게 배려한다"고 말했다. 말이 통하는 또래가 없다면 젊은이들이 버텨내기 어렵기 때문이다. 도요사토에서 차로 30분 거리에 있는 최초의 야마기시공동체 가스가야마의 사육장에서 일하는 야마사키 아티티사도 "또래 4명이 밤이면 자주 모여 술도 마시면서 스포츠와 영화 이야기도 하며 즐겁게 지낸다"고 했다.

도요사토 내부에서 젊은이들이 활력을 찾고 소통이 나아지면서 외부의 시선도 달라지고 있다. 도요사토의 야마기시 직판장에 도요사토 시민의 발길이 늘고 있는 것에서도 이를 알 수 있다. 윤성준 씨가 점장을 맡은 이 직판장은 시내와 떨어져 있는데도 장바구니를 든 사람들로 붐볐다.

야마기시공동체는 매사 속마음을 털어놓고 얘기하는 '연찬'을 통한 무고정 전진을 내세웠다. 이탈자들이 가장 심각한 문제로 제기한 게 사실상 연찬이 형식만 남고 진정한 소통이 이루어지지 않는다는 점이었다. 의사결정을 하는 조정세화원들은 권력을 쥐고서는 여행을 가고 싶다는 등의 개인적 욕구를 받아들이지 않았다는 것이다.

가스가야마 공동 식당에서 일하는 10명이 모여 진행하는 식생활 연찬을 보니 과거 한때의 불통 분위기는 느껴지지 않았다. 그들은 점심 200명분, 저녁 240명분 메뉴를 무엇으로 할 것인지를 유쾌하게 논의했다. 또 다음날 인근 학교 운동회에 군고구마를 가져다주자는 제안과 단풍 축제에 설치할 이동 판매소에 '나도 가보고 싶다'는 등 개인적인 의견을 자유롭게 개진했다. 집을 옮기고 싶다고 신청한 지 두 달이 지났는데 소식이 없다거나, 숙소 1층에서 담배를 피워 연기가 올라와 싫다는 불만을 토로하는 사람들도 있었다. 한 여성은 "몸이 좋지 않아 4일간 일을 쉬었는데 내일부터는 나오겠다"며, "예전엔 쉬고 싶거나 뭔가를 하고 싶어도 쉽게 말을 꺼내기 어려웠는데, 지금은 거의 하고 싶은 말을 억누르지 않고 하는 편"이라고 말했다.

재일교포 오상순 씨는 한국에서 중학교 교사를 하다가 야마기

가스가야마 공동 식당에서 일하는 10여 명이 모여
점심, 저녁 메뉴를 논의하고 있다.

시에 합류해 일본인 남성과 결혼해 두 아이가 있다. 그도 도요사토의 조정세화원이다. 조정세화원이란 공동체원들이 공동체 내 다른 집에서 살아보고 싶다거나 일터를 옮긴다거나 여행을 가고 싶거나 뭔가를 사고 싶다는 등의 개인적인 요구를 받아 이를 받아들일지 말지 등을 조정하는 사람이다. 조정세화원은 도요사토에서 6개월마다 10명이 뽑힌다. 연찬이 제대로 되지 않는데다 이 '조정'이 제대로 이루어지지 않아 공동체원들의 요구가 대부분 거부된 데서 오는 욕구불만이 도요사토 위기의 큰 원인이었다. 조정도 변화가 감지된다. 오상순 씨는 말했다.

"공동체 인터넷을 통해 하루 수십 통의 크고 작은 제안이 들어옵니다. 자신의 제안이 거부당해도 다시 제안할 수 있습니다. 최종 결정은 자신이 선택하도록 돕고자 노력하고 있습니다."

공동체와 개인의 욕구를 조율해가는 지혜

공동체는 개인적 욕망을 실현하는 장이 아니다. 그보다는 함께 행복한 이상 사회를 만들려는 곳이다. 그러니 모든 욕구를 다 수용할 수는 없다. 그렇지만 욕구를 지나치게 억압해 불만이 커져 대규모 이탈 사퇴까지 야기한 만큼 개인의 욕구도 어느 정도 수용하려는 쪽으로 변하고 있다.

가스가야마에서 만난 기타오지 요리노부는 고교 시절 학생운동 리더였다. 당시 시국 사범으로 감옥에 갇힌 그는 "밖에서 느끼지 못하는 자유를 감옥에서 느꼈다"며 열여덟에 야마기시에 합류한 계기를 전했다. 야마기시는 외형상 지도자를 내세우지 않지만 기타오지는 스기모도 이후 주요 지도자 중 한 명으로 꼽힌다. 그는 "야마기시의 우수한 인재들이 우수수 스즈카로 빠져나갔는데, 그들이 내게도 함께 갈 것을 권유한 걸 보면, 나도 우수한 인재인 모양이다"고 웃으며 말했다.

> "우수한 분들이 빠져나간 이곳엔 갈 곳 없는 노인과 장애인이 많고, 화가 나면 자기 분노를 벽에 칠하는 분도 있어요. 나는 그렇게 별 볼일 없는 사람들과 함께 살아가는 것이 좋습니다."

구태에 빠진 야마기시를 비난하며 나간 사람들이 인근 스즈카에 애즈원공동체를 따로 만들었다. 그러나 오히려 야마기시에선 자신을 버리고 떠난 이들에 대한 배신감을 토로하거나 비판하기보다는 야마기시즘을 실현하는 애즈원 같은 곳이 곳곳에 생기는 것도 나쁘지 않다고 했다. 이들은 초기 경제적 자립에 고심하는 애즈원이 만든 비료 공장의 비료를 사주어 자립을 돕기까지 했다. 거센 태풍이 야마기시를 변화시킨 계기가 되었다. 한때 완전히 퇴락할 것으로 보였던 야마기시공동체는 새로운 활력을 찾으며, 성숙한 여유와 평화의 공기가 흐르고 있었다.

6. 눈치 보지 않는 사회를 만들자는 꿈:

일본 애즈원

그들은 왜
부유한 공동체를 떠났을까

일본 나고야주부공항에서 배편으로 한 시간이면 소도시 스즈카에 닿는다. 그곳에선 독특한 실험이 전개되고 있다. 인류가 전에 만들어본 적 없던 사회를 만들어보자는 실험이다. 화도 다툼도 없고, 죄와 벌도 없으며, 어떤 사람이든 일을 해야 한다는 강박도 없이 느긋하고 즐겁게 살아갈 수 있는 사회를 만들자는 것이다.

그야말로 공상 소설 속에나 있을 법한 애기를 현실에서 실현하겠다고 나선 곳은 '애즈원 커뮤니티 스즈카'다. '애즈원As one'은 비틀즈의 '이매진'이란 노랫말 가운데 '세계는 하나가 될 거예요The world will live as one'란 문장의 뒷부분에서 따온 말이다.

이곳은 아속이나 오로빌, 브루더호프의 우드크레스트나 야마기시의 도요사토처럼 한 마을공동체가 아니라 사람들이 도시 곳곳에 흩어져 있다. '스즈카 컬처스테이션', 즉 문화센터 같은 본부를 중심으로 이들이 사는 네 채의 집과 기숙사, 일터인 도시락 가게와 농장 등이 스즈카 곳곳에 산재해 있다. 하지만 이들은 사유재산 없이 공유재산, 공유 경제로 살아간다. 즉, 각자 딴 주머니를 차지 않고 '한 지갑'으로 살아간다는 의미다. 그들의 모토는 '돈 없이도 행복하게 사는 커뮤니티'다. 슬로건이 반자본주의적이다.

애즈원 스즈카 커뮤니티는 도요사토에 있는 야마기시공동체에서 나온 사람들이 설립한 곳이다. 도요사토는 이곳에서 불과 차로 20여 분 거리에 있다. 2000년부터 시작된 애즈원의 주축은 한때 이상 사회의 모델로 여겨져 온 야마기시를 이끌던 두뇌 집단이다. 야마기시에서도 머리 좋기로 손꼽히던 이들이 왜 기반을 확고히 다진 야마기시를 탈출해 맨땅에 헤딩하는 험고를 자처했을까.

야마기시즘은 속마음까지 다 털어놓는 연찬에서 출발했다. 그런데 조직이 오래되면서 경화되고, 연찬은 형식만 남았다. 야마기시에서 철학적 이론을 제시하는 간부였다가 2009년 스즈카에 합류한 사카이 카즈키 씨는 "야마기시가 규모가 늘어나면서 조직이 경직되고 변혁이 어려워졌다"고 했다. 연찬을 해도 타성에 젖어 '열린 대화'를 하지 못했다. 그는 "야마기시에도 처음엔 이상 사회를 만들어보려는 사람들이 모였고, 한 명 한 명은 나쁜 사람이 없었지만, 인간과 사회에 대한 탐구가 줄면서 변화의 동력이 사라지고 말았다"고 했다.

그것이 그가 노년의 평안한 삶을 모색해야 할 나이에 평생 가꾼 공동체를 뒤로 하고 야마기시를 탈출한 이유다.

부유한 공동체를 떠나 다리 밑에서 살 각오로 나온 사람들

애즈원 사람들이 가장 많이 든 이탈 사유는 야마기시에서 공동체원들의 요구가 잘 받아들여지지 않는다는 점이었다. 하지만 공동체 밖에서 살아본 적이 없는 그들의 새로운 도전은 쉽지 않았다. 모토야마 테루코 씨는 "야마기시에서만 살아서 바깥은 네 것 내 것이 엄격하고, 집세가 이렇게 비싼 줄 몰랐다"면서 "야마기시에서 나온 사람들끼리 가족처럼 돈을 주고받고 지내며, '돈이 없으면 한 집에서 살고, 집도 없으면 다리 밑에서 살자'는 얘기도 했었다"고 했다. 이런 과거를 웃으며 얘기할 만큼 이들에게도 여유가 생겼다. 2005년 말 시작한 '어머니 도시락'이 하루 1천여 개 도시락을 팔아 연간 우리 돈으로 10억 원 정도의 수익을 올리고 있다. 일본식 전통가옥 등 괜찮은 집 네 채도 사들였다. 그럴듯한 방문자센터도 갖췄다. 어머니 도시락에선 40~60여 명, 농장엔 8~15명가량이 일한다.

애즈원은 '커뮤니티(공동체)'라고는 하지만 규약이나 제약도, 의무나 책임도 없다. 따라서 정식 멤버 규정도 없다. 100퍼센트 이곳에 몸담은 이도 있지만, 시간제로 일하는 이도 있다. 특정할 수는 없지만 어른 150명 등 200명가량이 함께한다.

이 가운데 70여 명은 어머니 도시락이나 농장에서 일해도 센터 격인 '오피스'에 급료 전액이 자동 입금되게 해놓았다. 집세와 신용카드 비용이나 세금은 오피스에서 지불하고, 필요한 돈은 오피스에서 타다 쓴다. 농장과 어머니 도시락 생산품 등을 가져다놓은 가게 '조이'에서 식료품 등을 무료로 가져다먹을 수도 있다.

사람마다 욕구가 다르고, 쓰임새도 다르다. 어떻게 자신의 소득을 다 맡기는 게 가능할까. "별로 일도 안 하는 사람이 돈을 다 써버리면 어떻게 하느냐"는 물음에 사토시 후카다 씨는 이렇게 말했다.

"그런 사람은 없어요. 내 것을 다른 사람이 써버리면 어떻게 하지'라는 마음보다는 '함께 잘 써주니 좋다'는 마음이 듭니다."

사유경제 사회에서 이해하기 쉽지 않은 모습이다. 희망을 앗아가는 것도, 희망을 만들어가는 것도 역시 인간이다. 이들은 인간의 마음과 사회를 잘 알지 못하면, 이상이나 진보 등의 구호만으로 이상 사회로 나아갈 수 없다는 것을 체험한 바 있다.

밥벌이보다 자기와 사회를 아는 게 더 중요

이들이 가장 심혈을 기울이는 것은 '사이엔즈'다. 연찬이란 말 대신 이들이 쓰는 사이엔즈는 '과학적 본질의 탐구Scientific Investigation of Essential Nature'란 영문 글자에서 따온 것이다. 인간은 지능을 지닌 존재이므로 이를 최대한 활용해, 인간에 대해 과학적으로 탐구해서 인간

농작물과 '어머니 도시락'을
마음대로 가져다 먹을 수 있는 가게 '조이'.
애즈원 사람들은 자신의 소득을 다 맡기고 욕심 없이 살아간다.
어떤 규약이나 제도, 의무나 책임도 없는 곳.

답게 살아내겠다는 의지가 담긴 말이다. 그래서 이들은 사이엔즈연구소에서 인간과 사회를 연구하고, 사이엔즈스쿨에서 6박 7일 일정의 '자기를 알기 위한 코스' '인생을 알기 위한 코스' '사회를 알기 위한 코스' '내관內觀코스' 3박 4일의 '자기를 보기 위한 코스' '사람을 듣기 위한 코스'를 운영한다. 어머니 도시락이나 농장에서 일하는 사람들도 코스에 참가할 때는 온전히 이곳에만 집중한다. 사이엔즈연구소의 후쿠다 히로야 씨는 "학교는 지식과 기능을 전수하는 데 그치지만 이곳은 자신과 타인을 더욱 깊게 이해하고 받아들이게 한다"고 말했다.

'지식이나 경험이 있어도 그것을 그렇다 하고 단정하거나 전제하지 않고 실제는 어떨까 하고 제로零·零에서부터 탐구한다.'

사이엔즈 프로그램이 열린 곳엔 이런 큰 글귀가 정면에 걸린다. 열려 있지 않고서는 고정관념의 쳇바퀴 도는 수준을 벗어나지 못해, 진보니 변혁이니 이상이니 하는 것도 구두선에 그칠 수밖에 없다. 코스는 5~10명 정도가 둘러앉아 테마별로 대화하는 과정이다. 오직 내관 코스만 오로지 혼자 자기 안을 들여다보게 된다. 이치가와 켄이치 씨는 사이엔즈를 하는 이유를 이렇게 설명한다.

"감정이나 생각에 사로잡히지 않고 누구하고나 얘기할 수 있어야 해요. 그러기 위해서는 사람 안에서 뭐가 진행되고 있고, 내 마음 안에선 뭐가 진행되는지 먼저 알아야 합니다. 알지 못하면 서로에 대해 제대로 알지도 못하면서 미워하기부터 합니다. 사이엔즈를 통해 부부 사이가 좋아졌다든지, 사람을 접하는 방식이 달라지곤 하지요. 그것은 '내가 그의 내면에 대해선 아무것도 몰랐구나' '지금까지는 그에 대해 안다고 한 것이 그저 내가 만든 느낌일 뿐이었구나' '내가 마주한 것은 그가 아니라 그에 대한 내 생각이었구나'라는 참신한 깨달음을 얻고 새롭게 상대를 만나기 때문입니다."

늘 자기 마음을 솔직히 말하는 분위기

이들과 함께하는 시간 동안 어디를 가나 평안한 좌담이 이어졌다. 흔히 일본인은 속을 잘 표현하지 않는다고 말한다. 그런데 사랑방 담화처럼 편하게 마음을 다 표현하는데서 나오는 속말은 너무 진솔해서 놀랄 정도다. 겉만 빙빙 도는 대화로 10년을 사귄 친구보다 좌담에서 속내를 터놓은 이들이 더욱더 가깝게 느껴지는 이유다. 좌담이 무르익으면, 조이에서 챙겨온 맥주와 전통과자까지 곁들어졌다.

좌담을 몇 시간씩 자주 하다 보니, 몇 가지 특징이 잡힌다. 자기가 절대선인 듯 상대를 자기 기준에서 재단하는 말투는 찾아볼 수 없다. 뭔가를 물으면 이들은 "정말은, 정말은 무엇일까요?"라며 되묻곤 했다. 자기 고정관념을 내뱉기보다는 실제를 정말 알고 싶다는 자세를 보인다. 말끝마다 '손나 간지데스(그런 느낌입니다)'라고 한다. 자신의 말이 객관적으로 진리가 아니라, 자기의 느낌일 뿐이라는 것이다. 듣는 이를 안식으로 이끌어 더 진솔한 속말이 나오게 하는 주문

같은 말이다.

아이에게 어른들의 관념을 덧씌우지 않는다

애즈원은 아이에게조차 어떤 관념을 강요하지 않는다. 교육의 초점도 여기에 있다. 나가지마 준나는 스즈카 컬처스테이션 안에 미용실을 운영하면서 애즈원의 어린이집 담당자도 겸한다. 평범한 아이 엄마인데도 뚜렷한 교육관이 인상 깊었다. 나가지마 준나와의 문답이다.

아이들을 어떻게 돌보나요?

"자기 아이를 맡긴다거나 남의 아이를 맡아 돌보는 게 아니라 가족처럼 돌봅니다. 돌봄도 엄마 또래와 할아버지, 할머니, 언니, 오빠 등 다양한 이들이 함께하지요. 아이들을 돌보다 보면 내 아이, 남의 아이 구분이 점차 사라집니다. 이곳에선 뭘 가르친다거나 시키는 게 없습니다. 이거 하고 싶으면 이거 하고, 저거 하고 싶으면 저거 하도록 하는 편이지요."

만약 밥을 안 먹겠다고 때를 쓰고 할 걸 안 하겠다고 하면 어떻게 하나요?

"'이렇게 해주면 좋겠는데' '이렇게 해보면 어떨까' 정도로 얘기하면 아이들이 알아들어요. 당장 하지 않더라도 나중엔 알아서 합니

다. 이거 해라 저거 해라 명령만 받고 그에 따르는 식으로만 자라
면 아이는 자기 스스로 하는 법을 잃어버립니다."

아이가 일반 학교에서 느끼는 것과 애즈원에서 느끼는 게 다를 텐
데요.
"학교에서 억압되어 화가 난 상태로 돌아와 집에서 화를 쏟아내기
도 합니다. 그러면 집에선 뭐든지 다 들어주려고 합니다. 아이는
'학교에서 선생님이 이렇게 하라고 시켰는데, 그때 실은 이렇게
하고 싶었다'는 본심까지 얘기합니다. 다른 어른들도 여기서는 아
이들의 말을 다 들어줍니다. 그래야 뭐든 할 수 있고, 안심이 된다
는 자장이 형성되거든요."

일본인은 '메이 와쿠', 즉 남에게 폐를 끼치지 않는 것을 매우 중
시하는데, 아이들이 예의 없게 굴어 타인들에게 폐를 끼칠 수도
있지 않나요?
"먼저 예의라는 게 뭘까를 생각해볼 필요가 있어요. 예의도 사람
을 위한 것이지 억압하기 위한 것이 아니잖아요. 인간과 사회를
탐구하면서 예의범절도 사람과 사람의 마음이 제대로 왕래하는
것을 돕기 위한 것이 아닐까요. 아이에게 '엄마는 이렇게 해주면
좋겠다' 정도로 통하면 좋겠지요."

아이들이 어떻게 크기를 바라나요?

"실패해가면서, 다 같이 기회를 가지면서 컸으면 좋겠어요. 어른들의 관념의 틀로 아이들에게 관념을 덧씌우지 말고, 사람이 사람답게 살 수 있도록 도와줘 자기로 살아가도록 돕고 싶습니다."

명령도 강요도 없는 회사,
어머니 도시락

50명이 일하는 회사가 있다고 하자. 이 회사에서는 50명이 똑같이 8시간 노동을 하는 게 아니다. 누구든 하고 싶은 만큼만 일한다. 일하는 시간이 많다고 월급이 많은 것도 아니다. 하기 싫으면 언제든 집에서 쉴 수 있다. 자기가 하기 싫으면 일하지 않아도 뭐라는 사람이 없다. 이 회사의 가장 큰 특징은 아무도 명령하거나 강요하지 않는다는 점이다. 여기에도 사장은 있다. 그러나 사장은 직책의 하나일 뿐 다른 동료들 위에 군림하는 자리가 아니다.

　　이런 말도 안 되는 회사가 존립할 수 있을까. 명령과 지시 없이도 조직이 굴러갈 수 있을까. 일하고 싶으면 일하고, 안 하고 싶으면 안 해도 성과를 올릴 수 있을까.

긍정의 답을 기대하기는 어려울 법한 이런 질문에 '예'라고 말하는 회사가 있다. 애즈원의 '어머니 도시락'이다. 이들이 별나라에서 일하는 것은 아니다. 이들도 자본주의 시스템대로 작동하는 일본의 중소 도시에서 회사를 꾸려간다.

공동체를 꾸리기 위해 모여든 사람들이 모두 새로운 이상 사회를 꿈꾸지만, 현실은 '무엇을 해서 먹고 살아야 하느냐'가 일차 관건이다. 야마기시공동체에서 나온 애즈원 초기 멤버들도 '먹고사니즘'을 해결하기 위해 다양한 방법을 모색하면서 시행착오를 거치다가 어머니 도시락으로 안정을 찾았다.

어머니 도시락을 아침 7시쯤 찾아가봤다. 가게 앞엔 미니 봉고 12대가 나란히 서 있다. 하나라도 배달해주는 차다. 가게엔 다양한 도시락이 전시돼 있다. 안쪽은 도시락 공장이다. 새벽 4시 반부터 밥을 하고 반찬을 만들고, 6시 반부터 도시락에 담기 시작한다. 배달이 시작되는 9시가 다가오면서 라인에선 예닐곱 명이 부지런히 도시락을 담고 있다. 한편에선 서너 명이 의자에 걸쳐 앉아 쉬고 있다. 싸다만 햄과 계란말이를 먹으며 허기도 때운다. 부지런히 손을 놀리는 이들과 휴식을 즐기는 사람들이 한 공간에 섞여 이채롭다.

규율도 위계도 명령도 없는 직장

어머니 도시락 멤버는 60명 정도다. 20대부터 70대까지 연령대도 다양하다. 그들 모두가 매일 출근하는 것은 아니다. 주문량에

'어머니 도시락'은 명령과 지시 없이도
조직이 잘 굴러간다.
일하고 싶으면 일하고 안 하고 싶으면 안 해도 된다.
이들의 목표는 성과가 아니라 '행복'에 있다.

따라 20명이 일할 때도, 30명이 할 때도 있다. 주문이 많으면 알바를 쓰기도 한다. 알바에게는 수당을 주지만 스즈카 멤버들 대부분은 따로 급료를 받지 않는다. 장부상으로는 급료가 있지만, 급료는 스즈카의 오피스에 들어간다. 오피스에서 돈을 관리한다. 어떻게 이런 일이 가능하냐는 질문에 그들은 "한 가족끼리는 한 주머니를 찰 수 있는데, 사람이 많아진다고 그게 불가능하라는 법이 있느냐"고 되묻는다. 급료가 없을 뿐 아니라 위계와 명령도 없는 회사에서 어떻게 주문량을 차질 없이 채우는지 불가사의하다.

이곳 사장은 기시나미 류다. 동글동글하고 넉살 좋아 보이는 류는 이곳에서도 '능력자'로 통한다. 그러나 진짜 능력은 그가 능력을 빙자해 권력을 쥐지 않는다는 데 있다. 그에게 물었다.

사장이란 책임과 권한을 지닌 자리 아닌가요?
"역할일 뿐입니다. 우리는 서로 역할을 나누고 있을 뿐 상하관계가 아닙니다."

명령이나 규율도 없이 어떻게 매일 1천여 개의 도시락을 차질 없이 만들어 배달할 수 있나요?
"규율이 없이도 지금까지 해내고 있습니다."

아무래도 각자는 부담이 있을 것 같네요. 만약 어린아이를 학교에 보내는 엄마는 아침에 이곳에 올 형편이 안 되어도 말도 못하고 억지로 가게에 나와야 하지 않나요?

"내가 쉬고 싶을 때 쉬면 다른 사람이 화를 낼지 모른다거나, 폐를 끼친다고 두려워 얘기조차 못하는 사람들의 이야기를 다 들어주는 게 사장이란 자리입니다. 일단 꺼내놓고 이야기하다 보면 처음엔 무리라고 생각되던 것도 의외로 쉽게 해결되곤 합니다."

우리의 목표는 성과가 아닌 행복

이들의 목표가 회사의 성과를 내는 게 아니라, '행복'이라는 사실을 간과하면, 이들의 방식을 이해할 방도가 없다. 이들이 늘 잘해내는 것은 아니다. 실수하는 사람도 있게 마련이다. 최근엔 오후 4시 30분쯤 도시락 100개를 6시까지 배달해 달라는 주문이 들어왔다. 배달차가 현장에 5시 30분에 도착했는데, 도시락을 차에서 내리다 넘어져 30개의 도시락이 땅바닥에 쏟아져버렸다. 사람들은 모두 퇴근한 뒤였다. 남은 재료도 없었다. 일단 손님에게 양해를 구하자 30분 정도는 기다릴 수 있다는 답이 왔다. SNS를 통해 '멤버들'에게 비상 상황이 전해졌다. 그러자 멤버들은 각자 집에서 저녁으로 준비하던 밥과 재료를 들고 가게에 모여들었다. 그래서 뚝딱 30개의 도시락을 만들어냈다. 운전을 가장 잘하는 사람이 20분 만에 배달을 완료해 약속을 지켰다.

어머니 도시락에서 일하는 하야시 레이코는 "실수하는 사람에게 비난하거나 화내지 않고, 여러 명이 '괜찮니'라고 물어주었다"면서 "비록 실수는 있었지만 함께 힘을 모아 해내니 꽤나 재미가 있다고 더 좋아했다"며 웃었다.

하지만 눈치를 보는 것과 배려는 경계가 모호하다. 사키쿠보 유코는 6개월 전 기시나미 류의 부인인 도모코 상에게 금요일 밤 조이를 지킬 사람을 찾는다는 연락을 받았고, "모두가 어렵다는데 유코는 사정이 어때?"라는 질문을 받았다. 애즈원의 본부 격인 스즈카 문화센터 안에 있는 조이는 애즈원 사람들이 무료로 가져다먹을 수 있는 식료품, 가정용품등이 있는 가게다. '불금'은 모두 가족과 보내고 싶어 한다. 가게 지킴이를 자원하는 이가 아무도 없자 미혼인 그에게 청이 들어왔다. 아침엔 도시락 공장에서 일하는 유코도 금요일엔 데이트 하고 싶은 마음도 있었지만 도모카 상의 물음에 "그렇게 하겠다"고 했다. 유코가 류 사장에게 그런 얘기를 했더니, "유코의 마음이 당시 어땠는지 더 얘기해보면 좋겠다"고 제안해 솔직하게 다 털어놓았다고 한다. 그 후 유코는 마음이 개운해지고 평안해졌다.

우린 다르게 살기로 했다

걱정이 없는
애즈원 사람들

강요하지 않는 자세를 잘 보여준 이는 내 호스트를 맡은 이치가와 켄이치였다. 그는 이곳 핵심 멤버로 활동한 지 10년이 됐지만, 그의 부인은 인근에 살면서도 애즈원 활동에 참여하지 않고 있다. 그런데도 그는 "애즈원에 와보면 어때?"라고 권유하거나 강요하지 않았다. 하지만 그도 애즈원에서 눈치를 보지 않게 되기까지 내적 수련이 필요했다고 고백한다.

> "눈치를 보면 내가 작아져요. 신경도 날카로워지지요. 24시간 주변 사람들의 신경을 쓰고 살기 때문이겠지요. 사이엔즈 스쿨에서 내면을 탐구하면서 뭔가 변화가 생기더군요. 예전엔 더운데, 테

이불에 부채가 있어도 여러 사람이 있으면 부채를 집을 수 없었어요. 부채를 집게 된 게 5년 전부터인 거 같아요."

사카이 가즈키 씨도 야마기시의 도요사토에서 살 때는 모두가 열심히 일하는 상황에서는 쉬고 싶어도 눈치를 보며 제대로 쉬지 못했다. 너무 피곤할 때는 남이 신발을 보지 못하게 방으로 신발을 들고 들어가 몰래 쉬곤 했다.

"나뿐만 아니라 다른 사람들도 그랬어요. 다른 사람들을 엄청 신경 쓰며 살았어요. 눈치를 보지 않는 데는 환경도 중요합니다. 그래서 애즈원 설립 뒤 '눈치 보지 않고 쉬고 싶을 때 쉬는 게 왜 잘되지 않는 걸까'를 탐구해가면서 '조직에 위계가 없다면 어떨까' '진짜 눈치를 안 보면 어떻게 될까' '그렇게 살아가는 건 불가능할까'를 탐구하며 '상하가 없는 사회(공동체)'를 만들어왔습니다."

가즈키 씨는 눈치를 보는 것도 고정관념 때문인데 사이엔즈를 하는 건 고정관념에서 벗어나 인간 본연의 심성을 되찾기 위해서라고 설명했다.

"인간의 마음이란 표면으로 올라오는 기분이나 감정 말고 더 깊은 게 있어요. 그것을 보려는 것이 8개의 사이엔즈 코스지요. 인생을 알고, 사회를 알고. 더 깊이 살펴보려는 것입니다. 사람이 태어났을 때의 순수한 마음 상태가 엄마, 아빠나 주변 사람들과 환경과 접촉하면서 이런저런 관념이 붙어 고정관념과 상식이라는 것도 생깁니다. 주위에서 영향을 받아 고정관념이 착 붙어 쉽게 떨어지지 않지요. 처음엔 고정관념이 붙어 있다는 것을 아는 데서부터 출발해야 합니다. 이런저런 관념을 안으로부터 살펴가면서 쓸데없는 관념을 떼어내는 작업이 사이엔즈입니다. 동물이나 식물은 우주 자연의 이치대로 살아가는데 인간만이 관념으로 살아갑니다. 인간만이 가진 지능과 마음을 통해 다시 관념이 없는 상태, 본심을 회복해 우주 자연계의 이치에 합당한 방식으로 살아갈 수 있습니다. 그런 관념이 떨어지면 상하 관념이 없어지면서 눈치 보는 문화에도 변화가 생기리라 봅니다."

사람은 권력에 길들여진다

야마기시에서 17년을 산 여성도 "살 때는 잘 몰랐는데 지금 생각해보니, 많이 참고 산 것 같다"고 했다. 사토시 후카다 씨도 같은 고백을 했다.

"야마기시에서 나오기 직전 도쿄에 가서 살아봤어요. 그랬더니 자기 스케줄대로 일하고, 쇼핑하고, 자기가 만들어 먹는 삶에서 모처럼의 자유를 느꼈어요. 이상 사회 취지에 동감해 야마기시에 합류했지만, 그곳에서 한 인간으로 자기 생각을 갖고, 자기답게 사고하고, 자기로 살아가는 게 없이 야마기시에서 해주는 것을 먹고, 그들의 방식대로 사고하고 생활했던 거 같아요. 그런 반성과 성찰이 있었기에 애즈원에서는 상하 없이 스스로의 느낌을 따르도록 해보는 겁니다."

야마기시에서 스물 셋부터 27년간 살았던 이치가와 켄이치 씨도 공동체에서조차 권력 관계라는 게 보통 사회와 크게 다르지 않다고 말한다.

"아, 정말로 행복하게 살려고 열심히 했어도 권력 관계라는 건 그렇더군요. 권력이란 처음엔 그가 훌륭하다거나 특출하다는 데서부터 출발해요. 보통 사회에선 권력자가 있는 게 당연하지요. 지도자로서 강요하고 질책하는 그에게 맞춰 살아가는 게 당연하다고 여기는데, 사이엔즈연구소에서는 사람이란, 사회란 어떤 것인지 제로에서부터 연구합니다."

세상적인 성공, 즉 출세를 지향하는 것과는 다르지만, 애즈원도 자기실현의 장이다. 교외에 대형 마트가 버려둔 땅을 빌려 20여 종류의 농작물을 가꾸는 농장 초입엔 '용과' 비닐하우스가 있다. 용과는 츠지야 테츠오 할아버지가 꼭 길러보고 싶다고 해서 기르기 시

눈치 보지 않고 쉬고 싶을 때 쉬고,
상하가 없는 공동체가 바로 애즈원이다.
그들의 표정에서 여유와 행복이 묻어난다.

작했다. 그게 공동체의 수익 창출에 크게 도움이 되지 않는다 하더라도 개인의 바람을 실현해보는 것이다.

다툴 때도 속마음은 더 가까워지고 싶은 게 아닐까

스즈카 시내에서 차로 20분 가는 야산인 사토야마엔 애즈원다운 상상이 펼쳐지고 있었다. 전통 방식으로 숯을 굽는 가마가 있고, 그 곁에 장작더미와 오두막이 있다. 나무를 좋아하는 다카사키 히로시와 스즈키 에이지 등이 야산을 빌려서 숯가마를 만들었다. 히로시는 '우리 놀이터'라고 했다. 숯가마 옆엔 큰 나무에 해먹을 매달아 휴식을 취할 수 있게 했다. 그러자 숲 체험을 하고 싶은 아이들이 체험 학습을 겸해 찾아오기 시작했다. 아이들은 숲에서 숨바꼭질을 하고, 숯가마도 구경한다. 오두막엔 흥미로운 식당이 있다. '주문을 받지 않는 식당'이다. 이곳에선 주문하지 않아도 라면 등을 끓여서 아이들에게 준다. 그러니 아이들 눈이 반짝이지 않을 수 없다. 숲길을 200미터쯤 걷다 보면, 우리나라 산골에서도 찾아보기 어려운 다랑논이 있고, 그 위로 장난꾸러기 노인들이 만든 나무다리가 이어진다. 나무다리 중간엔 멋들어진 정자가 만들어지고 있다.

이들이 이곳에서 경험하는 건 뭔가를 설치하는 하드웨어만이 아니다. 예순이 넘은 세 남자가 함께 일하다 보니 삐걱거릴 때도 있다. 그러면 이들은 사이엔즈(과학적 탐구)식의 대화를 하며 스스로에게도 질문을 던진다. '의견이 다르다고 왜 서로 멀어져야 하지.' '다퉈도 속

마음은 좀 더 가까워지고 싶은 것 아닐까.' 그 덕에 세 노인이 좀 더 사이좋게, 재밌게 이 숲속에 동화 세계를 만들어갈 수 있게 됐다.

애즈원엔 한국에서 온 유학생도 3명 있었다. 애즈원 유학생은 사이엔즈연구소의 자아탐구 프로그램에도 참여하지만, 일과 일상을 함께하는 데서 더 많이 배우고 깨닫는다. 유학생 최고참 박진순 씨는 스물여섯에 늦깎이로 교육대학에 들어가 초등학교 교사를 했다. 교사를 그만두고 새 삶을 찾아 나서자 가족의 반대가 컸다. 그는 "늘 상대가 (내 삶의) 방해꾼이라고 생각했는데, 내가 그런 생각의 족쇄를 차고 있었다는 것을 알았다"며 해맑게 웃었다. 서울 성미산학교에서 11년간 교사를 한 백홍미 씨는 "그동안 알아왔던 종교적 진리가 실제로 이해되는 느낌"이라고 했다.

일보다 중요한 게 뭔지 알아가고 있다

회사를 그만두고 온 진준효 씨는 밥상을 차려놔도 누군가가 먹으라고 얘기하기 전에는 숟가락도 들지 못할 만큼 내성적이었다.

"원래 예민해서 직장 스트레스가 심했어요. 늘 다른 길을 찾았지요. 우동사에서 5년을 살았습니다. 함께 살면서 다들 재미있어 하는데 난 힘들었어요. 내가 사람들과 같이 하는 법을 잘 모르는구나 하고 느꼈어요. 우동사 친구들이 사이엔즈 코스에 참가하기 시작했는데, 한 친구가 애즈원에서 몇 달 살고 돌아오더니 얼굴이 엄청 좋아졌더라고요. 그걸 보고 '애즈원에 뭔가 있구나' 생각했지요. 3년 전 여름 애즈원에 6개월간 머물렀어요. 실제로 같이 사는 방법을 배우고 싶어서였어요. 6개월 뒤 사표를 내고 다시 왔지요. 30대 중반이 넘은지라 집에서도 걱정이 많고, 그런 걱정을 들으면 불안해지긴 합니다. 그러나 회사에서 너무 힘들었던 데 비해 지금은 스트레스는 없습니다. 걱정은 여전하지만, 새로운 것을 배워서 삶을 더 잘살아보고 싶다는 생각으로 노력 중입니다."

그는 "위계나 명령이 없는 일터에서 지내면서 일 자체보다 중요한 게 뭔지 알아가고 있다"고 말했다. 애즈원엔 일본의 다른 지방에서 온 유학생 3명도 있었다. 이 가운데 나고야시 수도국을 그만두고 온 다카하지 고지가 말했다.

"자기 소유에만 집착해 살아가는 자본주의 사회와는 다른 세계를 찾아보고 싶어 3년간 애즈원을 찾았어요. 그러다가 이곳에서 가능성을 보았지요. 공무원을 그만두자 부모님 반대가 거셌지요. 실은 나도 걱정이 컸어요. 그런데 이곳에선 저축도 한 푼 없으면서 걱정 없이 잘 살아가는 사람들이 있더라고요. 이들을 보면서 나도 걱정에서 조금씩 해방되는 느낌입니다."

서로 의지하고 돕고 사랑하기를

'우린 다르게 살기로 했다'라는 제목을 보고는 구체제의 봉건주의나 가족주의, 공동체주의의 잔재를 훌훌 털고 홀로 마음껏 살아도 괜찮다는 책을 연상한 이들도 있을 것이다. 혼삶이 대세가 되어가는 세상에 마을공동체살이라니! '더구나 4차 혁명, 가상현실, 혼자서도 모든 걸 잘할 수 있도록 설계되는 시대에 다시 인간들끼리 꾸역꾸역 모여 살라고?'라고 반문했을 수 있다.

지금의 추세가 그대로 이어져도 우리 삶에서 디스토피아 없이 늙어 죽을 때까지 행복할 수 있다면, 이대로 쭉 살아가는 것을 누가 뭐라고 하겠는가. 왜 군이 추세와는 '다른 삶'을 제시하겠는가.

실제 마을공동체에서 살아가는 사람들의 모습을 읽어보니 어떤가. 고립되어 살아가는 게 얼마나 위태롭고, 마을공동체에서 살아가는 게 삶에 얼마나 많은 이로움이 있고, 얼마나 행복해지는 길이며, 얼마나 세상에 도움이 되는 길인지 알았을 것이다.

앞으로 마을공동체에 대한 관심은 한층 고조될 것이다. 그런데도 모래알처럼 흩어지는 추세가 쉽사리 멈추리라고는 생각되지 않는다. 자유주의 시대는 기존의 억압에서 해방을 최고의 미덕으로 만들어놓았다. 즉, 얽매이지 않고 홀로 편하게 사는 게 최고라는 생각이 자리 잡았다는 얘기다. 특히 이 책에서 언급했듯 자본주의로 인해 어려서부터 '엄마와 가족과 대가족과 이웃'이라는 공동체를 빼앗긴 세대는 안전 기지를 상실한 트라우마로 '인간 귀차니즘'이 생기고, '인간과 더불어 사는 것'을 두려워하게 됐다. 여기에 자본까지 인간을 노예처럼 부리기 쉽게 개성과 자유라는 이름으로 끊임없이 각자도생을 부추기며 '뭉치면 죽고 흩어지면 산다'는 '잘못된 이데올로기'를 심어주고 있다.

앞으로는 수십 년의 노년을 홀로 살아가고, 고독사 당하는 일이 비일비재해질 것이다. 그런 시대를 앞두고 인간으로서 어떻게 존엄을 유지하며 안정적인 삶을 살아갈지, 신적인 자본의 노예 상태에서 벗어나 자신을 지켜낼 수 있을지를 따져본다면 마을공동체만 한 대안을 찾기 어렵다. 재력도, 권력도, 대단한 능력도 없다면 더욱 그렇다.

수백만 년 전까지만 해도 인류는 동물과 크게 다를 바 없었다. 그러나 지금은 동물이 보기에 인간은 거의 신만큼이나 엄청난 힘을 가진 존재가 됐다. 그런데 보통의 인간이 볼 때 구글이나 아마존 같은 자본이 그렇다. 동물과 인간의 차이만큼이나 인간과 슈퍼 자본가의 차이 또한 현격해지고 있다. 개인은 자신의 욕구와 개성대로 살아가는 것 같지만, 우리의 심리 상태까지 정확하게 포착한 슈퍼 자본에게 보통의 인간은 동물과 다름없이 점점 사육되고 조종될 것이다.

그럼에도 인간에게 희망이 있는 건 인간이 동물과 다르다는 점이다. 동물은 협력을 통해 인간의 압제에 저항하는 게 사실상 불가능하다. 자발적이고 주체적으로 자신의 행복을 만들어가는 것도 어렵다. 그러나 인간은 마을공동체에서 서로 돕고 의지하고 협력할 수 있고, 저항할 수 있고, 우리를 지켜낼 수 있고, 새로운 세상을 만들어갈 수도 있다. 우리에겐 그런 지성이 있으며, 민주주의와 선거권이 있다. 그러나 시간이 많지는 않다. 우리가 더 이상 '우리'라는 게 무색해질 만큼 모래알이 되어 힘을 잃어가는 사이, 대자본은 신이 되어가고 있기 때문이다.

퇴근길 신문사 두 동료와 생맥주를 마시던 중 이웃집 이야기가 나왔다. 둘은 같은 대단지 아파트 단지에 살고 있다. 매사 나누길 좋아하는 선배는 시골집에서 반찬이나 부식거리가 올라오면 아내에게 옆집에도 좀 나눠주도록 했다. 그렇게 나눠주기를 서너 번쯤 했는데, 매번 옆집에 간 그릇이 빈 채로 돌아온다고 한다. 한 번쯤은 과일이라도 담아 돌려줄 법한데 매번 빈 그릇으로 돌려보내는 건, "받는 게 부담스럽다. 안 보냈으면 좋겠다. 옆집과 알고 지내고 싶지 않다는 뜻 아니냐"는 것이다. 아내가 우울증 낌새가 있어서 혼자만 있기보다는 옆집과 말을 트고 지내면 좋을 거 같아서 선물을 보냈던 선배로서는 시원찮은 반응이 서운했던 모양이다.

다른 동료의 옆집 이야기는 더욱 가관이었다. 이사 간 지 얼마 안 돼 옆집 문을 나오는 아저씨를 보고 인사를 했다고 한다. 마주칠 때마다 인사를 했는데, 어느 날 그 아저씨가 정색을 하면서 불러 세우더니 "나는 피곤해서 옆집과 알고 지내고 싶지 않으니, 모른 체해줬으면 좋겠다"고 말하더란다. 같은 엘리베이터를 자주 타게 되는데 멀뚱멀뚱 쳐다만 보거나 외면하기가 너무 어색해 그다음부터는 그가 엘리베이터 앞에 서 있으면 자기는 살짝 계단으로 내려가기도 한단다.

멀리 사는 사촌보다 이웃이 더 가깝다는 '이웃사촌'이란 말이 무색하다. 보통 직장보다 공동체성이 강한 신문사에 근무하면서 점심 때면 늘 동료들과 식사를 같이하고 퇴근길 술자리도 함께할 만큼 스스럼없이 어울리는 걸 좋아하는 사람들이니 이웃들의 차가운 모습이 적이 당혹스러웠을 것 같다.

내 고향 집에서 이웃이란 식구食口와 다름없었다. 식구란 말 그대로 밥을 함께 먹는다는 뜻이다. 어린 시절 기억에 우리 가족끼리만 식사했던 기억이 별로 없다. 농번기엔 일하는 분들까지 늘 20~30명이 함께했고, 농사철이 아니어도 우리 집 밥상엔 이웃들과 처음 보는 얼굴이 있었다. 그중엔 상인과 행인, 걸인도 있었다. 그들은 우리 집

사랑채에서 묵어가기도 했다. 당시엔 남모르는 사람들과 한 상에서 밥을 먹는 게 불만이었다. 평생 한 번도 칫솔질을 하지 않은 듯 누런 이에 음식물이 낀 사람들이 찌개 냄비에 수저를 넣으면 욕지기가 나와 숟가락을 놓아버리곤 했다. 때가 덕지덕지 묻은 맨손으로 부엌일을 돕는답시고 김치와 나물 따위를 무치는 것도 마뜩잖았다. 하지만 부모님은 내 불만 같은 건 개의치 않았다. 아버지는 새참을 먹을 때조차 눈에 보이는 사람은 다 불러 막걸리 한 잔이라도 목을 축이도록 했고 마을 사람들은 '네 아버지는 날아가는 까마귀도 그냥 보내는 법이 없는 분'이라고 말하곤 했다. 어머니는 늘 "배고픈 사람에게 밥 한 술 주는 것만큼 좋은 건 없다"고 하셨다.

그건 우리 집만의 모습이 아니었다. 어느 정도 규모가 되는 마을엔 하룻밤 유숙도 하고, 밥도 얻어먹을 집이 간혹 있었다. 우리 집은 눈에 가장 잘 띄는 마을 한가운데에 자리한 데다 부모의 남다른 인심이 식객을 들끓게 만들었을 것이다. 그러나 우리 집은 실은 살림이 넉넉하지 않은, 중농일 뿐이었다. 부모님은 7남매에게 과자 한 번 사준 적 없을 만큼 근검절약하며 살았다. 어머니는 벼를 수확한 뒤 논에서 밤늦도록 땅에 떨어진 이삭을 주웠고, 쌀 한 톨을 금쪽처럼 아꼈다. 그런 분이 남에게 늘 밥을 고봉으로 담아주는 것은 참 불가사의한 일이었다. 그건 아버지의 한결같은 신신당부 때문이기도 했다. 아버지는 "밥을 꼭꼭 눌러 담아야 한다"고 늘 말했다. 배고픈 시절이었으니, 고깃국은 못 줄망정 밥이나마 배부르게 먹여야 한다는 것이었다. 중학교 2학년 때 아버지가 돌아가시자 방이며 마당에 수백 명의 사람이 찾아와 함께 울었다. 평소 집안 사정은 아랑곳없이 퍼주기를 좋아하고, 부탁을 거절하는 법이 없는 데다 유머러스한 풍류객으로 어울리기를 좋아했던 아버지가 58살에 갑작스레 뇌출혈로 사망한 데다, 어린 7남매가 우는 모습이 가엾기도 했을 것이다. 그러나 친인척만이 아니라 온 마을과 이웃 마을 사람들까지 수백 명이 함께 엉엉 우는 장면은 어떤 상가에서도 다시 볼 수 없는 풍경이었다. 마을 사람들도 "네 아버지는 세상에 둘도 없는 분"이라며 오래도록 아버지 말을 할 때면 눈물을 훔치곤 했다.

미국 우드크레스트에서 브루더호프공동체 지도인인 크리스토프는 내게 "왜 공동체에 관심을 갖게 되었냐"고 물었다. 휴직 기간에 공동체를 찾아다니며 살아보는, 희한한 기자에 대한 당연한 궁금증이다. 그 자리에서 "어린 시절 우리 집도 공동체의 일종이었던 것 같다"고 고향집 풍경을 들려줬다. 그랬더니 함께 있던 크리스토프의 부인 베리나는 "바로 당신 부모님 같은 이들이 천국을 만드는 분들 아니냐"며 감격했다. 아마도 내게는 '나의 살던 고향'이 공동체의 원형이 되었을 것이다.

평생 말기 암 환자들을 돌본 수녀님에게 들은 이야기다. 호스피스 병동에서 환자들이 임종을 앞두고 한결같이 하는 부탁이 "우리 집에 데려다 달라"는 것이라고 했다. 이미 집을 팔아 돌아갈 집이 없는 분도 그렇다고 한다. 우리 모두가 돌아가려는 곳, 언젠가는 돌아가야 할 고향이 바로 엄마와 가족과 이웃이 있는 공동체다.

지난 겨울 구순이 된 어머니를 모시고 스무 명 남짓의 대가족이 베트남 다낭을 다녀왔는데, 그때 휠체어를 탄 어머니를 모시고 여행을 다니는 가족 사진을 페이스북에 올리자 많은 사람이 '부럽다'거나 '죽기 전에 해보고 싶은 버킷리스트'라는 등의 공감을 해주었다. 지금도 우리 가족이 끈끈한 정으로 이어진 것은 어머니의 영향이다. 그러나 내 경우만 놓고 본다면 가정을 꾸려 그 가정 공동체조차 지키지 못하고 10년 전께 깨진 아픈 경험이 있다. 그러니 공동체를 입에 올리기에도 부끄러운 처지다. 더구나 남다른 인심을 지닌 고향집에서 자라고서도 부모님처럼 이웃, 빈자와 어우러져 살아가지 못한 채 여전히 먹물로 머물러 있으니 더 부끄러울 따름이다.

그럼에도 이 글은 내 개인적 사정과는 무관하게 기자적 탐사 정신과 열정으로 취재했다. 나와 같이 가정이 깨지거나 혹은 부모 형제나 친인척, 연인, 친구, 동료, 이웃에게 입은 상처 때문에 '관계'를 포기하고 숨어든 분들이 다시 아픔의 동굴에서 나와 서로 의지하고 돕고 사랑하기를 바랄 뿐이다. 한 번도 상처 받지 않은 것처럼 말이다.

이 책을 아버지 조기봉, 어머니 이연임, 그리고 그런 아름다운 마을공동체들을 가졌던 우리의 모든 부모 형제에게 바친다.

당신이 없다면 존재할 수 없는
조현

'마을공동체가 궁금해요' 일문일답

국내외 마을공동체들을 순례한 뒤 지인들의 질문 공세가 이어졌다. 한 번쯤 가보고 싶다는 관심 표명에서부터 먹고사니즘에 대한 질문이 대부분이었다. 그러나 마을공동체살이는 세상과는 다른 관점과 삶의 자세가 필요한 곳이다.

공동체란?

2인 이상이 모이면 공동체라고 할 수 있다. 가장 기본적인 공동체는 가정이다. 가장 보편적인 공동체는 자연 마을이다. 통상 공동체라고 하면 욕망을 실현하기 위해 달리는 세속적 삶에 한계를 느끼고, 대안을 선택한 사람들의 마을을 말한다. 공동체를 어떻게 만드느냐는 집을 어떻게 짓느냐와 같이 만드는 사람들 마음이다. 공동체마다 만든 취지도, 구성원들도, 운영 방식도 다르므로, '공동체가 어떻다'고 일괄적으로 말하긴 어렵다.

공동체 운동의 흐름 변화는?

요즘은 땅값이 올라 넓은 땅을 사서 공동체 마을을 만드는 게 어려워졌다. 전 세계적으로 기존의 마을을 좀 더 공동체적인 삶으로 변화시켜 사이좋고 대안적으로 살아가는 전환 마을이 늘고 있다. 우리나라에서도 전북 남원 산내나 충남 홍성 홍동처럼 그런 지역과 마을이 많다.

마을공동체의 종류는?

대안적인 삶을 위해 새로 건설된 곳으로는 산안마을이나 산 위의 마을, 선애빌 등이 있다. 수는 전환 마을이 가장 많다. 요즘은 도시에서 빌라 정도 규모에 함께 살아가는 공유 주택이 늘고 있다. 일반인의 관심은 가장 쉽게 접근할 수 있는 전환 마을이나 공유 주택에 집중될 것으로 보인다.

먹고사는 문제는 어떻게 해결하나요?

보통의 마을에서는 경제 활동은 각자 알아서 하며 모임을 활성화해 서로 돕고 살아간다. 공유 주택도 각자 해결하면서 식사와 놀이만 함께하는 경우가 많다. 야마기시마을처럼 만들어진 공동체들은 사유재산 없이 공동 재산을 택하고 있다. 공동체들은 대부분 먹는 것을 중시해 잘 먹는 편이다. 점심이든 아침이든 그 공동체의 가장 중요한 식사를 공동 식당에서 함께하고, 나머지 끼니는 가족 끼리도 한다. 그 경우 공동 창고에서 원하는 먹거리를 가져다가 가족별로 집에서 요리해 먹기도 한다.

개인의 재산은 다 내놓아야 하나요?

오로빌처럼 개인 재산은 상관치 않는 곳도 있지만, 대부분은 공동체살이를 하다 보면 의식이 전환돼 개인의 재산을 내놓고 전적으로 함께하는 경우가 많다. 일본 야마기시는 내분 이후 공동체를 나온 사람들이 소송을 제기해 헌납한 재산의 일부를 돌려받기도 했다. 우리나라의 경우 공유 주택 공동체인 소행주나 밝은누리, 은혜공동체 등은 사유재산은 인정하고 주거와 식사나 교육 등만을 공유한다. 앞으로도 사유재산은 인정하고 식사나 육아, 놀이 등만을 공유하는 느슨한 마을공동체들이 크게 늘어날 것으로 보인다.

누구나 공동체에서 살 수 있나요?

파주 문발동 같은 마을이라면 누구나 이사 가서 함께하면 된다. 그러나 그렇게 느슨한 마을이 아니라, 같은 종교나 이상을 좇아 인위적으로 만든 공동체는 새로운 회원을 받아들일 때 공동체 전원이 찬성해야 하는 경우가 많다. 최소 몇 개월에서 1년가량 지켜본 뒤 결정한다. 분란을 낳지 않고 살 수 있을 정도의 마음 자세나 삶의 태도를 중시한다.

노인도 공동체원이 될 수 있는지요?

주거 이동의 자유가 있으니 마을은 누구나 이사해 들어갈 수 있다. 그러나 인위적으로 만든 공동체는 공동체원이 되는 과정을 거쳐야 한다. 그런 공동체들은 국가 예산으로 운영되는 게 아니기 때문에 노동력이 있는 청장년층 없이는 운영될 수 없다. 노인들만 있어서는 살아가기 어렵다는 뜻이다. 공동체로선 노인만 늘어나면 공동체를 유지하기 어렵기에 공동체원이 되려면 좀 더 활동적인 나이에 결단하는 것이 좋다.

노동은 얼마나 해야 하나요?

공동체란 함께 일하는 곳이다. 노동은 삶의 중요한 부분이다. 성공적인 공동체들은 농사 말고도 수입으로 자립할 만한 공장을 운영하고 있다. 공동체란 타인의 헌신을 이용해 놀고먹는 곳이 아니라 서로 협력하고 돌보고 사랑하는 곳이다.

월급은 있나요?

한 주머니로 운영되는 야마기시나 브루더호프 같은 공동체는 기본적으로 월급은 없다. 의식주와 의료 등 복지는 공동체에서 보장해준다. 오로빌처럼 기본 생계비가 지급되는 곳도 있긴 하다. 야마기시는 한 달에 1만 엔 정도의 용돈이 있지만, 브루더호프는 용돈이 따로 없다. 개인적으로 외출할 때 돈이 필요하면 신청을 해서 받는다.

개인의 자유는 보장해주나요?

공동체는 혼삶이 아닌 '함께' 사는 곳이다. 노동을 제외하면 대부분의 시간을 가족과 함께 보낸다. 또한 공동 식사 모임 등 공동체원과 어울리는 시간이 많다.

공동체를 방문하려면 어떻게 해야 하나요?

미리 연락을 해서 허락을 받아야 한다. 대부분 홈페이지가 있고, 검색을 통해 찾을 수 있다.

방문자는 돈이 안 드나요?

방문 허가를 받으면, 공동체 사람들과 같이 일하며 자고 먹는 게 원칙이고 따로 숙식비를 받지는 않는다. 일본의 애즈원은 방문자 프로그램을 운영하는 특별한 경우로, 방문자에게 3박 4일 일정에 1인당 3만 5천 엔을 받는다.

마을공동체의 특징

1. 사람들이 행복하고, 웃음이 많다.
2. 불안감이 없다. 특히 노후 불안이 없다.
3. 욕심을 부리지 않는다. 큰 집, 고급 차, 가방 등 사치품에 집착하지 않는다.
4. 아이들을 닦달하지 않고 풀어놓으니 아이들의 천국이다.
5. 남녀가 평등하다. 오히려 여성이 주도하는 경향이 강하다.
6. 즐거운 모임이 끊임없이 이어진다. 늘 함께 식사를 하거나, 파티가 이어진다.
7. 스마트폰이나 텔레비전을 보는 시간이 적다.
8. 상처를 치유하도록 돕는다. 고민과 아픔을 터놓을 사람이 늘 곁에 있다.
9. 외롭지 않다. 외롭게 두지 않는다.
10. 삶과 이상이 함께한다. 이상은 이상이고, 삶은 삶일 뿐이라는 이중성이 없다.
11. 갈등을 방치하지 않고, 푸는 방법을 가지고 있다.
12. 자발적으로 즐겁게 일하는 분위기다. 일 중심이 아니고 인간 중심이다.
13. 병자와 노인과 장애인을 잘 돌본다. 아플 때 돌봐주고, 병원에 데려가줄 사람이 있다.
14. 어른과 아이들 사이 세대 간 소통이 잘된다.
15. 외부인에게 열려 있다. 일반 가정보다 외부인을 잘 초청한다.

16. 시댁과 처가 식구들과 벽이 없다.

17. 사고나 사건에 휘말렸을 때 내 일처럼 걱정해주고 도와준다.

18. 밥상이 풍성하다. 친환경 먹거리를 먹는다.

19. 깊은 대화를 한다. 피상적인 이야기에 머무르지 않고 속내를 터놓으며 고백하고 경청한다.

20. 삶의 지혜가 공유된다.

21. 육아 부담이 없다.

22. 스펙에 집착하지 않는다.

23. 저비용 고효율이다. 돈이 적게 든다.

24. 나눔이 일상화되어 있다.

25. 신경정신과가 필요 없다.

26. 왕따와 소외된 사람이 없다.

27. 공부 잘하고 능력 있는 사람이 아니라 헌신적이고 정직하고 성실한 사람이 존경받는다.

28. 자연이 아름답다.

29. 동물도 행복하다.

30. 가족끼리 많은 시간을 함께한다.

우린 다르게 살기로 했다

ⓒ 조현, 2018

초판 1쇄 발행 2018년 8월 17일
초판 6쇄 발행 2019년 12월 20일

지은이	조현
펴낸이	이상훈
편집인	김수영
본부장	정진항
편집2팀	허유진 김경훈
마케팅	조재성 천용호 박신영 조은별 노유리
경영지원	정혜진 이송이

펴낸 곳	한겨레출판(주) www.hanibook.co.kr
등록	2006년 1월 4일 제313-2006-00003호
주소	서울시 마포구 창전로 70(신수동) 화수목빌딩 5층
전화	02-6383-1602~3 팩스 02-6383-1610
대표메일	happylife@hanibook.co.kr

ISBN 979-11-6040-177-6 03330